统计调查案例分析

王晓慧 刘洋 主编

海洋出版社

2022年·北京

图书在版编目(CIP)数据

统计调查案例分析 / 王晓慧, 刘洋主编. —北京：海洋出版社，2022.2

ISBN 978-7-5210-0908-8

Ⅰ. ①统… Ⅱ. ①王… ②刘… Ⅲ. ①统计调查－案例　Ⅳ. ①C811

中国版本图书馆 CIP 数据核字(2022)第 004956 号

责任编辑：赵　武
责任印制：安　淼
排　　版：海洋计算机图书输出中心　晓阳
出版发行：海洋出版社
地　　址：北京市海淀区大慧寺路 8 号
邮政编码：100081
经　　销：新华书店
技术支持：(010) 62100052

发 行 部：(010) 62100090
总 编 室：(010) 62100034
网　　址：www.oceanpress.com.cn
承　　印：鸿博昊天科技有限公司
版　　次：2022 年 2 月第 1 版第 1 次印刷
开　　本：787mm×1092mm　1/16
印　　张：18
字　　数：390 千字
定　　价：48.00 元

本书如有印、装质量问题可与发行部调换

前 言

我国沿海地区经济得到了前所未有的快速发展，但也不可避免地暴露了发展过程中的社会问题。通过社会调查和统计研究，搜集、处理社会信息，能够帮助我们正确认识海洋经济、社会、文化现象，了解海洋社会民生民意现状，这样既可以根据现实需求积极寻求解决方案，又能让学生在开阔视野的基础上重新进行深刻思考。

将社会调查过程整理成案例，挖掘案例中所反映的社会现象，能够更有效、更直观、更具体地了解社会事件的发展脉络，快速建立学生对相关问题的思维逻辑，是一种十分有效的教学模式。通过经典案例的分析，将学生带入到案例的情境中，有助于激发学生积极性，促进学生通过角色定位去思考、分析现实问题，摆脱传统学习中的被动接受方式，发挥主观能动性，加深对理论知识体系的理解，提高学生处理问题、解决问题的能力，达到预期的教学目标和效果。

为进一步提升学生调研能力、数据分析能力和处理实际问题能力，我们遴选20个与当今沿海地区民生民意密切相关的社会调查与统计案例，按照"案例主体—理论解读—案例启示"的框架，进行分类、系统分析，全面展现沿海地区各类社会热点问题的调查方案设计、调查过程实施、统计分析方法与结论，并依据相关理论对案例进行深层次解读，分析案例启示。通过灵活的案例教学方式，开阔学生视野，提高调查统计水平，促进学校应用型人才的培养。

全书分为六章。每章内容均以社会调查与统计分析案例为导向，解读沿海地区各种社会现象的具体内涵和表现，深度挖掘理论支撑与应用启示，期望学生通过学习能够很好地掌握调查主题选择、调查问卷设计、调查过程实施、统计方法应用、调查报告撰写等社会调查完整过程以及每个环节的具体实施步骤，掌握本专业领域的数理统计方法与工具，提高运用所学知识和技能从事社会调查研究的基本能力，实现理论体系与实际应用的高度融合。

第一章为走向三渔。本章首先对"三渔"问题的相关理论进行阐释，然后以舟山市渔业权制度建设现状的调查与思考、舟山当代渔民生存危机现状调查与困境破解、舟山市民对浙江省2017年休渔政策满意度和认同感的调查、浙江省海洋渔业转型升级综合评价四个调查报告作为具体案例，深入分析了当前渔业相关政策建设及实施现状、当代渔民存在的危机和利益诉求，探索海洋渔业转型升级的合理路径。

第二章为海岛旅游。本章以舟山旅游满意度调研、乡村振兴视阈下互联网+海岛民宿发展现况调查、国际海岛旅游大会的民众认知及对旅游行为的影响为案例主体,通过游客满意度调查,了解舟山海岛旅游存在的问题,为促进海岛旅游发展提出建设性的对策。

第三章为老有所养。本章将当前社会普遍存在的老龄化问题作为关注点,以舟山群岛海岛渔(农)民养老现状探索及建议、海岛居民养老模式选择及决策驱动因素调查分析、浙江省6市397名农村外来务工人员对社会养老保险的参与意愿及其影响因素分析为具体案例,解读居家养老、社区养老及机构养老各自的特点,发现海岛渔(农)民养老存在的主要问题,特别关注到特殊人群的养老保障问题,探究从家庭养老到社会养老所需要的社会条件,从政府角度出发提出养老问题的破解路径。

第四章为住有所居。本章以舟山群岛新区外来人口购房问题研究、嘉兴市五县二区被征地拆迁户对拆迁与安置满意度及其影响因素的实证调查与分析、舟山"禅意小镇"开发现状调查及均衡发展对策研究为具体案例,通过案例分析,了解当前舟山在全面发展环境下外来人口的购房问题;探析嘉兴拆迁户安置满意度影响因素;以特色小镇的建设为切入点,通过对游客及居民满意度调查探索特色小镇发展未来发展方向。

第五章为管理创新。本章以舟山新区"最多跑一次"改革的推行现状及在海岛实施的特色举措调查、舟山市智慧创客平台发展现状调查以及展茅街道居民对"五水共治"工作满意度的调查为具体案例,通过调查,了解近年来政府在管理上的创新举措,分析新政在实施过程中存在的问题,并就相关问题提出参考性的解决建议。

第六章为公民参与。本章以舟山居民民间河长参与意愿的调查研究、浙江省四市429户农民政治参与意愿及其影响因素分析、嘉兴"两分两换"土地流转农户参与意愿及其影响因素调查以及舟山绿色石化项目周边居民邻避情绪的影响因素及疏导路径为具体案例,通过调查,了解公民在河道生态环境治理、乡村管理、农村土地改革等活动中的参与度,分析影响公民社会事务参与程度的因素,探讨提高公民参与度的可行举措。

本书通过案例详解,全面介绍社会调查与统计分析的具体过程和方法,所选案例均为浙江海洋大学学生参加浙江省各类大学生竞赛的省级获奖作品,调查内容真实可靠,调查结果和对策建议具有一定实用价值。由于水平有限,书中难免存在欠妥之处,恳请读者、同行、专家批评指正,以便在修订时补充更正。

主编

目　录

第一章　走向三渔 1

    第一节　理论概要 1

        一、"三渔"问题的提出 1

        二、"三渔"问题的本质 1

        三、亟待解决的问题 2

    第二节　授人以渔不如授人以权益 3

        一、调查方案设计 3

        二、调查数据统计 6

        三、调查结果分析 14

        【案例解读】 15

        【案例启示】 15

        本节参考文献 16

    第三节　渔民之生存危机 17

        一、调查方案设计 17

        二、调查数据统计 20

        三、调查结果分析 27

        【案例解读】 28

        【案例启示】 29

        本节参考文献 30

    第四节　东海伏季休渔新政满意度 31

        一、调查方案设计 31

        二、调查数据统计 34

        三、调查结果分析 39

        【案例解读】 40

　　　　【案例启示】...40
　　　　本节参考文献...42
　　第五节　海洋渔业转型升级...43
　　　　一、调查方案设计...43
　　　　二、调查数据统计...46
　　　　三、调整结果分析...48
　　　　【案例解读】...54
　　　　【案例启示】...56
　　　　本节参考文献...58

第二章　海岛旅游...59
　　第一节　理论概要...59
　　　　一、问题的提出...59
　　　　二、海岛旅游的内涵界定...59
　　　　三、亟待解决的问题...60
　　第二节　海岛旅游满意度...60
　　　　一、调查方案设计...61
　　　　二、调查数据统计...64
　　　　三、调查结果分析...72
　　　　【案例解读】...72
　　　　【案例启示】...73
　　　　本节参考文献...74
　　第三节　互联网+海岛民宿...74
　　　　一、调查方案设计...75
　　　　二、调查数据统计...77
　　　　三、调查结果分析...86
　　　　【案例解读】...87
　　　　【案例启示】...89
　　　　本节参考文献...90
　　第四节　海会舟山　岛约世界...91
　　　　一、调查方案设计...91

二、调查数据统计 93
　　三、调查结果分析 98
　【案例解读】... 99
　【案例启示】... 100
　　本节参考文献 101

第三章　老有所养 102

第一节　理论概要 102
　　一、人口老龄化问题 102
　　二、养老模式与养老保障 102
　　三、亟待解决的问题 103

第二节　海岛渔农民之养老现状 103
　　一、调查方案设计 104
　　二、调查数据统计 106
　　三、调查结果分析 113
　【案例解读】... 114
　【案例启示】... 114
　　本节参考文献 115

第三节　海岛居民养老模式 115
　　一、调查方案设计 116
　　二、调查数据统计 117
　　三、调查结果分析 127
　【案例解读】... 128
　【案例启示】... 129
　　本节参考文献 130

第四节　农民工养老保险的参与意愿 130
　　一、调查方案设计 131
　　二、调查数据统计 133
　　三、调查结果分析 142
　【案例解读】... 142
　【案例启示】... 143

　　　　　本节参考文献 145

第四章　住有所居 146

　　第一节　理论概要 146
　　　　一、问题的提出 146
　　　　二、住有所居的关键 146
　　　　三、亟待解决的问题 147
　　第二节　安其居，方能乐其业 147
　　　　一、调查方案设计 148
　　　　二、调查数据统计 150
　　　　三、调查结果分析 155
　　　　【案例解读】.. 155
　　　　【案例启示】.. 156
　　　　本节参考文献 157
　　第三节　拆迁与安置之满意度 157
　　　　一、调查方案设计 158
　　　　二、调查数据统计 159
　　　　三、调查结果分析 164
　　　　【案例解读】.. 164
　　　　【案例启示】.. 165
　　　　本节参考文献 166
　　第四节　微城小镇，禅意田园 166
　　　　一、调查方案设计 167
　　　　二、调查数据统计 169
　　　　三、调查结果分析 176
　　　　【案例解读】.. 177
　　　　【案例启示】.. 178
　　　　本节参考文献 179

第五章　管理创新 180

　　第一节　理论概要 180

一、管理创新的本质 180
　　　二、新时期的政府管理创新 180
　　　三、亟待解决的问题 181
　第二节　千岛同行，共创最多跑零次 181
　　　一、调查方案设计 182
　　　二、调查数据统计 186
　　　三、调查结果分析 193
　　　【案例解读】 194
　　　【案例启示】 195
　　　本节参考文献 196
　第三节　固智慧之创业，扶时代以创新 196
　　　一、调查方案设计 196
　　　二、调查数据统计 199
　　　三、调查结果分析 207
　　　【案例解读】 207
　　　【案例启示】 208
　　　本节参考文献 209
　第四节　海岛"五水共治"居民满意度 210
　　　一、调查方案设计 210
　　　二、调查数据统计 212
　　　三、调查结果分析 219
　　　【案例解读】 219
　　　【案例启示】 221
　　　本节参考文献 222

第六章　公民参与 223

　第一节　理论概要 223
　　　一、公民参与的内涵 223
　　　二、公民参与的基础 223
　　　三、公民参与的困境 224
　第二节　民间有河长，海晏水清扬 224

　　　　一、调查方案设计 225
　　　　二、调查数据统计 228
　　　　三、调查结果分析 233
　　　【案例解读】 234
　　　【案例启示】 236
　　　　本节参考文献 236
　第三节　农民政治参与意愿 237
　　　　一、调查方案设计 237
　　　　二、调查数据统计 240
　　　　三、调查结果分析 248
　　　【案例解读】 249
　　　【案例启示】 250
　　　　本节参考文献 251
　第四节　土地流转农户参与意愿 252
　　　　一、调查方案设计 252
　　　　二、调查数据统计 255
　　　　三、调查结果分析 261
　　　【案例解读】 263
　　　【案例启示】 263
　　　　本节参考文献 264
　第五节　石化项目周边居民邻避情绪 265
　　　　一、调查方案设计 266
　　　　二、调查数据统计 268
　　　　三、调查结果分析 275
　　　【案例解读】 276
　　　【案例启示】 277
　　　　本节参考文献 278

第一章 走向三渔

第一节 理论概要

一、"三渔"问题的提出

"三渔"问题是指渔业、渔村、渔民三大问题。我国是世界上最大的渔业生产国,渔业产业体系庞大、渔村分布广泛、渔民人口众多。截至 2018 年底,全社会渔业产值 12815.41 亿元,全国约有 750 余个渔乡和 8200 余个渔村[1],1 万余户渔民家庭,渔业人口 1878.68 万人,其中传统渔民为 618.29 万人,比上年减少 33.85 万人、下降 5.19%;渔业从业人员 1325.72 万人,比上年减少 33.67 万人、下降 2.48%[2]。这一社会群体是农村人口的重要组成部分,对于沿海省份农村的发展和稳定起到了不容忽视的作用。

传统渔业产业带动了渔业乡村的发展建设,为渔民提供了收入来源,满足了渔民的生存需求,为保障农副产品安全做出了重要贡献[3]。同时,渔业产业也是率先进行市场化改革的行业,各地深入开展渔业转型升级和供给侧结构性改革,渔业发展取得了显著成绩。

然而近年来,以海洋渔业为典型的渔业产业,受渔业资源枯竭、渔民后代外迁、渔村经济衰落等影响,渔民收入和保障下降,渔村社会发展缓慢,由此产生的新"三渔"问题引起格外关注。

二、"三渔"问题的本质

渔业是人们依托渔业水域,通过合理开发、利用、保护和增殖水产资源,以取得符合社会需要的水产品物质生产部门;渔村是指以一定的地理区域为基础、居民聚居程度不高、以渔业生产活动为主要生活来源的社会区域共同体;渔民是指居住于渔区、以从

---

[1] 李强. 特色小镇是浙江创新发展的战略选择[J]. 今日浙江,2015(24):10-20.
[2] 2018 年全国渔业经济统计公报
[3] 王建友. 中国"三渔"问题的突围之途[J]. 中国海洋社会学研究,2013.

事渔业生产为主要职业的劳动者。

"三渔"问题随着我国经济社会快速转型、渔区体制改革、渔业产业升级以及渔民就业结构变化、新型渔村建设等渔业生产力的全面发展，发生了根本性的变化，渔业、渔村、渔民问题相互交织，构成了复合、严峻的"三渔"问题。就海洋渔业而言，不断衰退的渔业资源与日益增长的捕捞强度的矛盾从来没有根本消除过，无论政府管理部门采取何种缚控措施，捕捞强度均无法有效控制，其根本原因在于渔业权制度不完善，渔民权益没有应有保障，甚至出现渔民出于生计目的的捕捞需求与政府渔业资源保护政策之间冲突加剧的状况；而渔民失海如不能妥善转型，不仅导致渔业经济衰退，还将造成渔村社会管理失控等问题。

三、亟待解决的问题

（一）渔业权制度缺失、渔民权益受损

我国渔业历史悠久，却因其劳作形式和社会的大陆主体意识，长期受到其他阶层的鄙视，渔民群体始终处于社会底层，法律、政策、制度多方面的缺失，尤其是渔业权制度不明确，使渔民社会地位低下。

（二）渔民生存环境差、转产转业困难

渔业劳动力总量过剩，但缺乏较好的转移途径。一方面，资源衰退严重，捕捞渔民转产转业势在必行；另一方面，多数渔民文化素质低，缺乏其他技能，渔民就业门路狭窄，跨行业转移难度较大。

（三）渔村管理不到位、政策疏导不利

政府出台的若干渔业资源养护措施和制度，短期看限制了渔民捕捞，而政策推行过程中，由于村民委员会协调沟通不利，使渔民对政府长远意图理解不足，导致渔民与政府矛盾加剧。

（四）渔业产业结构失衡、产业层次低下

片面地追求生产总量的增长，使得渔业生产在"粗放型"水平上徘徊，渔业产业化水平还比较低，进程缓慢、效益不高，因此渔业产业转型升级迫在眉睫。

第二节　授人以渔不如授人以权益

> 本案例原题为《授人以渔不如授人以权益——关于舟山市渔业权制度建设现状的调查与思考》，2018 年获得浙江省统计调查方案设计大赛三等奖。案例作者：林佳宜、陈伟光、潘冰心、金芯如、徐成磊，指导教师：王晓慧、崔旺来。

渔业权指进行渔业生产活动所应取得的权利。其在法律层面的具体内容如下：根据《中华人民共和国渔业法》的规定，渔业权主要包括水面、滩涂的所有权，养殖使用权，捕捞权等；《中华人民共和国物权法》第一百二十三条规定："依法取得的探矿权、采矿权、取水权和使用水域、滩涂从事养殖、捕捞的权利受法律保护。"法律上虽然对渔业权有定义，但是其条款及其简单，对主体身份界定、养殖权及捕捞权的范围、行使、转移等重点内容缺乏规范性制度约束，由此造成了渔民群体愈发弱势的现状。虽然政府在制度和行政手段上对渔业权进行了探索和实践，但结果不尽如人意。渔业权制度不完善使政府行无定则、渔民诉无定法，进而造成渔业困局。

一、调查方案设计

（一）调查目的及意义

从生产实际出发，以渔民的视角来审视渔业权制度的建设情况，尽可能地把渔民群体的意见融入渔业权制度的新一轮建设中。本次调查的首要目的是，通过了解渔民的主张，引导渔民关注渔业权制度建设，为使渔民成为渔业权制度的主人而不是被动的受政者，保证他们的权益，提出合理化建议。

结合理性选择理论、马洛斯需求理论，从认知度、信任度、支持度、现状满意度四个方面探究渔民对渔业权制度的主观态度。

调查走访舟山市渔业局、海洋局、统计局等部门，获取舟山市渔业发展政策、渔业产业基础信息等，运用区域经济理论、治理理论考察政府的管理行为。

整理调查数据，利用 spss 建立模型，找到渔业权制度建立的影响因素，分析各因素之间的关联。

发现渔业权制度建设中出现的问题，并从渔民、政府两个维度提出相适应的解决方案。

渔业是舟山的一大产业，全面了解渔民对捕捞权的认知程度，确保渔民的合法权益，有助于进一步提高政府对渔民公共服务的能力和水平。通过了解渔民的生存现状、利益需求以及有关部门渔业权的落实情况,为渔业权的进一步落实发展提供数据支持。对渔民来说,有利于提高渔民渔业权制度建设参与度、推动渔业权制度的建设效率;对于舟山渔业管理来说,渔业权制度有助于减少渔民从业过程中的不合理现象;对我国渔业产业来说,渔业权制度是对我国渔业管理制度的探索,有利于加快渔业法制化建设、推进渔民权益保护工作、提高渔民社会地位,对中国的渔业产业发展有深远意义。

(二)调查范围及对象

1. 调查范围

本次调研涉及舟山市定海区、普陀区、嵊泗县、岱山县的以从事渔业生产服务为主的街道与乡镇。

2. 调查对象

问卷发放对象:舟山市定海区、普陀区、岱山县、嵊泗县从事渔业生产服务的渔民。

访谈对象:舟山市定海区、普陀区、岱山县、嵊泗县等地渔业管理部门负责人。

3. 样本量确定

根据舟山总人口数量、渔民人口数量,考虑到调查项目的目的、性质和精度要求以及调研时的可操作性,采用以下公式测算本次抽样调查的样本量。

样本量计算公式为:

$$n = \frac{N}{N-1} \frac{Z_{\alpha/2}^2}{\Delta} P(1-P)$$

通常选取置信度95%(即 $Z_{\alpha/2}$=1.96),在允许绝对误差Δ为0.03时,根据 P=0.5,达到极大值时,对初始样本量进行计算:n=1068。

根据2017舟山统计年鉴可知舟山在2016年渔业人口为199241人,且定海区渔业人口占比为7.6%,普陀区渔业人口占比为37.5%,岱山县为31.9%,嵊泗县为22.9%。综合上述情况,将7.6%(83份)的问卷在定海区发放,37.5%(400份)在普陀区发放,31.9%(340份)在岱山县发放,22.9%(245份)在嵊泗发放,总计1068人参与问卷调查。

(三)调查内容及方法

1. 调查内容

根据调查的目的,将调查内容总体分为5个部分,见表1-1。

表 1-1　问卷结构表

第一部分	渔民素质水平	文化程度
		年龄
		家庭人口数量
		从业时间
		作业类型
第二部分	渔业权认知度	对渔业权是否了解
		了解程度
		了解的途径
第三部分	渔业政策信任度	对渔业政策总体的信任度
		对一打三整治政策的信任度
		对休渔期制度的信任度
		对渔业保险的信任度
		对柴油补贴政策的信任度
		对渔监渔政管制的信任度
第四部分	渔民生活状况	渔民对生活满意度
		渔业收入（从事渔业的收入）
		渔业资源
		作业难度
		医保
		交易情况
第五部分	渔业权支持度	是否支持政府的渔业权制度建设工作

2. 调查方法

本次调查以社会调查方式中的抽样调查、访谈调查为主，采取问卷调查法、实地调研法、座谈会调查法、交流访谈法、文献研究法等方法。调查组广泛听取各方面特别是广大群众的意见和建议，全面了解各渔场、渔村的渔民关于渔业权的总体认知情况。

（1）问卷调查法

作为最常用、最有效的一种抽样调查方式，调查组将问卷调查主要运用到了渔民维度的调查活动中。问卷从基本信息、认知度、政策信任度、生活状况、支持度等五个方面设置问题，在形式上采用了五分李特克量式选择法。问卷在定海区、普陀区、岱山县、嵊泗县进行了大规模的发放，收集到了大量信息，为后续的统计分析工作打下了坚实的基础。

（2）实地调查法

实地调查法，是应用客观的态度和科学的方法，对某种社会现象，在确定的范围内进行实地考察，并搜集大量资料以统计分析，从而探讨社会现象。实地调查法有两种：

现场观察法和询问法。这里主要使用实地调查法中的第二种方法,即询问法。走访渔民,收集渔民的意见和建议;走访舟山渔业局,了解渔业权的制定情况。在走访前期,对询问人员进行了较为严格的专业培训,使调查人员快速掌握调查和访谈技巧,快速提高沟通能力。

(3) 座谈会调查法

座谈会调查法是利用从总体中抽取的一个样本,以及设计好的一份结构式的问卷,从被调查者中收集所需的具体信息的方法。调查的内容可涉及行为、要求、态度、知识、动机、人口状况和生活方式等方面。调研过程中,在相关部门的帮助下,组织了多次座谈会,参加对象包括基层管理人员、船老大、普通渔民等,通过这些座谈会可以很直接地收集到多方人员的观点。

(4) 交流访谈法

交流访谈法是指通过访员和受访人面对面地交谈来了解受访人心理和行为的基本研究方法。因研究问题的性质、目的或对象的不同,访谈法具有不同的形式。根据访谈进程的标准化程度,可将它分为结构型访谈和非结构型访谈。访谈法运用面广,能够简单而迅速地收集多方面的工作分析资料,因而深受人们的青睐。将这种调查方法运用在政府层面的调查中,通过与舟山政府渔业主管部门的负责人进行交流访谈,可得到了比较权威的关于渔业权的观点。

(5) 文献研究法

文献研究法主要指搜集、鉴别、整理文献,并通过对文献研究、形成对事实科学认识的方法。文献研究法是一种古老而又富有生命力的科学研究方法。文献研究法运用于调查前期准备中,选择理论、阅读法律都是通过文献研究法来进行的;此外,在针对政府的调查中,仔细查阅舟山政府统计部门的相关文件,可从中获取对本次调查至关重要的信息。

二、调查数据统计

(一) 数据统计描述

本课题组针对定海区、普陀区、岱山县、嵊泗县 26 个乡镇(街道)渔民设计问卷进行了问卷调查,主要调查他们对渔业权的认知情况、政府政策满意度、渔业捕捞现状、对渔业权的支持度等,希望通过调查探索渔业权在舟山的实行现状及其影响因子。本次发放问卷 1068 份,收回问卷 1068 份,在对问卷进行整理时,剔除回答不完整、回答过于潦草等无效问卷共 62 份,最终得到有效问卷样本 1006 份,有效问卷率 94.2%。

根据四个地区问卷调查数据,对问卷主要内容进行了描述性分析。从 1006 份有效调查问卷看,相关因素情况如下。

1. 渔民对渔业权的认知情况

渔民对渔业权制度的认知度会在很大程度上影响其对渔业权制度的支持度。渔民对渔业权认知度情况见图1-1。

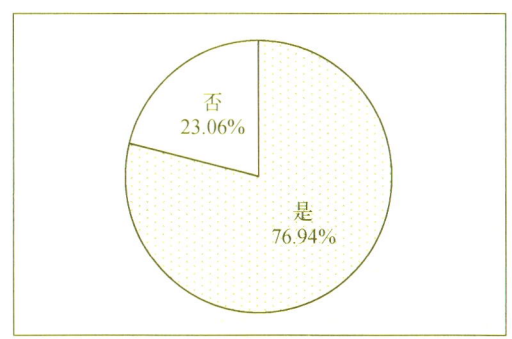

图1-1 渔民对渔业权认知度

从图1-1可以看出，76.94%的受访渔民表示了解渔业权，23.06%的受访渔民表示不了解渔业权。总体上，渔民对渔业权的了解程度较高，这说明虽然渔民的文化程度普遍不高，但其对自身权益还是比较关注的。

2. 渔民对政府政策的信任度

渔民对渔业政策总体的信任度会影响其对渔业权制度的支持度。根据调查发现，15.20%的受访者对渔业政策总体的信任度评价为非常信任，16.81%的受访者对渔业政策总体的信任度评价为信任，31.61%的受访者对渔业政策总体的信任度评价为不确定，22.17%的受访者对渔业政策总体的信任度评价为不信任，14.21%的受访者对渔业政策总体的信任度评价为非常不信任，受访渔民对渔业政策总体的信任度为32.01%，总体信任度较低。

3. 渔民对捕捞作业难度的评价情况

渔民对捕捞作业难度的不同评价会影响其对渔业权的支持度。根据调查发现，8.15%的受访者认为目前捕捞是非常容易的，26.44%的受访者认为目前捕捞是容易的，29.42%的受访者认为目前捕捞难度一般，30.32%的受访者认为目前捕捞是不容易的，5.67%的受访者认为目前捕捞是非常不容易的。虽然现在捕捞技术、捕捞工具等有所改善，但由于渔业本身的特点和自然环境的变化，渔民捕捞作业难度还是较大。政府可以通过为渔民提供信息支持、技术设备更新、渔业培训等措施提高渔民的捕捞能力，降低捕捞难度。

4. 渔民对渔业权制度的支持度

渔民对渔业权制度的支持度主要与渔民的素质、对渔业权的认知度、对政府政策的信任度、对当前生活满意度有关。根据调查发现，28.82%的受访者对渔业权制度表示非常支持，42.45%的受访者对渔业权制度表示支持，18.39%的受访者对渔业权制度表示不一定，7.16%的受访者对渔业权制度表示不支持，3.18%的受访者对渔业权制度表示非常不支持。高达 71.27%的受访者表示支持渔业权制度，渔民热切希望政府可以通过完善渔业权制度保障渔民的权益，对政府的政策充满信心。政府当不负广大渔民的支持，尽快完善渔业权制度。

（二）数据统计分析

问卷设计一定程度上采用五分李克特量表形式，通过问卷发现，渔民对于政府渔业相关政策的信任度较低，对政府实施渔业权管理仍有不同的意见。而且渔业资源不断衰减，过度捕捞使近海渔场处于超负荷状态，部分渔民认为现在的捕捞难度是不容易的。从 26 个乡镇（街道）的渔民对渔业权的现状的反映中，为了得到渔民对渔业权的支持度、支持度影响因素以及渔业权对渔民影响的散射空间范围演变规律，通过主成分分析、差异性分析、回归分析等方法，建立支持度的结构模型。

1. 主成分分析

主成分分析是对于原先提出的所有变量，将重复的变量删去，建立尽可能少的新变量，使得这些新变量两两不相关，而且这些新变量在反映调研课题的信息方面尽可能保持原有的信息。

由于 spss 软件自动将所拥有的指标数据标准化，因此只需判定好指标之间的相关性，便可以确定主成分的个数，然后将相关性高的指标归类到同一主成分，再将主成分命名即可。

（1）提取公因子

考虑到样本容量较大，影响因素较多，提取特征值为 1 以上的公因子。渔民渔业权支持度指数的公因子提取输出结果见表 1-2。

表 1-2　公因子的提取

成分	初始特征值			提取平方和载入			旋转平方和转入		
	合计	方差（%）	累积（%）	合计	方差（%）	累积（%）	合计	方差（%）	累积(%)
1	4.562	22.966	22.966	4.562	22.966	22.966	4.062	20.449	20.449
2	3.978	20.026	42.992	3.978	20.026	42.992	3.727	18.763	39.212
3	2.696	13.572	56.564	2.696	13.572	56.564	2.956	14.881	54.093
4	1.486	7.481	64.045	1.486	7.481	64.045	1.977	9.952	64.045
…	…	…	…						

渔民对渔业权政策支持度公因子提取特征值为 1 以上的因子，将 16 个变量降维为

4 个贡献率较大的公因子，分别依次命名为 K_1、K_2、K_3、K_4，其累计贡献率分别为 60.581%，来反映变量的整体特征。

（2）公因子的解释

根据旋转后的公因子荷载矩阵（如表 1-3 所示），可知第一个公因子 K_1 主要与渔民年龄 X_1（0.656）、家庭人口数量 X_2（-0.575）、文化程度 X_3（0.652）、作业类型 X_4（0.508）关系密切，将第一个公因子命名为渔民素质水平。

表 1-3 旋转成分矩阵

	元件			
	1	2	3	4
年龄	0.656	-0.247	0.132	-0.253
家庭人口数量	-0.575	0.102	0.433	-0.296
从业时间	0.652	0.006	-0.097	-0.382
作业类型	0.508	0.019	-0.266	-0.091
渔业权了解程度	0.488	0.664	0.333	-0.414
渔业权了解途径	0.370	0.537	-0.16	0.202
对一打三整治的满意度	0.184	0.272	0.628	0.267
对休渔期制度的满意度	0.150	0.223	0.519	0.196
对渔业保险的满意度	0.277	0.359	-0.509	0.169
对柴油补贴政策的满意度	-0.123	0.097	0.717	-0.072
对渔监渔政管制的满意度	0.039	0.075	0.692	0.082
渔业收入	0.195	0.112	-0.423	0.502
渔业资源	0.046	-0.225	0.28	0.614
捕捞作业难度	-0.434	-0.159	0.337	0.511
医保	0.230	-0.443	-0.234	0.583
交易情况	0.383	-0.349	0.419	0.610

第二个公因子 K_2 主要与渔民对渔业权了解程度 X_5（0.664）、渔业权了解途径 X_6（0.537）有相关性，可以把第二个公因子理解为渔民对渔业权的认知度。

第三个公因子 K_3 主要与渔民对一打三整治的满意度 X_7（0.628）、休渔期制度的满意度 X_8（0.519）、渔业保险的满意度 X_9（-0.509）、柴油补贴政策的满意度 X_{10}（0.717）、渔监渔政管制的满意度 X_{11}（0.692）关系密切。这与前面的渔业政策满意度是十分吻合的，可以把第三个公因子命名为渔业政策信任度。

第四个公因子 K_4 主要与渔民渔业收入 X_{12}（0.502）、渔业资源 X_{13}（0.614）、捕捞作业难度 X_{14}（0.511）、渔民医保 X_{15}（0.583）、渔业交易情况 X_{16}（0.610）有相关性，可以把第四个公因子理解为渔民生活现状的满意度。

2. 回归分析

（1）渔民素质水平的回归分析

为了得到渔民素质水平与各项指标之间的相关性，采用回归分析的方法，以渔民年龄（X_1）、月收入（X_2）、从业时间（X_3）、作业类型（X_4）作为自变量，将渔民文化程度作为渔民素质因变量（K_1）进行线性回归分析。渔民素质水平回归分析表见表1-4。

表1-4　渔民素质水平回归分析表

模型		非标准化系数		标准化系数	T	显著性
		B	标准误差	Beta		
1	（常数）	2.698	0.535		5.042	0.000
	年龄	-0.239	0.088	-0.270	-2.719	0.000
	家庭人口数量	-0.170	0.175	-0.089	-0.967	0.035
	从业时间	0.138	0.063	0.202	2.196	0.030
	作业类型	0.007	0.075	0.008	0.087	0.930

由表1-4可知，回归结果为：

$$K_1 = 2.698 - 0.239X_1 - 0.170X_2 + 0.138X_3 + 0.007X_4$$

通过回归分析发现，渔民年龄、家庭人口数量和从业时间对渔民素质通过显著性检验，作业类型未通过显著性检验；渔民年龄是最能影响得到渔民素质的变量因子，其次是渔民家庭人口数量，再次是渔民从业时间。

（2）渔民对渔业权认知度的回归分析

为了得到渔民对渔业权认知度与各项指标之间的相关性，采用回归分析方法，以渔民对渔业权了解程度（X_5）、了解的途径（X_6）作为自变量，将是否了解渔业权作为渔民认知度因变量（K_2）进行线性回归分析。渔民对渔业权认知度回归分析表见表1-5。

表1-5　渔民对渔业权认知度回归分析表

模型		非标准化系数		标准化系数	T	显著性
		B	标准误差	Beta		
1	（常数）	2.211	0.409		5.408	0.000
	了解程度	-0.143	0.200	-0.066	-0.716	0.045
	了解途径	0.365	0.147	0.104	1.125	0.003

由表1-5可知，回归结果为：

$$K_2 = 2.211 - 0.143X_5 + 0.365X_6$$

通过回归分析发现，渔民对渔业权了解程度、了解途径两项因子通过显著性检验，其中了解途径是最能影响渔业权认知度的变量因子，其次是对渔业权了解程度。

(3)渔民对渔业政策信任度的回归分析

为了得到渔民对渔业政策信任度与各项指标之间的相关性,采用回归分析的方法,以一打三整治的满意度(X_7)、休渔期制度的满意度(X_8)、渔业保险的满意度(X_9)、柴油补贴政策的满意度(X_{10})、渔监渔政管制的满意度(X_{11})有,将渔民对渔业政策信任度作为因变量(K_3)的指标进行线性回归分析。渔民对渔业政策信任度回归分析表见表1-6。

表1-6 渔民对渔业政策信任度回归分析表

模型		非标准化系数		标准化系数	T	显著性
		B	标准误差	Beta		
1	(常数)	0.632	0.265		2.383	0.019
	一打三整治的满意度	0.069	0.080	0.089	0.858	0.049
	休渔期制度的满意度	-0.022	0.073	-0.030	-0.294	0.769
	渔业保险的满意度	0.092	0.062	0.138	1.475	0.043
	柴油补贴政策的满意度	0.200	0.073	0.282	2.763	0.007
	渔监渔政管制的满意度	-0.003	0.076	-0.004	-0.035	0.972

由表1-6可知,回归结果为:

$$K_3 = 0.632 + 0.069X_7 - 0.022X_8 + 0.092X_9 + 0.200X_{10} - 0.003X_{11}$$

通过回归分析发现,渔民对一打三整治的满意度、渔业保险的满意度、柴油补贴政策的满意度三项因子通过显著性检验,其中渔民对柴油补贴政策满意度是最能影响对渔业政策信任度的变量因子,其次是对渔业保险满意度,再次是一打三整治满意度;而休渔期制度的满意度和渔监渔政管制的满意度未通过显著性检验,对渔业政策信任度影响不大。

(4)渔民生活现状的回归分析

为了得到渔民生活现状与各项指标之间的相关性,采用回归分析的方法,以渔业收入(X_{12})、渔业资源(X_{13})、捕捞作业难度(X_{14})、渔民医保(X_{15})、渔业交易情况(X_{16})作为自变量,将渔民生活满意度作为渔民生活现状因变量(K_4)进行线性回归分析。渔民生活现状回归分析表见表1-7。

表1-7 渔民生活现状回归分析表

模型		非标准化系数		标准化系数	T	显著性
		B	标准误差	Beta		
1	(常数)	0.700	0.510		1.373	0.172
	渔业收入	-0.072	0.076	-0.092	-0.949	0.345
	渔业资源	0.280	0.093	0.255	3.012	0.000
	捕捞作业难度	0.132	0.074	0.153	1.771	0.039
	医保	0.142	0.074	0.177	1.922	0.050
	交易情况	0.282	0.078	0.304	3.623	0.000

由表1-7可知，回归结果为：

$$K_4 = 0.700 - 0.072X_{12} + 0.280X_{13} + 0.132X_{14} + 0.142X_{15} + 0.282X_{16}$$

通过回归分析发现，渔业资源、捕捞作业难度、渔民医保、渔业交易情况通过显著性检验，对渔民生活现状有较为显著的影响，其中交易情况是最能影响对渔民生活现状的变量因子，其次是渔业资源，第三是医保渔民，第四是捕捞作业难度；渔业收入未通过显著性检验。

（5）渔民对渔业权支持度的回归分析

为了得到渔民对渔业权支持度与各项指标之间的相关性，采用回归分析的方法，以渔民对渔业权支持度作为因变量 Y，以渔民素质水平 K_1、渔民渔业权认知度 K_2、渔业政策信任度 K_3、渔民生活现状 K_4 作为自变量，进行线性回归分析。渔民对渔业权支持度回归分析表见表1-8。

表1-8 渔民对渔业权支持度回归分析表

模型		非标准化系数		标准化系数	T	显著性
		B	标准误差	Beta		
1	（常数）	0.938	0.348		2.695	0.008
	渔民素质水平	-0.020	0.102	-0.018	-0.200	0.842
	渔民渔业权认知度	0.098	0.053	0.173	1.865	0.015
	渔业政策信任度	0.121	0.074	0.158	1.643	0.000
	渔民生活现状	0.060	0.081	0.021	0.231	0.034

由表1-8可知，回归结果为：

$$Y = 0.938 - 0.20K_1 + 0.098K_2 + 0.121K_3 + 0.060K_4$$

通过回归分析发现，渔民渔业权认知情况、渔业政策信任度、渔民生活现状通过显著性检验，有较为显著的影响，其中渔业政策信任度是最能影响渔民对渔业权支持度的变量因子，其次是渔民渔业权认知，再次是渔民生活现状，而渔民素质水平未通过显著性检验，对渔业权支持度影响不大。

3. 差异性分析

通过问卷反映出，渔民对于政府政策的满意度良好，但是在相对较为富裕的普陀区、定海区较多渔民对政府政策表示不满意，而相对不太富裕的嵊泗县和岱山县的渔民就比较满意。根据样本问卷，以渔民对渔业权政策支持度为因变量，对普陀区、定海区、嵊泗县、岱山县进行差异性检定，可得到不同地区渔民对渔业权支持程度的区别。

通过区分不同地区渔民对渔业权政策支持度指数，利用spss23.0软件进行Kruskal-Wallis检定，得出卡方值为209.280，自由度为4，显著性概率值p=0.000<0.05，这表示

在渔民对渔业权政策支持度指数上四个地区两两比较至少有一对存在显著差异。检定统计资料见表1-9。

表1-9 渔业权支持度检定统计资料

	渔业权支持度
卡方	209.280[a]
df	4
渐进显著性	0.000

为进一步确定具体差异情况,通过成对比较,得出以下结果,见图1-2。

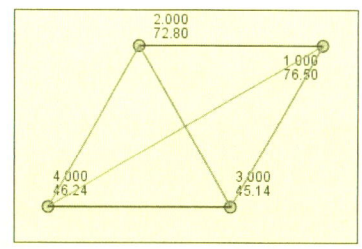

(样本1指嵊泗县,样本2指岱山县,样本3指普陀区,样本4指定海区)

Sample1-Sample2	检定统计资料	标准错误	标准统计	检定资料	显著性	调整后显著性
3.000-4.000	-1.099	9.065	-.121	.904	1.000
2.000-1.000	3.695	7.338	.504	.615	1.000
4.000-2.000	26.563	7.676	3.460	.001	.003
3.000-2.000	27.662	8.490	3.258	.001	.007
4.000-1.000	30.259	7.997	3.784	.000	.001
3.000-1.000	31.357	8.781	3.571	.000	.002

图1-2 渔业权支持度差异性分析

从图1-2可得,四个地区的渔民对渔业权支持度排序从高到低依次是嵊泗县、岱山县、普陀区、定海区,但定海区、普陀区没有显著性的差异,嵊泗县、岱山县也没有显著性的差异。

嵊泗县与岱山县比较。显著性概率值 $p=0.615>0.05$,从而得出嵊泗县与岱山县在渔民渔业权支持度上不具有显著差异。

嵊泗县与普陀区比较。显著性概率值 $p=0.000<0.05$,从而得出嵊泗县与普陀区在渔民渔业权支持度上具有显著差异。

嵊泗县与定海区比较。显著性概率值 $p=0.000<0.05$,从而得出嵊泗县与定海区在渔民渔业权支持度上具有显著差异。

岱山县与定海区比较。显著性概率值 $p=0.001<0.05$，从而得出岱山县与定海区在渔民渔业权支持度上具有显著差异。

岱山县与普陀区比较。显著性概率值 $p=0.001<0.05$，从而得出岱山县与普陀区在渔民渔业权支持度上具有显著差异。

普陀区与定海区比较。显著性概率值 $p=0.904>0.05$，从而得出普陀区与定海区在渔民渔业权支持度上不具有显著性差异。

三、调查结果分析

（一）渔民的调查综述

对渔民的调查，调查组采用问卷法、交流访谈法、实地调查等相结合的调查方法，以问卷调查法为主。问卷从基本情况、渔民渔业权认知度、政府政策信任度、渔民生存状况满意度、渔民渔业权支持度五个方面设置问题。问卷发放区域为舟山定海区、普陀区、嵊泗县、岱山县，区域具有代表性的同时也具有显著的差异性。

问卷结果显示：①受访渔民主要由男性构成，绝大多数从事海上捕捞业，工作时间长、强度大，普遍对目前的生存状况表露出不满的情绪；②渔民对渔业权的认知度较高，说明渔民受"经济人"心理影响很大，即渔民对与自身利益关联度大的事物有很浓厚的兴趣；③政府政策信任度较高，这表明渔民对政府还是比较满意的，有利于推进渔业权制度的建设；④渔民生存状况满意度较低，渔民海上劳作强度大、危险系数高，岸上生活又没有足够的保障，且收入不高，这些问题始终困扰着渔民；⑤渔民对渔业权制度支持度较高，渔民还是将自己获得美好生活的希望寄托于政府，希望政府能够完善渔业权制度，帮助渔民群体改善当前的生活状况。综述表明，渔业权制度建设工作体现出紧迫性、可行性的特点，渔民生存状况本身要求渔业权制度的建设工作尽快展开，同时渔民对渔业权制度显示出较大的热情，这证明在渔民层面深入推进渔业权制度的可行性是存在的。

（二）政府的调查综述

通过与政府渔业主管部门相关负责人的交流，了解到舟山市已经开始了渔业权制度的探索，比如舟山市海洋与渔业局试行的渔业捕捞配额制度等。但是由于舟山地区的复杂性、法律规定的模糊性，这些探索取得的成效不大。访谈结果表明：①政府态度明确，政府对渔业权制度的建设是呈支持性态度的，这有利于基础调研工作的开展；②政府缺失体系化的研究，各级政府出台的渔业政策多表现为指导性、保障性政策，并没有对渔业权进行体系化的研究；③政府掌握一定量的渔民信息，但对在某些政策执行过程中如何与渔民沟通还感觉到有一定困难。

【案例解读】

（一）渔民群体的"经济人"与"社会人"特征

渔民对渔业权制度的观念形成，必定和社会大环境有关。从职业体系上讲，渔民是构成要素之一，在这个层面上将其定性为"经济人"，即渔民对渔业权制度的观念是出于对自身利益最大限度地维护而形成的，包括生理、安全、心理及更高追求等等。与"经济人"相对应的，渔民群体亦存在"社会人"角色，渔民的经济条件较差、作业环境恶劣、社会关系紧张、心理状况不佳，渔民对生活的追求在维持生理需求基础上，对安全需求、情感需求、尊重需求等方面都面临危机感；渔民劳动的动机是当前以及未来的生存压力，而不是增进福祉的额外因素。以上现状表明渔业权制度的建立已经迫在眉睫。

（二）渔民对渔业权支持度的理性选择

渔民为保护自身利益而做出的选择必定是在他获取足够信息并做出慎重思考后的结果。政策是渔民能够接触到的、与自身利益关联度最大的信息，对政策的认知度将对渔民选择上产生很大的影响，政策信任度是渔民对渔业权制度态度的另一较大影响因素。认知度与支持度呈正相关，认知度越高支持度越高；信任度与支持度也呈正相关，信任度越高支持度也越高；认知度是支持度的基础，但不是支持度的决定性因素，渔民在充分认知获得足够信息后做出的是符合自身利益最大化的选择，他们并不会因认知度增加而做出有损利益的选择。由此可知，认知度对支持度的影响次于政策信任度的影响。

（三）地区差异性对渔民理性选择的影响

通过差异性分析发现：就支持度、认知度而言，定海区、普陀区的差异性不显著；嵊泗县、岱山县的差异性不显著；而定海与嵊泗、岱山以及普陀与嵊泗、岱山的相互差异性非常显著。结合社会环境来看，定海区、普陀区都是舟山市经济最为发达的地区，生活在该地区的渔民素质较高、获取信息较多，而嵊泗、岱山则相反。地区差异性带来的渔民素质、信息获取途径等因素的不同，会造成渔民信息获取能力与分析能力强弱不一的情况，最终会影响到渔民对渔业权制度的认知度、支持度选择，具体表现为：经济不发达、信息闭塞地区渔民对渔业权认知度低、支持度不高；经济发达、信息通畅地区渔民对渔业权认知度高、支持度较高，这也解释了地域特征对渔民认知能力、理解能力、响应能力的影响。

【案例启示】

尽管渔民普遍支持建立渔业权制度，但舟山渔民对于政府现有政策的支持度并不高，渔民生活没有保障，渔民生活幸福感和归属感不高。渔民对于政府信任的程度低，是众多影响因素的混合作用结果,如经济、社会、政治与文化等,在这些因素的交互作用下影响了渔民对于政府政策的判断,深层次的因素在于公众对政府的认知与公共期望之间的落差大小,也就是说政府对渔民的服务效果不佳,造成了渔民心理落差。所以政府需要树立威信,重建渔民对政府的信赖关系。

第一,政府在政策制定前应充分了解渔民的需求,可以定时召开新闻发布会、座谈会,听取群众声音,询问专家,拟定符合渔民根本利益又符合可持续发展理念的政策。第二,在政策执行的时候,政府及其工作人员也不能摆架子,要公开透明地执行政策,树立政府的公信力,同时打造服务型政府。第三,积极与渔民进行沟通,在实施各项法律、制度过程中,要健全反馈机制,扩大反馈渠道,建设反馈平台,设置反馈信箱,虚心听取渔民的意见和建议,并在政策修订时进行相应的完善。

案例思考

1. 当代渔民对渔业权益的诉求有哪些?
2. 政府应如何提高渔业资源保护政策的执行效果?
3. 浅谈我国渔业权制度建设中存在的主要问题和破解路径。

本节参考文献

AL, Comrey, HB, Lee. A first course in factor analysis, 2nd ed.[J]. 《Technometrics》, 2013, (35): 453-453.

韩立民,任广艳,秦宏. "三渔"问题的基本内涵及其特殊性[J]. 农业经济问题, 2007(06):95-98+114.

李海棠. 完善我国渔业生态补偿制度的法律思考[J]. 《江淮论坛》, 2018, (287): 1-20.

林光纪. "渔民、渔业、渔村"逻辑与悖论——以龙海市浯屿村渔业调查为例[J]. 中国渔业经济, 2010(4):5-17.

刘舜斌. 渔业权研究 I[J]. 《中国海洋大学学报:社会科学版》, 2006, (4): 6-9.

刘子飞,孙慧武,韩杨,et al. 基于乡村振兴的"三渔"发展战略研究[J]. 山东农业科学, 2018, v.50;No.320(04):172-178.

卢学晖. 理性选择理论的理论困境与现实出路[J]. 《天津行政学院学报》, 2015, (17): 53-59.

塔西佗. 塔西佗历史[M]. 商务印书馆:塔西佗, 1981.

吴丹丹,马仁锋,王腾飞,et al. 中国沿海"渔业、渔民、渔村"转型研究进展[J]. 世界科技研究与发展, 2016(06):215-221.

吴贺宁. 理性选择与认同[J]. 西部皮革, 2016, (38): 153-153.

邢瑞磊. 理解理性选择理论:历史、发展与论争[J]. 《武汉大学学报(哲学社会科学版)》, 2015, 68(3): 53-58.

张晒. 理性选择理论:优势、局限性与可能出路[J]. 《湖北经济学院学报》, 2015, (3): 106-112.

第三节 渔民之生存危机

> 本案例原题为《漩涡中的挣扎——当代渔民生存危机现状调查与困境破解》，2017年获得浙江省统计调查方案设计大赛二等奖。案例作者：寿海飞、张洁徕、傅聪慧、于雯，指导教师：王晓慧。

自20世纪60年代起，近海捕捞一直是海洋捕捞的主流，捕捞对象主要是经济价值较高的大型底层和近底层生物种类。但随着海洋生态环境恶化和渔业资源开发力度盲目增大，导致了沿海各地纷纷出现"近海无鱼"的尴尬局面。为此，政府相继出台了海洋伏季休渔制度、减船转产等政策，开展渔场修复、"一打三整治"专项执法等行动，来保护渔业资源。通过治理，渔业资源匮乏的现状有所缓解，但也使渔民捕捞时间变得更短、收入不断降低，渔民的生存空间变得更加狭小。特别是渔业产业占比较大的舟山群岛，以捕捞为生的渔民基数庞大，渔业资源衰退速度更显著，渔民的生活更加困难。舟山市政府对渔民问题十分重视，亟须了解和掌握基层渔民的生存压力以及渔民对渔业政策条规的满意程度，以期适时调整渔业政策、建立符合现代渔业特点的管理体系，实现"渔场富饶、渔村美丽、渔民增收、人海和谐"的发展新局面。

一、调查方案设计

（一）调查目的及意义

为深入了解渔民生产、生活中存在的问题，需要以舟山市渔民为样本进行抽样的调查，以此来分析当代渔民的生存状况，为政府相关部门制定改善渔民生活条件、促进渔业可持续发展的政策提出建设性意见。

从"生存危机"角度出发，了解舟山各地区渔民的生存现状，了解舟山渔民对政府相关政策认知及评价，并测算舟山渔民对生活的总体满意度水平，评估舟山渔民生存危机指数；

通过渔民生存危机归因分析，剖析影响舟山渔民生活满意度的各种因素及生存危机形成机理，揭示生存危机中渔民、政府的博弈关系；

基于对舟山渔民生产、生活基本诉求的调查，结合海洋渔业产业特性、渔民自身文化素质、心理特征，预判舟山渔民规避生存危机的理性或非理性选择趋势；

综合上述分析结论，根据政府规制预期以及舟山渔民生存困境，对针对存在的突出问题进行深入研究并提出相应建议和解决方案，以便疏导舟山渔民危机情绪，缓解政府和渔民之间的短期矛盾，最终实现渔业生产与渔民生活的和谐持续发展。

通过对舟山渔民的生活现状、转产转业意愿和政府政策信任度的研究，建立舟山渔民生存危机归因模型，分析生存危机的影响因素并揭示渔民、政府二者之间的博弈关系，可以丰富理性选择、演化博弈等理论的研究内容；同时，调查研究舟山渔民的生存状况，进而探讨舟山渔民生存危机的根源，对症下药，疏导本地渔民危机情绪，使处于社会底层的渔民生活得到国家和社会的关注，以助力政府加快对渔民转产转业的政策扶持，加快渔区社会保障制度建设，解决渔民的后顾之忧。此外，调查结果还可以推广到中国其他沿海地区，"求同存异"，以便全面改善中国渔民的生存状况，促进中国渔业可持续发展。

（二）调查范围及对象

1. 调查范围

普陀区（含定海区）、嵊泗县、岱山县。

2. 调查对象

问卷发放对象为各县市区渔民；访谈对象为政府渔业管理部门负责人。

3. 总体样本量的确定及误差估计

在估计整个舟山地区渔民对生活状况的满意度时，由于定海区和普陀区经济发展情况、渔民生活状况类似，而且定海区渔民较少，因此将其定义为普陀区（含定海区），总样本量的计算过程如下：

$$n = \frac{N}{N-1} \frac{Z_{\alpha/2}^2}{\Delta^2} P(1-P)$$

由 2015 年舟山市统计年鉴可得普陀区（含定海区）、嵊泗县和岱山县的渔民人口总数为 198 365。在置信度为 95%（$Z_{\alpha/2}$=1.96）、最大允许绝对误差为 3%（△=0.03）时，根据 P=0.5 达到极大值时对初始样本量进行计算：n=1100。

（三）调查内容及方法

1. 调查内容

调查主要从四个方面开始，被调查者的个体基本情况、生活状况、政府政策信任评价以及转产转业意愿，见表 1-10。

表 1-10 调查内容结构表

个体基本情况	性别	X_1
	年龄	X_2
	家庭住址	X_3
	家庭人口数	X_4
	文化程度	X_5
	职业	X_6
	从事该职业时长	X_7
生活状况	月收入	X_8
	渔业收入占比	X_9
	身体状况	X_{10}
	作业强度	X_{11}
	渔业资源	X_{12}
	渔民危机感指数	Y_1
政府政策信任评价	现行休渔期制度	X_{13}
	休渔期制度完善	X_{14}
	一打三整治	X_{15}
	报废船龄标准	X_{16}
	柴油补贴政策	X_{17}
	投放鱼苗政策	X_{18}
	政府政策支持度	Y_2
转产转业意愿	转产转业去向	X_{19}
	退出渔业原因	X_{20}
	转产转业后利润预期	X_{21}
	捕捞作业难度	X_{22}
	捕捞作业难的原因	X_{23}
	转产转业遇到的困难	X_{24}
	选择转产转业原因	X_{25}
	是否愿意下一代从事渔业工作	X_{26}
	转产转业意愿	Y_3

2. 调查方法

采用问卷调查与深度访谈相结合的方法进行研究。

问卷调查：以随机抽样方式入户调查和街头拦截方法进行询问，采用简单随机抽样中的分层抽样和整群抽样相结合的方式，按照区域分层为三个区域：普陀区（含定海区）、岱山县和嵊泗县。每个区域内选择港口和渔民居住区随机抽样。另外，在预调查时，由于时间处于禁渔期阶段，港口附近基本上没有作业的渔民，所以实际调查中，需要避开休渔期。对于距离舟山本岛较远的岱山、嵊泗，早班船轮渡登岛进行问卷发放。

深度访谈：小组成员对渔民、渔业管理者和渔业方面的专家进行专访，了解渔业资源以及渔民生活现状。

二、调查数据统计

（一）数据统计描述

本次发放问卷 1100 份，收回问卷 1100 份，在对问卷进行整理时，剔除回答不完整、回答过于潦草等无效问卷共 94 份，最终得到有效问卷样本 1006 份。有效问卷率 91.45%。

根据三个地区的问卷调查数据，对渔民的月收入、身体状况、作业强度、渔民危机感、对一打三整治及柴油补贴政策的支持度、政府政策信任度、转产转业遇到的困难、转产转业意愿进行了描述性分析。从 1006 份有效调查问卷看，相关因素情况如下：

1. 样本渔民的生存情况

（1）收入状况

调查结果表明，月收入为 2000 元以下（含 2000）的有 263 人，2000～3000 元（含 3000）的有 432 人，3000～4000 元（含 4000）的有 229 人，4000～5000 元（含 5000）的有 53 人，5000 元以上的有 29 人。可以看出，渔民的月收入并不高，而且还有可能会受到渔业资源短缺、年龄增长、身体状态变差等因素的影响。相比较下，普陀区渔民的收入比岱山、嵊泗两县要高。

（2）身体状况

调查结果表明，岱山渔民身体一般和较差占比 87%，嵊泗渔民身体一般和较差占比 84%，普陀渔民身体一般和较差占比 88%，整体上看，身体一般和较差的渔民占比 86.7%，反映出渔民身体状况偏差的较多，这可能与渔民常年出海的生产作业方式、不良的生活习惯和医疗健康保障的缺失有关。政府需提升渔民的医疗保障力度，在解决渔民看病问题的同时，又不会过于加重其经济负担。

2. 样本渔民的职业特征

（1）作业强度

调查结果表明，工作强度为半个月以内（含半个月）的有 398 人，半个月～半年（含半年）的有 401 人，半年～一年（含一年）的有 156 人，一年以上的有 51 人。可以看出，渔民作业强度集中在半年以内，出海捕鱼时间在半年以上会大大增加工作的风险，也会使渔民自己和家人的心理状态受到改变，增强生存危机状况。

（2）渔民危机感指数

调查结果表明，渔民危机感由低、较低、一般、较高、高的选择人数分别为 24、81、289、525、87，危机感较高以上的占比为 60.8%，大多数渔民对于自己现在的生活有一定危机感，危机感指数较高，这可能与自身的身体状况、文化素质、渔业资源、政府政策制度等因素有关。

3. 样本渔民对政策评价

（1）"一打三整治"政策评价

调查结果表明，"一打三整治"政策对渔民的生活还是有很大的影响的，但是实际调查发现，该政策对渔民的直接影响其实并不高，被调查渔民中中立及消极态度评价占比 54.7%，因为该政策很大程度上影响的是船老大、渔业管理者的利益。因此，政府还是应出台关系渔民切身利益的政策制度，从根本上缓和渔民生活危机。

（2）柴油补贴政策评价

调查结果表明，对于柴油补贴政策，富裕的普陀区（含定海区）较多渔民对此并不是很满意，占全部不满意人数比例为 84%，相反，嵊泗县和岱山县渔民满意的人数较多，说明补贴对于原本收入较低的人群有很大帮助。

（3）政府政策信任度

调查结果表明，渔民对政府政策信任度较高，尽管有 267 人对政府政策表示不满意，但占比不高，仅为 26.5%。其中普陀区不满意的人数为 228 人，占全部不满意的 85.4%，岱山不满意的人数为 14 人，占全部不满意的 5.2%，嵊泗不满意的人数为 55 人，占全部不满意的 9.4%。

4. 样本渔民转产选择

（1）转产转业意愿

调查发现，愿意转产转业的渔民有 460 人，不愿意转产转业的渔民有 546 人。可以看出，渔民转产转业意愿不一，但相比之下，选择不转产转业的渔民更多一点，这应该与渔民的生存危机感、收入及自身工作技能等原因有关。

（2）转产转业遇到的困难

调查发现，渔民转产转业遇到困难为转产成本高的有 400 人，缺乏寻找新工作信息的有 223 人，身体状况不佳的有 200 人，缺少教育和培训的有 106 人，其他原因有 77 人。这表明政府要对渔民转产转业给予经济上的优惠，以降低渔民转产成本；同时，政府和企业对信息的宣传力度不够、渔民自身的身体状况和文化素质也给渔民转产转业带来很大困难。

（二）地区差异性统计分析

通过对普陀区（含定海区）、嵊泗县、岱山县的渔民生活总体状况满意度、政府政策支持度和转产转业意愿三个因变量进行差异性分析，可以发现不同地区渔民的状况、态度及选择不同，为后续采用不同的改进对策提供依据。

1. 渔民生活总体状况满意度的差异

利用 spss 软件对不同地区渔民生活总体状况满意度进行 Kruskal-Wallis 检定，得出卡方值为 28.643，自由度为 2，显著性概率值 $p=0.000<0.05$，表明渔民生活总体状况满意度在三个地区两两比较至少有一对存在显著差异，见表 1-11。

表 1-11　检定统计资料 1

	Y1
卡方	28.643
df	2
渐进显著性	0.000

为进一步确定具体差异情况，进行成对比较，得出以下结果：

普陀区（含定海区）与嵊泗县比较：显著性概率值 $p=0.000<0.05$，从而得出普陀区（含定海区）与嵊泗县在渔民生活总体状况满意度上具有显著性差异。

普陀区（含定海区）与岱山县比较：显著性概率值 $p=0.000<0.05$，从而得出普陀区（含定海区）与岱山县在渔民生活总体状况满意度上具有显著性差异。

嵊泗县与岱山县比较：显著性概率值 $p=0.132>0.05$，从而得出岱山县与嵊泗县在渔民生活总体状况满意度上不存在显著性差异。

三个地区的渔民对生活总体状况满意度排名从高到低依次是普陀区（含定海区）、岱山县、嵊泗县，但岱山县和嵊泗县并没有显著性的差异。

2. 政府政策支持度的差异

利用 spss 对不同地区政府政策支持度的差异进行分析，Kruskal-Wallis 检定得出卡方值为 264.168，自由度为 2，显著性概率值 $p=0.000<0.05$，表明政府政策支持度在三个地区之间两两比较至少有一对存在显著差异，见表 1-12。

表 1-12　检定统计资料 2

	Y2
卡方	264.168
df	2
渐进显著性	0.000

通过成对比较得出以下结果如下：

普陀区（含定海区）与嵊泗县比较：显著性概率值 p=0.000＜0.05，从而得出普陀区（含定海区）与嵊泗县在政府政策支持度上具有显著性差异。

普陀区（含定海区）与岱山县比较：显著性概率值 p=0.000＜0.05，从而得出普陀区（含定海区）与岱山县在政府政策支持度上具有显著性差异。

嵊泗县与岱山县比较：显著性概率值 p=0.000＞0.05，从而得出嵊泗县与岱山县在政府政策支持度上具有显著性差异。

三个地区的渔民对政府政策支持度排名从高到低依次是普陀区（含定海区）、岱山县、嵊泗县，三个地区两两比较均存在显著差异。

3. 转产转业意愿的差异

利用 spss 对不同地区转产转业意愿进行分析，Kruskal-Wallis 检定得出卡方值为 11.592，自由度为 2，显著性概率值 p=0.003＜0.05，这表明转产转业意愿在三个地区之间两两比较至少有一对存在显著差异（见表 1-13）。

表 1-13　检定统计资料 3

	Y3
卡方	11.592
df	2
渐进显著性	0.003

为进一步确定具体差异情况，进行成对比较，得出以下结果：

普陀区（含定海区）与嵊泗县比较：显著性概率值 p=0.016＜0.05，从而得出普陀区（含定海区）与嵊泗县在转产转业意愿上具有显著性差异。

普陀区（含定海区）与岱山县比较：显著性概率值 p=0.199＞0.05，从而得出普陀区（含定海区）与岱山县在转产转业意愿上不存在显著差异。

嵊泗县与岱山县比较：显著性概率值 p=0.001＜0.05，从而得出岱山县与嵊泗县在转产转业意愿上具有显著性差异。

三个地区的渔民对转产转业意愿排名从高到低依次是岱山县、普陀区（含定海区）、嵊泗县，但岱山县、普陀区（含定海区）并没有显著性的差异。

（三）因素回归分析

1. 因子主成分分析

采用巴特莱（Bartlett）球形检验和 KMO 检验。巴特莱球形检验用于检验相关阵是否是单位阵，即各变量是否各自独立，检验相关系数是否不同且大于零。该统计量服从卡方分布，要求卡方统计值的显著性概率小于显著性水平0.01。然后选取特征值大于1的因子，采用主成分分析法和最大方差法正交旋转来提取因子。KMO是Kaiser-Meyer-Olkin的取样适当性量数，用来判断数据是否适合进行因子分析。KMO测度的值越高（接近1.0时），表明变量间的共同因子越多，研究数据适合用因子分析。Kaiser认为，KMO值＞0.9时，极适合进行因子分析；0.9＞KMO值＞0.8时，适合进行因子分析；0.8＞KMO值＞0.7时，尚可进行因子分析；0.7＞KMO值＞0.6时，勉强进行因子分析；0.6＞KMO值＞0.5时，不适合进行因子分析；KMO值＜0.5时，非常不适合进行因子分析。

（1）KMO检验

渔民生存危机指数的KMO检验输出结果：KMO检验值为0.721＞0.5，说明该样本数据比较适合做因子分析。球形检验置信水平P为0.000＜0.05，拒绝各变量独立的假设，即变量间具有较强的相关性。

渔民政府政策支持度的KMO检验输出结果：KMO检验值为0.725＞0.5，说明该样本数据比较适合做因子分析。球形检验置信水平P为0.000＜0.05，拒绝各变量独立的假设，即变量间具有较强的相关性。

渔民转产转业意愿的KMO检验输出结果：KMO检验值为0.748＞0.5，说明该样本数据比较适合做因子分析。球形检验置信水平P为0.000＜0.05，拒绝各变量独立的假设，即变量间具有较强的相关性。

（2）提取公因子

考虑到样本容量较大，影响因素较多，将提取特征值为1以上的公因子。

渔民生存危机感指数公因子提取输出结果：通过渔民生存危机感指数相关变量特征值为1以上的公因子提取，将20个变量降维为6个贡献率较大的公因子$F_1 \sim F_6$，其累计贡献率分别为61.602%。

渔民政府政策支持度公因子提取输出结果：通过渔民政府政策支持度相关变量特征值为1以上的公因子提取，将20个变量降维为6个贡献率较大的公因子$K_1 \sim K_6$。其累计贡献率分别为61.017%。

渔民转产转业意愿的公因子提取输出结果：通过渔民转产转业意愿相关变量特征值为1以上的公因子提取，将20个变量降维为6个贡献率较大的公因子$T_1 \sim T_6$。其累计贡献率分别为61.757%。

上述三类公因子均在第6个公因子后的特征值变化趋缓，因此选取前6个公因子是比较恰当的。

（3）确定因子主成分

对旋转后公因子荷载矩阵进行因子识别，并对公因子进行命名。第1个公因子命名为支持性政策（F_1、K_1、T_1），包括主要与报废船龄标准X_{16}（0.789）、柴油补贴政策X_{17}

（0.802）、投放鱼苗政策 X_{18}（0.841）；第 2 个公因子命名为转产转业前景（F_2、K_2、T_2），包括转产转业去向 X_{19}（-0.684）、退出渔业的原因 X_{20}（0.591）、转产转业后利润预期 X_{21}（0.781）、转产转业遇到的困难 X_{24}（0.703）、放弃转产转业原因 X_{25}（0.647）；第 3 个公因子命名为渔民生活状况（F_3、K_3、T_3），包括月收入 X_8（0.693）、渔业收入占比 X_9（0.577）、身体状况 X_{10}（-0.419）、作业强度 X_{11}（-0.458）；第 4 个公因子命名为限制性政策（F_4、K_4、T_4），包括现行休渔期制度 X_{13}（0.839）、休渔期制度完善 X_{14}（-0.569）、一打三整治 X_{15}（0.666）；第 5 个公因子命名为渔业捕捞现状（F_5、K_5、T_5），包括捕捞作业难度 X_{22}（0.625）、捕捞作业难的原因 X_{23}（0.651）；第 6 个公因子命名为渔业生产持续性（F_6、K_6、T_6），包括渔业资源 X_{12}（0.787）、是否愿意下一代从事渔业工作 X_{26}（0.550）。

2. 回归模型构建

（1）渔民生存危机指数回归模型构建

为了得到渔民生存危机与各项指标之间的相关性，采用回归分析方法，以因子 F_1～F_6 作为自变量，将渔民危机感指数 Y_1 作为因变量建立线性回归模型。渔民危机感指数回归分析见表 1-14。

表 1-14 渔民危机感指数回归分析

模型	非标准化系数		标准化系数	t	Sig.	共线性统计量	
	B	标准误差	试用版			容差	VIF
1（常数）	3.567	0.022		164.05	0.000		
F_1	-0.011	0.022	-0.013	-0.519	0.604	1.000	1.000
F_2	-0.378	0.022	-0.444	-17.377	0.000	1.000	1.000
F_3	-0.173	0.022	-0.204	-7.97	0.000	1.000	1.000
F_4	0.166	0.022	0.078	3.031	0.002	1.000	1.000
F_5	0.262	0.022	0.307	12.023	0.000	1.000	1.000
F_6	0.107	0.022	0.083	3.239	0.001	1.000	1.000

回归结果为：

$$Y_1 = 3.567 - 0.011F_1 - 0.378F_2 - 0.173F_3 + 0.166F_4 + 0.262F_5 + 0.107F_6$$

通过回归分析发现，F_2 是最能影响渔民生存危机感指数的变量因子，其次是 F_5、F_3、F_4，最后是 F_6，而 F_1 未通过显著性检验。依据自变量平均值计算，舟山市渔民生存危机感指数为 3.55，按 5 分制水平，说明舟山渔民对于目前生活状况满意度不高，渔民生存面临种种困境，即存在一定的生存危机。

（2）渔民政府政策支持度回归模型构建

为了得到政府政策支持度与各项指标之间的相关性，采用回归分析的方法，以因子

$K_1 \sim K_6$ 作为自变量,将政府政策支持度 Y_2 作为因变量建立线性回归模型。渔民政府政策支持度回归分析见表 1-15。

表 1-15　渔民政府政策支持度回归分析

模型	非标准化系数		标准化系数	t	Sig.	共线性统计量	
	B	标准误差	试用版			容差	VIF
1（常数）	2.666	0.024		109.435	0.000		
K_1	0.800	0.024	0.715	32.804	0.040	1.000	1.000
K_2	-0.050	0.024	-0.045	-2.052	0.311	1.000	1.000
K_3	0.215	0.024	0.015	0.670	0.000	1.000	1.000
K_4	0.088	0.024	0.078	3.594	0.010	1.000	1.000
K_5	0.187	0.024	0.169	3.163	0.002	1.000	1.000
K_6	-0.112	0.024	-0.243	-1.996	0.046	1.000	1.000

回归结果为:

$$Y_2 = 2.666 + 0.8K_1 - 0.05K_2 + 0.215K_3 + 0.088K_4 + 0.187K_5 - 0.112K_6$$

从中可以发现 K_1 是最能影响渔民政府政策信任的变量因子,其次是 K_4、K_3、K_5,最后是 K_6,而 K_2 未通过显著性检验。依据自变量平均值计算,舟山市渔民政府政策信任为 2.65,按 5 分制水平,舟山渔民对于政府政策的支持度并不高。

（3）渔民转产转业意愿回归模型构建

为了预判舟山渔民规避生存危机的理性或非理性选择趋势,得到渔民规避生存危机的选择与各项指标之间的相关性,采用回归分析的方法,以因子 $T_1 \sim T_6$ 作为自变量,将转产转业意愿 Y_3 作为因变量建立线性回归模型。转产转业意愿回归分析见表 1-16。

表 1-16　转产转业意愿回归分析

模型	非标准化系数		标准化系数	t	Sig.	共线性统计量	
	B	标准误差	试用版			容差	VIF
1（常数）	1.543	0.014		113.205	0.000		
T_1	0.053	0.014	0.107	3.921	0.010	1.000	1.000
T_2	-0.117	0.014	-0.194	-7.095	0.000	1.000	1.000
T_3	-0.102	0.014	-0.164	-5.980	0.000	1.000	1.000
T_4	-0.100	0.014	-0.105	-3.836	0.000	1.000	1.000
T_5	-0.202	0.014	-0.405	-14.813	0.000	1.000	1.000
T_6	-0.018	0.014	-0.035	-1.290	0.197	1.000	1.000

由于 T_6 在回归后不显著,需要剔除,因此最后的回归结果为:

$$Y_3 = 1.543 + 0.53T_1 - 0.117T_2 - 0.102T_3 - 0.100T_4 - 0.202T_5$$

从中可以发现，T_1 是最能影响渔民转产转业的变量因子，其次是 T_5、T_2、T_3，最后是 T_4。依据自变量平均值计算，舟山市渔民转产转业意愿为 1.543。按 5 分制水平判断，舟山渔民超过半数不存在转产转业意愿。

三、调查结果分析

（一）渔民生存危机感

渔民生存危机感指数（Y_1）与支持性政策（F_1）、转产转业前景（F_2）、渔民生活状况（F_3）呈负相关，与限制性政策（F_4）、渔业捕捞现状（F_5）、渔业生产持续性（F_6）呈正相关。从 $F_1 \sim F_6$ 包含的原始自变量看，月收入、渔业收入占比、身体状况、作业强度、渔业资源、现行休渔期制度、休渔期制度完善、一打三整治、捕捞作业难度、捕捞作业难的原因、转产转业去向、退出渔业的原因、转产转业后利润预期、转产转业遇到的困难、放弃转产转业原因；是否愿意下一代从事渔业工作等因素对渔民生活满意度有显著影响。

（二）渔民对政策支持度

渔民政府政策支持度（Y_2）与支持性政策（K_1）、渔民生活状况（K_3）、限制性政策（K_4）、渔业捕捞现状（K_5）呈正相关，与转产转业前景（K_2）、渔业生产持续性（K_6）呈负相关。从 $K_1 \sim K_6$ 包含的原始自变量看，月收入、渔业收入占比、身体状况、作业强度、渔业资源、现行休渔期制度、休渔期制度完善、一打三整治、报废船龄标准、柴油补贴政策、投放鱼苗政策、捕捞作业难度、捕捞作业难的原因、是否愿意下一代从事渔业工作等因素对渔民生活满意度有显著影响。

（三）渔民转产转业意愿

渔民转产转业意愿（Y_3）与支持性政策（T_1）呈正相关，与转产转业前景（T_2）、渔民生活状况（T_3）、限制性政策（T_4）、渔业捕捞现状（T_5）、渔业生产持续性（T_6）呈负相关。从 $T_1 \sim T_6$ 包含的原始自变量看，月收入、渔业收入占比、身体状况、作业强度、渔业资源、现行休渔期制度、休渔期制度完善、一打三整治、报废船龄标准、柴油补贴政策、投放鱼苗政策、捕捞作业难度、捕捞作业难的原因、转产转业去向、退出渔业的原因、转产转业后利润预期、转产转业遇到的困难、放弃转产转业原因、是否愿意下一代从事渔业工作等因素对渔民生活满意度有显著影响。

【案例解读】

（一）相关机理分析

1. 渔民生存危机归因分析

根据渔民生存危机回归模型，得到渔民危机影响因素力度分布，5个变量因子（剔除1个未通过经验的因子）的作用大小不一，力度分布不同，从而解释了渔民生存危机状况的原因。在危机感5个影响因素中，力度分布由大到小依次为转产转业前景、渔业捕捞现状、渔民生活状况、限制性政策、渔业生产持续性，其中转产转业前景力度最大，最能影响渔民生活状况，也就是渔民生存危机的一大根源。

2. 渔民、政府的博弈关系

基于演化博弈理论，建立渔民、政府的演化博弈分析框架，可以发现二者的利益随时间长短的变化：短期内出现利益冲突，但长期利益相一致。政府休渔期制度的推行，使得渔业资源能够休养生息，但是没有过多地考虑到渔民的生活状况，渔民离海就基本丧失了收入来源，政府虽然给予了相应的补贴，但少之又少，无法改变渔民在休渔期内的生活困境。当失去稳定的收入来源，即使渔民知晓鱼不能捕，偷捕的现象难免屡禁不绝。但从长远看，渔民也希望有更多的渔业资源供给充足，希望政府有相关政策来保护渔业资源，政府通过休渔期管控制度使渔业资源得以恢复。

3. 渔民规避危机的选择意愿

通过对渔民转产转业意愿影响因子的分析可以发现，渔民对政府政策的信任，对其规避危机即转产转业的选择有很大影响；而影响渔民转产转业因素中，转产转业预期与渔业目前生活状况的对比程度，对渔民转产转业决策也有较大影响；同时，渔民生活状况对渔民规避危机的选择意愿也有一定影响。较大一部分渔民出于对政府政策不信任、对个人转产转业预期低于目前渔业生活现状等因素影响，认为转产转业存在较大不合理之处。这需要政府在完善渔业相关政策的前提下，对渔民规避危机的选择加强引导，更好地保障转产转业浪潮下"失海""弃捕"渔民的生活。

（二）相关问题总结

一是舟山渔民对生活状况总体不是很满意。对生活状况总体评价普遍不高，危机感较强。最不满意的三个焦点主要集中于渔业资源不足、月收入低、身体状况不佳这三方面。

二是舟山渔民对政府政策评价普遍不是很高。主要集中于现行休渔期制度、柴油补贴政策这两方面。从短期看，政府的柴油补贴政策、报废船龄标准、一打三整治等渔业管理制度，总体上是鼓励渔民适度退出，但由于政府没有为渔民提供更多的社会保障制度（如养老保险，退休金等），使得渔民的生活得不到保障，也使得渔民对政府的限捕政策产生抵触情绪，大大降低了政府政策在渔民心中的支持度。

三是舟山渔民转产转业意愿普遍不强。主要集中于转产转业去向、转产转业利润预期和不转产转业原因这三方面。由前面的数据分析可知，渔民转产转业意愿为得分为1.543，说明舟山渔民转产转业意愿普遍不是很高，但在采取适当措施之后，可以提高渔民转产转业意愿。

四是舟山各地渔民生存状况差异大。从差异性分析的结果来看，三个地区的渔民对生活总体状况满意度排名从高到低依次是普陀区、岱山县、嵊泗县，但岱山县和嵊泗县并没有显著性的差异；渔民对政府政策支持度排名从高到低依次是普陀区、岱山县、嵊泗县；渔民对转产转业意愿排名从高到低依次是岱山县、普陀区、嵊泗县，但岱山县、普陀区并没有显著性的差异。三个指标嵊泗县都排名最后，这可能与不同地区渔民的文化程度、月收入、从事的职业等因素有关。

【案例启示】

（一）缓解和疏导渔民生存危机感

加大休渔期渔民的生活补贴力度。休渔期在一定程度上保护了渔业资源和生态环境，响应了"可持续发展"的政策，但是这也使渔民的生存环境更加恶劣。以捕鱼为生的渔民在休渔期间，失去了生活来源，为保证收入渔民不得不去寻找短工，付出体力劳动来获取报酬，老年渔民甚至由于身体原因无法顺利找到工作，渔民们逐渐产生危机意识。因此要缓解渔民的生存危机，就必须保障渔民在休渔期内的基本收入，政府可以通过补贴的方式，按照年龄层次划分等级进行补贴，并做好补贴发放工作，缓解渔民生存压力。

加大对渔民的人文关怀。渔民的文化程度低，对渔业政策调整内容了解得不够，且技能匮乏，身体状况不佳。舟山市政府应该建立相关的机构，深入渔民群体，通过宣讲向渔民介绍目前的渔业相关政策；定期举办文化、技能培训班，提供素质教育，加强就业指导，培养渔民的其他就业技能，同时搭建转产渔民就业平台，拓宽再就业途径，以此降低渔民的转产就业难度，防止转产渔民因缺少职业技能和就业渠道而重新开始从事捕捞业。

（二）政策改善和执行

推进关于渔业水域许可权的政策法规出台，保证渔民的水域使用权。渔民对水域使用权并不稳定，随时由于各种原因导致"失海"。渔民的海域使用权和渔业捕捞权只是在相关法律架构下的一种变通性权利享受，而这种变通性的权利弹性较大，法律保障性相对比较弱化。而《中华人民共和国渔业法》规定，对于捕捞和养殖水域，实行许可证制度，因此，积极推进保障渔民海洋使用权利和捕捞权益的立法，可以缓解渔民生存危机。

（三）产业引导和建议

大力推进渔业一二三产业的融合发展，落实海洋捕捞渔民减船转业，配合舟山市旅游业发展休闲渔业，加大渔民转产转业力度。贯彻落实全国休闲渔业现场会精神，培育休闲渔业业态，规范渔船管理，使休闲渔业快速健康发展。渔民在收入不高、渔业资源减少、休渔期规制压力下，不得不考虑转产转业的可能性，但由于自身文化素质、技能匮乏以及转产转业的收益预期较低，导致渔民在转产转业方面犹豫不决，但随着休闲渔业的市场需求不断扩大，给转产转业的渔民带来了新商机。舟山市政府应鼓励渔民将渔业与旅游业相结合，发展休闲渔业，在休渔期内通过发展休闲渔业，使游客体验舟山渔业旅游特色，增加渔民的收入，提高渔民的生活质量。

（四）建立分地区差异化政策

从数据分析中可看到，舟山普陀区（含定海区）、岱山县、嵊泗县三个地区存在许多方面的差异。其中，嵊泗县政府应以缓解渔民生存危机感为主，为渔民制定更多生存保障制度；岱山县的发展速度基本与普陀区、定海区同步，渔民的生活基本都有保障，因此普陀区（含定海区）和岱山县政府应该积极引导更多渔民转产转业，从而减少现有渔船数量和渔船上劳动力数量，控制捕捞强度，转移渔业剩余劳动力；同时，调整渔业产业结构，降低海洋捕捞特别是近海捕捞渔业比重。

案例思考

1. 当代渔民存在哪些生存危机？危机感产生的原因是什么？
2. 政府在渔业资源管控过程中，如何加强与渔民之间有效沟通？
3. 如何提高渔民渔业生产以外的劳动技能？

本节参考文献

何川. 远洋高级船员流失问题的调查分析与对策研究[D].杭州：浙江大学，2004
李建新，沈丽，陆杰华，等. 舟山渔民人口渔业资源可持续发展观的实证分析[J]. 市场与人口分析，2003（3）
刘振波，卞志伟. 国际旅行特殊群体——远洋渔业船员的心理健康[J].口岸卫生控制，2016（5）
任芳芳. 基于控制点的航运企业高级船员工作压力、职业倦怠关系研究[D]. 大连.东北财经大学，2012：
施国庆，王晨. 断裂与替代：退湖渔民生计的转型[J].南京农业大学学报（社会科学版），2014（4）
孙波，王有庆. 对远航船员航行期间情绪变化的调查与研究[J].人才培养，2004（2）
吴佳蔚，赵洁. 海上渔民生活状态需要引起关注[J].中国渔业报，2015
徐敬俊，吕浩. 捕捞渔民转产转业的沉淀成本分析[J].中国渔业经济，2008（1）

张红智，王波，韩立民. 产业发展视角下海洋渔业对渔民生活水平的影响研究[J]. 农村经济，2016（7）

周志. 农村外来务工人员对社会养老保险制度的满意度及其影响因素分析

第四节 东海伏季休渔新政满意度

> 本案例原题为《东海伏季休渔新政下渔民对政策满意度的调研》，2017年获得浙江省统计调查方案设计大赛三等奖。案例作者：蔡新晨、陈佳滢、钱滢琦、吴文宇、王佳浩，指导教师：陈静娜。

基于对国家渔业资源的养护，确保良好的生态发展与经济社会效益，农业部为贯彻落实《中国水生生物资源养护行动纲要》和生态文明建设要求，于2017年1月底重新调整了海洋伏季休渔制度，发布《农业部关于调整海洋伏季休渔制度的通告》（农业部通告〔2017〕3号），规定了休渔海域为：渤海、黄海、东海及北纬12度以北的南海（含北部湾）海域；休渔作业类型包含了除钓外的所有作业类型；休渔时间与之前对照有所延长，全国几大海域在休渔起止时间上进行了统一：5月1日12时至9月16日12时，定置作业休渔时间为5月1日12时至8月1日12时。同时，要求伏季休渔期间所有休渔渔船必须回到船籍港接受渔业行政主管部门监督管理，禁止异地休渔。渔业捕捞辅助船同步配套休渔，伏季休渔期间禁止出海。特殊经济品种可执行专项捕捞许可制度，具体品种、作业时间和作业类型由沿海各省、自治区、直辖市渔业行政主管部门报农业部批准后执行。而根据农业部数据显示，海洋渔业是我国沿海地区渔民谋生的主导产业，海洋捕捞渔民超过102.5万人、各类海洋机动捕捞渔船总数超过18.7万余艘。而这102.5万余人在东海伏季休渔时期的生活质量问题，他们对该政策满意度的问题，无疑是一个重要课题。

一、调查方案设计

（一）调查目的及意义

1. 舟山市渔民对浙江省伏季休渔政策满意度研究

研究具备不同个体特征（年龄、收入水平、工作岗位、渔船作业类型）的舟山渔民在从个人利益、资源环境保护等不同维度考量对浙江省伏季休渔政策的满意度。通过问卷调查分析，运用相关分析和回归分析的方法进行实证验证。从研究结果挖掘出对休渔政策优化的可行性建议，以求在保护海洋渔业环境的前提下，提升广大"靠海吃海"的舟山渔民对政府政策的满意度。

2. 舟山市渔民休渔期生活状况调查

调查舟山市不同地区渔民在"最长休渔期"生活方式和生活质量，倾听渔民呼声。通过调查结果向渔民提出更高品质的生活建议，并让社会各界更多人士和力量关注渔民的生活现状和需求问题。

3. 休渔期舟山海域出现的违法现象及渔民的对策建议

凭借舟山市渔民对渔业行业及从业人员的深刻了解，询问各地区渔民在"最长禁渔期"发现的违法现象，如售卖禁捕鲜活海鲜等行为，并让他们给各个政府部门提出有效建议。

（二）调查对象及样本抽取

1. 调查对象

本研究的调查对象为舟山市各区县渔民。因为本次调查正值"最长休渔期"，除了部分外省渔民，较多本地渔民均在家，且绝大部分渔民都有一定的认知能力和判断能力，故进行了本次调查。

2. 样本抽取

截至 2016 年舟山的渔业捕捞劳动力人口为 45781 人，总体规模较大。本调查选择了 6 个具有代表性的渔村进行调研，发放问卷共计 430 份。具体问卷数量的分布见表 1-17。

表 1-17　发放问卷数量表

区域	问卷比例	问卷安排数量（人）
沈家门渔港	25%	101
桃花岛		34
蚂蚁岛	25%	33
登步岛		33
朱家尖樟州村	25%	100
东港塘头村	25%	100

（三）研究假设

1. 东海伏季休渔新政政策效果满意度

H_1：在舟山市渔民背景下，对东海鱼群数量增幅满意度高者对东海伏季休渔新政策的满意程度显著高于于对东海鱼群数量增幅满意度低者。

H_2：在舟山市渔民背景下，对预计开捕捕捞量的满意度高者对东海伏季休渔新政策的满意程度显著高于对预计开捕捕捞量的满意度低者。

2. 东海伏季休渔新政政策执行力度满意度

H_3：在舟山市渔民背景下，对政策的执法力度的满意度高者对东海伏季休渔新政策的满意程度显著高于对政策的执法力度的满意度低者。

H_4：在舟山市渔民背景下，对政策的执法效果的满意度高者对东海伏季休渔新政策的满意程度显著高于对政策的执法效果的满意度低者。

H_5：在舟山市渔民背景下，对政策的惩罚力度的满意度高者对东海伏季休渔新政策的满意程度显著高于对政策的惩罚力度的满意度低者。

3. 东海伏季休渔新政帮扶政策满意度

H_6：在舟山市渔民背景下，对伏季休渔新政下帮扶政策的满意度高者对东海伏季休渔新政策的满意程度显著高于对伏季休渔新政下帮扶政策的满意度低者。

H_7：在舟山市渔民背景下，对伏季休渔新政帮扶工作落实情况高者对东海伏季休渔新政策的满意程度显著高于对伏季休渔新政帮扶工作落实情况低者。

4. 伏季休渔新政影响下对渔民收入影响满意度

H_8：在舟山市渔民背景下，伏季休渔新政影响下渔民对收入影响满意度高者对东海伏季休渔新政策的满意程度显著高于伏季休渔新政影响下渔民对收入影响满意度低者。

（四）调查内容

根据上述假设，舟山市渔民对于伏季休渔新政策的满意程度因素的调查内容具体见表1-18。

表1-18 调查内容

一级指标	二级指标	题目编号	问题描述
东海伏季休渔新政政策效果满意度	东海鱼群数量增幅满意度	T_1	您对实行东海伏季休渔新政后东海鱼群数量增幅满意吗？
	预计开捕捕捞量的满意度	T_2	您预计今年开捕捕捞量对以往会有多大的提升？
东海伏季休渔新政政策执行力度满意度	政策的执法力度的满意度	T_3	您对政策的执法力度的满意度为？
	政策的执法效果的满意度	T_4	您对政策的执法效果的满意度为？
	政策的惩罚力度的满意度	T_5	您对政策的惩罚力度的满意度为？
东海伏季休渔新政帮扶政策满意度	伏季休渔新政下帮扶政策的满意度	T_6	您对帮扶政策的满意度为？
	伏季休渔新政帮扶工作落实情况满意度	T_7	您对帮扶政策的落实情况的满意度为？
东海伏季休渔新政影响下对渔民收入影响满意度	伏季休渔新政影响下渔民对收入影响满意度	T_8	您对新政执行后的收入满意吗？

二、调查数据统计

（一）数据统计描述

1. 渔业恢复满意情况

根据图 1-3，可以看出大多数舟山市渔民对实行东海伏季休渔新政后东海鱼群数量增幅满意程度较高，总的来说有 81.71%的舟山市渔民对实行东海伏季休渔新政后东海鱼群数量增幅感到满意。由此可见，东海伏季休渔新政对东海鱼类繁殖有积极影响，在一定程度上使东海鱼类数量有所增加并且增幅比较可观。

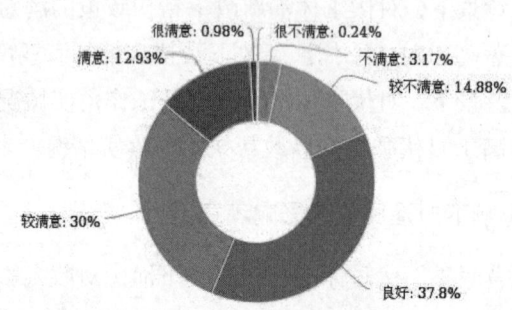

图 1-3　东海鱼群数量增幅满意度百分比

2. 今年开捕后捕捞量的预期

根据表 1-19，可以看出舟山市渔民对于今年开捕捕捞量相对以往增幅的预计集中于增幅较小、增幅良好、增幅较大。预测偏向积极，舟山市渔民认为今年开捕捕捞量相对以往增幅大的占 61.92%。由此可见由于该新政策第一年施行，舟山市渔民对于今年捕捞量增幅的预测差别较大，但仍可以确定东海伏季休渔新政策可以提升捕捞量，且对于该新政策的前景偏向乐观。

表 1-19　预计今年开捕捕捞量满意度评价

选项	很不满意	不满意	较不满意	良好	较满意	满意	很满意	总计
小计	9	36	110	103	116	29	4	407
比例	2.21%	8.84%	27.03%	25.31%	28.50%	7.13%	0.98%	100%

3. 政策落实满意情况

由图中 1-4 可知，渔民对该政策的执法力度不满意比例达 41.19%（较不满意、不满意和很不满意）；由图 1-5 可知，渔民对该政策的执法效果的不满意的比例达 37.1%（较不满意、不满意和很不满意），相对来说较不满意比例最高；由图 1-6 可知，渔民对该政策的惩罚力度不满意比例达 26.72%（较不满意、不满意和很不满意）。总体来说，政策落实中政策执法力度与执法效果尚存在可提升的空间。

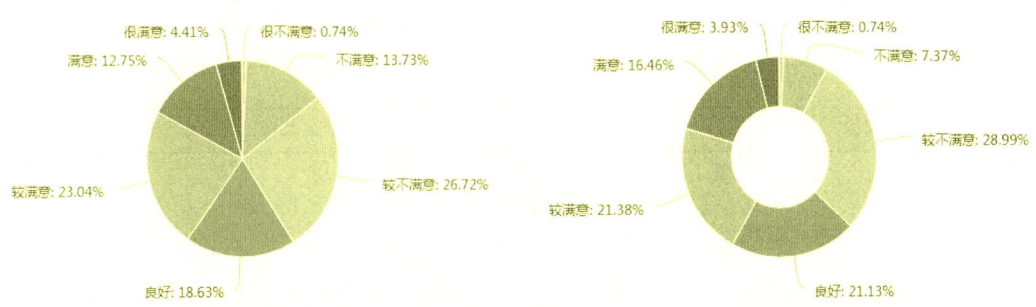

图 1-4　政策的执法力度的满意度百分比　　　图 1-5　政策的执法效果的满意度百分比

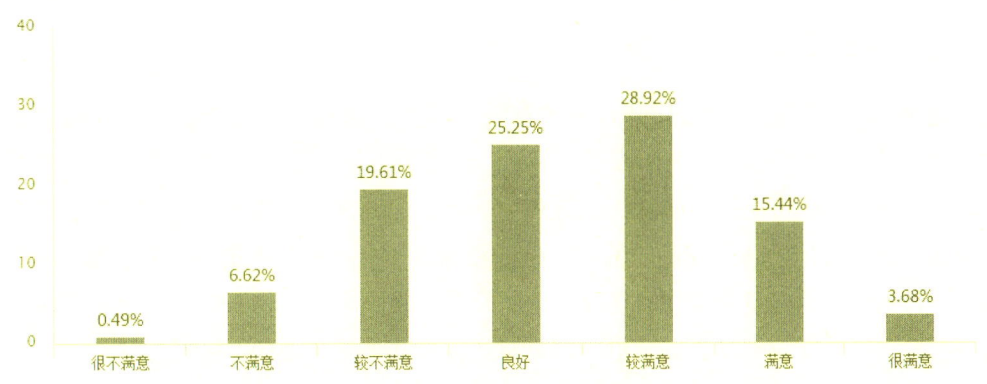

图 1-6　政策的惩罚力度的满意度百分比

4. 帮扶工作满意情况

从表 1-20 中可以发现舟山大部分渔业工作者对伏季休渔期间帮扶政策较不满意，不满意的比例达 65.6%（较不满意、不满意和很不满意），可见亟待解决对伏季休渔期间帮扶工作这个问题。

表 1-20　对伏季休渔期间帮扶工作的满意度评价

选项	很不满意	不满意	较不满意	良好	较满意	满意	很满意	总计
小计	14	96	157	95	34	11	0	407
比例	3.44%	23.59%	38.57%	23.34%	8.35%	2.7%	0%	100%

5. 政策执行后收入满意情况

调查发现，渔民对政策执行后的收入不满意比例高达 74.57%（较不满意、不满意和很不满意），东海伏季休渔新政在一定程度上影响了较大部分渔民的利益，从而使渔民对收入满意度降低。满意度太低会导致一系列问题，也侧面反映了舟山大部分渔民对伏季休渔期间政府帮扶工作落实情况不满意。

6. 总体政策的满意度分析

调查发现，渔民们对东海伏季休渔新政策是基本满意的，但是仍有 0.49% 的渔民和 5.1% 的渔民对东海伏季休渔新政分别表示很不满意与不满意。据数据分析得，这部分渔民主要不是对东海伏季休渔新政实行后渔业资源情况不满意，而是对休渔延长一个月期间自己的收入、政府一系列帮扶举措及对偷捕现象的执法力度不满意。这说明大部分的渔民还是非常肯定东海伏季休渔新政对渔业资源可持续性的实际效用。更启示政府应该进一步关注民生的实际问题，尽量多提供船员技能培训的机会，从严执法力度。争取做到切实提高渔民生活质量，从源头遏制偷捕鱼的行为，使全体渔民全方位地对东海伏季休渔新政感到满意。

（二）回归分析

逐步回归分析的实施过程是每一步都要对已引入回归方程的变量计算其偏回归平方和(即贡献)，然后选一个偏回归平方和最小的变量，在预先给定的水平下进行显著性检验，如果显著则该变量不必从回归方程中剔除，这时方程中其他的几个变量也都不需要剔除（因为其他的几个变量的偏回归平方和都大于最小的一个更不需要剔除）。相反，如果不显著，则该变量要剔除，然后按偏回归平方和由小到大地依次对方程中其他变量进行检验。将对影响不显著的变量全部剔除，保留的都是显著的。接着再对未引入回归方程中的变量分别计算其偏回归平方和，并选其中偏回归平方和最大的一个变量，同样在给定水平下作显著性检验，如果显著则将该变量引入回归方程，这一过程一直继续下去，直到在回归方程中的变量都不能剔除而又无新变量可以引入时为止，这时逐步回归过程结束。研究中将 T1 到 T8 作为为自变量 V1 到 V8，对东海伏季休渔新政的满意度为因变量 Y，进行逐步回归分析，结果见表 1-21。

表 1-21　逐步回归系数

模型		非标准化系数		标准系数	t	Sig.
		B	标准误差	试用版		
1	V_8	1.039	0.012	0.973	84.263	0.000
2	V_8	0.636	0.033	0.595	19.510	0.000
	V_5	0.378	0.029	0.398	13.048	0.000
3	V_8	0.502	0.036	0.470	13.921	0.000
	V_5	0.290	0.030	0.306	9.701	0.000
	V_1	0.217	0.031	0.224	7.105	0.000
4	V_8	0.428	0.038	0.400	11.313	0.000
	V_5	0.256	0.030	0.269	8.585	0.000
	V_1	0.192	0.030	0.199	6.433	0.000
	V_7	0.190	0.037	0.137	5.183	0.000

续表

模型		非标准化系数		标准系数	t	Sig.
		B	标准误差	试用版		
5	V_8	0.399	0.039	0.373	10.292	0.000
	V_5	0.263	0.030	0.277	8.870	0.000
	V_1	0.119	0.039	0.123	3.019	0.003
	V_7	0.197	0.036	0.142	5.403	0.000
	V_2	0.099	0.035	0.094	2.864	0.004
6	V_8	0.395	0.039	0.370	10.260	0.000
	V_5	0.188	0.042	0.198	4.516	0.000
	V_1	0.111	0.039	0.115	2.841	0.005
	V_7	0.177	0.037	0.128	4.806	0.000
	V_2	0.109	0.035	0.103	3.152	0.002
	V_3	0.097	0.038	0.096	2.538	0.012

a. 因变量：Y
b. 通过原点的线性回归

由表 1-22 中可见，逐步回归结果排除了 V_4 和 V_6 这两个变量，说明在多元线性回归中，V_4 和 V_6 这两个变量与因变量差异性不显著，或存在共线性。故接下来的多元线性回归将排除这两个变量进行分析。

表 1-22 已排除的变量

模型		Beta In	t	Sig.	偏相关	共线性统计量
						容差
1	V_1	0.350a	10.944	0.000	0.481	0.101
	V_2	0.232a	7.816	0.000	0.365	0.131
	V_3	0.318a	11.605	0.000	0.503	0.133
	V_4	0.290a	10.133	0.000	0.453	0.130
	V_5	0.398a	13.048	0.000	0.547	0.101
	V_6	0.259a	8.461	0.000	0.390	0.121
	V_7	0.257a	8.605	0.000	0.396	0.126
2	V_1	0.224b	7.105	0.000	0.336	0.084
	V_2	0.167b	6.420	0.000	0.307	0.125
	V_3	0.129b	3.193	0.002	0.158	0.056
	V_4	0.064b	1.595	0.112	0.080	0.058
	V_6	0.141b	4.788	0.000	0.234	0.103
	V_7	0.164b	5.969	0.000	0.287	0.114

续表

模型		Beta In	t	Sig.	偏相关	共线性统计量
						容差
3	V_2	0.083c	2.437	0.015	0.122	0.071
	V_3	0.120c	3.139	0.002	0.156	0.056
	V_4	0.029c	0.748	0.455	0.038	0.057
	V_6	0.090c	3.051	0.002	0.152	0.094
	V_7	0.137c	5.183	0.000	0.252	0.111
4	V_2	0.094d	2.864	0.004	0.143	0.071
	V_3	0.083d	2.172	0.030	0.109	0.053
	V_4	0.001d	0.036	0.971	0.002	0.056
	V_6	0.004d	0.124	0.901	0.006	0.062
5	V_3	0.096e	2.538	0.012	0.127	0.053
	V_4	0.024e	0.632	0.528	0.032	0.053
	V_6	-0.002e	-0.047	0.962	-0.002	0.062
6	V_4	-0.029f	-0.664	0.507	-0.033	0.041
	V_6	-0.004f	-0.101	0.919	-0.005	0.062

a. 模型中的预测变量：V_8
b. 模型中的预测变量：V_8，V_5
c. 模型中的预测变量：V_8，V_5，V_1
d. 模型中的预测变量：V_8，V_5，V_1，V_7
e. 模型中的预测变量：V_8，V_5，V_1，V_7，V_2
f. 模型中的预测变量：V_8，V_5，V_1，V_7，V_2，V_3
g. 因变量：Y
h. 通过原点的线性回归

如表 1-23 所示，对方程进行 F 检验的方差分析表，结果显示 p 值小于 0.05，通过 F 检验，表明自变量与因变量之间线性关系显著，可设计为线性模型。回归系数结果如表 1-24 所示，V_1 到 V_8（不包括 V_4，V_6）的 t 值分别为：2.945、3.219、2.471、4.493、4.769、10.165。V_1 到 V_8（不包括 V_4，V_6）的 P 值分别为：0.003、0.001、0.014、<0.001、<0.001、<0.001，因此建立以下的模型：

$$Y = 0.115V_1 + 0.111V_2 + 0.094V_3 + 0.187V_5 + 0.177V_7 + 0.392V_8$$

表 1-23 方差分析

模型	平方和	df	均方	F	Sig.
回归	7311.911	6	1218.652	2129.107	0.000a
残差	226.089	395	0.572		
总计	7538.000b	401			

表 1-24 回归系数

自变量	对应提问	非标准化系数		标准系数	t	Sig.
		B	标准 误差			
V_1	您对实行东海伏季休渔新政后东海鱼群数量增幅满意吗?	0.115	0.039	0.119	2.945	0.003
V_2	您预计今年开捕捕捞量对以往会有多大的提升?	0.111	0.035	0.106	3.219	0.001
V_3	您对该政策执法力度的满意度	0.094	0.038	0.094	2.471	0.014
V_5	您对该政策惩罚力度的满度	0.187	0.042	0.197	4.493	0.000
V_7	您对帮扶政策的落实情况的满意	0.177	0.037	0.128	4.769	0.000
V_8	您对新政执行后的收入满意吗?	0.392	0.039	0.367	10.165	0.000

三、调查结果分析

近年来的东海无鱼现象其实不是东海无鱼,而是以前大量的双拖作业,对海底的生态环境造成了强大的破坏,这种破坏绝不是简简单单的几年休渔能够恢复的。而且在不是休渔期的时候,对这种对海底生态系统破坏极大的作业是没有被禁止的。这些年国家虽然在逐步地淘汰这种"断子绝孙"的作业方式,但是在我国拖网作业占主要作业方式的 70%以上,这种短时间的休渔禁渔还不完善。而对于渔民来说,赖以维生的收入主要分为两大项:捕鱼收入以及柴油补贴。前些年柴油补贴是很多的,这一度导致浙江的渔船数量飞涨。但很多渔船其实并不出海,因为东海无鱼现象,出去捕捞的渔获可能不能支撑燃油费和船员工资,整体呈亏损状态,所以有的船长们就靠一条船每年 60 万元的柴油补贴。但是近些年,柴油补贴连年减少,并且在调研期间有许多的渔民向我们反馈柴油补贴发放越来越晚——今年只收到了去年的补贴。这一切导致渔业总体呈现出一种萎缩状态。

本课题组围绕"东海伏季休渔新政下渔民对政策满意度的调研"这一课题,对舟山市主要渔村的渔民进行了问卷调查。主要调研渔民们对东海伏季休渔新政在资源保护情况、政策执法情况、政府帮扶情况、渔民收入情况几方面的满意度。本小组希望从问卷调研中发现东海伏季休渔新政存在的不足,希望对政府进一步的政策方针提供一定的借鉴作用。调研结果表明舟山地区的渔民对政府在休渔期的收入及政府帮扶工作的落实程度的满意度较差。部分渔民在东海伏季休渔期由于自身条件及外部环境的限制,在这一段时期无法保证劳动力与效益利用率最大化。因此在东海伏季休渔期政府提供给渔民一定的技能培训并加强政策的落实,是非常必要的。

同时,调研中也发现在浙江从事船上工作的其实只有很少一部分是本地人,大部分是其他省份的打工者,这就导致人口流动太大。而且因为东海伏季休渔的缘故,他们与船老大之间没有长期的合同，只有短期的合同，这就导致从事这个行业的人群难以统一以及规范。而且从事这个行业的人群大多数学历过低，并没有改善这个行业现状的能力。并且该行业老龄化极其严重，从业者年龄几乎都集中在50到60岁，甚至60岁以上，这导致了该行业对新兴事物的接受能力极低，很容易被时代的潮流所淘汰。

【案例解读】

伏季休渔制度作为保护海洋渔业资源的有效制度，是一种突出海洋生态文明、强调开发与环境保护并行的政策措施。作为一项公共产品，中国的渔业资源由于缺乏明晰的产权，导致了"公地悲剧"的发生。渔民无秩序的过度捕捞对近海渔业资源造成严重损害，成为海洋领域的生态文明建设中亟待解决的问题，伏季休渔制度也因此应运而生。伏季休渔是我国的大政方针，是为了海洋渔业可持续发展做出的重要决策。从2017年开始伏季休渔的相关要求做出了改变，从原来的6月1日开始休渔提前到了5月1日。延长一个月是为了更好的保护和恢复渔业资源。

随着伏季休渔制度的调整，休渔时间也逐渐延长。对于渔民而言，这一制度变迁直接影响了捕鱼经济收入。首先，逐渐延长的休渔时间意味着渔民通过捕鱼等方式直接获得经济收入的时间逐步缩短，也直接减少了渔民的渔业生产收入；其次，渔民群体的劳动力资源更多的只能在海洋渔业领域内部进行流动，而伏季休渔制度又造成这一领域劳动力市场的季节性萎缩，因此在日趋延长的休渔期中渔民较难通过其他途径获得经济来源。对于沿海地区居民而言，休渔期间作为主要美食的海鲜断货，影响到本地居民饮食习惯；而休渔期结束的开捕带来部分海鲜商品价格及服务价格上涨。由于开捕首月被广大渔民视为黄金时间，需求大于供给形成卖方市场，短时间内船上雇工费、燃料费、各种船上必需品均不同程度涨价，使渔民捕捞成本升高。特别是伏季休渔的区域、时间有差别，浙江休渔期比其他地区长，当地渔民对全国统一禁捕时间的呼声比较高，普遍认为对禁渔应该形成全国一盘棋，这样从管理层面来讲，也比较方便监管。本次调查结果也表明，渔民的护鱼意识在不断增强，大多数渔民认为海洋渔业部门加强监管是非常重要的，因此渔政船在检查执法过程中，也会得到很多渔民的理解配合。

伏季休渔制度具有与生态文明一致的内涵与价值取向，是推进海洋生态和渔业资源可持续发展的现实要求。我国的休渔制度实施至今，近海渔业资源在得到改善的同时也逐渐显露出近海渔业管理、资源利用上存在诸多问题。采取合适的手段，积极应对各类难题，确保海洋生态环境维持良好状态，助力渔业资源可持续发展，功在当代，利在千秋。

【案例启示】

我国要从海洋大国向海洋强国进行转变。所谓衣食住行，解决吃穿住用永远是人类生存的第一步。所以海洋渔业一定是未来发展的重中之重。东海伏季休渔新政，就是国家再一次对东海的生态资源环境进行大调整，大恢复。而作为该政策的主要作用人群——渔民，他们对此政策的满意度自然就是尤为重要的了。基于东海伏季休渔新政下渔民对政策满意度的调研基础上，政府需重视及改进不足，深入渔民日常生产生活，结合实际，有针对性地对政策进行完善，努力提升渔民的满意度。具体措施包括：

（一）增加渔民创收

满意度回归结果表明在所有影响的自变量中，个人收入所对应的非标准化系数是最大的，因此发展沿海经济，增加渔民创收是提升政策满意度的第一要务，具体包括：渔民转产转业，增加渔民的就业机会，如在副产品加工、渔业装备制作等方面多招聘船上的人才，他们长年与海为生，对渔获和渔具熟悉。同时，适当的组织免费的培训，渔民们大多都很淳朴，他们也希望转产转业，但是没有足够的机会和条件。

（二）完善帮扶体系

渔民的生产生活是渔业发展的"保障线"，只有使渔民的生活水平与自身技能素质得到提高，东海伏季休渔新政才能在最大意义上发挥效用。因此，可在休渔期间提供给渔民一定的技能培训。不拘泥于一种形式，对船员的航海、捕捞技能进行强化。以开办讲座、课堂等形式，使渔民们学会一门或多门技能，如：电焊、机械修理等。具体措施如下：定期培训渔民航海、轮机修理能力；开展急救课堂，传播海上急救小知识；组织渔船驾驶与渔具工艺培训；教授渔民使用现代化机器等。

对于那些在东海伏季休渔期间没有任何收入的渔民，建议政府在东海伏季休渔期间发放一定的基本生活保障补贴，以此来提升渔民的生活水平，提高生活满意度。

（三）提升政策执行力度

在东海伏季休渔期间，由于捕鱼期间的捕捞量是未知的，所以渔民的收入是很难预知的。根据问卷的研究调查，渔民的满意度平均值为3.88，处于较不满意的水平。根据对问卷及访谈结果的分析，对政府东海伏季休渔新政的建议如下。

1. 加强东海伏季休渔期间的执法力度

法律法规要想让人信服，满意，首先就是执法力度。通过访谈式的调研，了解到舟山地区及山东、福建的渔民在东海存在偷捕鱼的现象。偷捕鱼对生态资源破坏极大，如果不及时加以制止，渔民易知法犯法、铤而走险，极大危害渔业资源，对东海伏季休渔新政的推行产生极坏的影响。政府应在东海伏季休渔期间加强渔政船的巡逻，加大惩罚措施，建立健全防偷捕鱼的监管机制，将东海伏季休渔新政落到实处。

2. 加大对三无船只的管控

三无船只，是伏季休渔期间执法者最大的敌人，对偷捕鱼现象的管控一般来说有这两种办法：渔船入港，警船巡逻。而三无船只因为没有证件，它是否入港，根本无从查起，所以，在平时加大对三无船只的查处，才能减少伏季休渔期的损失。

3. 执法巡逻时间的不定性或加大巡逻力度

很多时候，偷渔者就是趁着执法部门不在这段时间撒网捕鱼，因为偷渔的船一般来说都比较小，捕鱼时间很短，等到执法部门来时又装作没捕鱼的样子。对付这样的偷渔者，应该不固定巡逻的时间，让他们防不胜防。加大巡逻力度也是个好方法，可以有效地减少偷渔现象的发生。

4. 建立多省市合作执法

调研结果发现，本地的渔民偷渔现象并不严重，相对来说更多的是外省来的偷渔船只。这些船只仗着自己远道而来，警方不能第一时间掌握他们的信息，对东海好不容易恢复的一点资源大肆掠夺，是一种强盗行径。所以建立多省市联合执法能有效地控制这种情况的发生。

案例思考

1. 伏季休渔制度困境的形成机制是什么？
2. 舟山渔民对休渔新政满意度受哪些因素影响？
3. 休渔新政越来越严格，执行过程中存在哪些问题？如何提高休渔新政的执行效果？

本节参考文献

郭庆海. 中国海洋渔业资源可持续机制研究[D]. 青岛：中国海洋大学，2013.

卢昌彩，赵景辉. "东海无鱼"应对措施探讨[J]. 中国渔业经济，2013，31(6):27-32.

史春波. 浙闽两省百名船老大自发"救海"建议延长禁渔期[N]. 钱江晚报，2013-05-21.

张秋华，程家骅，徐汉祥等. 东海区渔业资源及其可持续利用[M]. 上海：复旦大学出版社，2007.

浙江省舟山市普陀区渔业行业协会. 目前我国渔业管理需要关注的几个问题和建议[J]. 中国水产，2013(10):33-34.

第五节　海洋渔业转型升级

> 本案例原题为《浙江省海洋渔业转型升级的综合评价》，2015年获得浙江省统计调查方案设计大赛三等奖。案例作者：彭道民、王朝代、关俊超、方志华、王发金，指导教师：张晓鹏。

我国近海渔业资源在20世纪60年代末进入全面开发利用阶段，海洋捕捞机动渔船的数量一直不断增加，过度捕捞超过资源再生恢复能力，渔业存量资源持续下降。一些传统渔获已经消失，生物多样性下降，影响了渔业资源的可持续开发利用。长期以来，渔民为了多捕鱼，用拖网类和小眼渔网等渔具作业方式，一网打尽，使得鱼虾资源越来越少，并且质量也越来越低，严重破坏了渔业生态资源的自我恢复能力和海洋渔业可持续发展。

浙江省海洋资源丰富，是海洋经济大省，其中海洋渔业更是国际化程度最高的一项产业，海洋捕捞业、海洋养殖业、海洋渔业服务业和海洋水产品加工等活动成为浙江省海洋渔业的重要组成部分。海洋渔业为浙江省农业经济发展做出了巨大贡献，但同时也必须看到今后发展中面临着诸如渔业资源衰退、经济效益下降、生产后劲不足以及管理不足等问题。浙江省渔业发展目前仍处于现代化渔业初期阶段，浙江省规模以上工业于2007—2012年平均增长10%，然而同期渔业产量年均增长仅为4.6%，侧面反映出了浙江省渔业产业的升级速度较慢。因此，需要进一步采取措施，促进海洋渔业产业转型升级。

一、调查方案设计

（一）调查目的及意义

随着《联合国海洋法公约》的生效，我国海洋捕捞的作业渔场明显减少。中日、中韩等签署海洋经济区制度的实施，渔业结构变化，以海为生的渔民生活问题也引发了社会各界人士的关注，如何促进渔业产业转型升级、提高广大渔民物质文化生活水平显得尤为重要。通过对舟山和宁波地区多个重要渔业乡镇实地探访，向有关政府部门、渔业企业、渔民群众及专家了解情况，获取近些年渔民面对近海渔业资源衰退后的生产、生存状况以及政府给予补贴和扶持政策等详细情况，梳理浙江省海洋渔业转型升级各影响因素，对浙江省海洋渔业转型升级进行综合评价，为有关政府部门制定渔业发展规划提供参考依据。

（二）调查范围及对象

2015年5月1日至8月30日，开展为期4个月的舟山和宁波地区代表性渔村调研活动。调查采用文献资料查阅、问卷调查和实地走访调查的方式。

调研活动在浙江省舟山和宁波地区进行，调查具有代表性的渔村、渔港、渔业企业及有关政府部门。调查对象为从事渔业管理政府部门工作人员、科研单位和企业员工及普通渔民群众。

舟山地区包括：定海区长峙岛马鞍村、普陀区展茅镇螺门村、普陀区蚂蚁岛、普陀区桃花岛、岱山县高亭中心渔港（南峰社区综合服务中心）、普陀区沈家门中心渔港、浙江省海洋水产研究所、沈家门大洋世家远洋渔业公司舟山部、舟渔公司（调查包括三渔公司及绳网厂、水产食品等公司）、舟山市乐达特种渔具有限公司、普陀区泓腾深水流网专业合作社等。

宁波地区包括：象山石浦渔港、捷胜海洋装备股份有限公司等。

（三）调查内容

1. 需要考虑的因素

浙江省海洋渔业产业转型升级的主体是渔业企业及渔民，扶持和发展力量是有关政府部门，在对浙江省海洋渔业转型升级的综合评价之前，需对调查研究的有关因素进行细致考虑。

（1）政府部门管理问题

浙江省决定从2014年开始，用三年左右时间，开展渔场"一打三整治"专项执法行动，以期修复东海渔场。所谓"一打三整治"，是指依法打击涉渔"三无"船舶（指用于渔业生产经营活动，无船名号、无船籍港、无船舶证书的船舶）和违反伏休规定等违法生产经营行为，全面开展渔船"船证不符"（指船舶实际主尺度、主机功率等与相应证书记载内容不一致）整治、禁用渔具整治和污染海洋环境行为整治。

为此，政府职能必须围绕发展高效生态渔业、建设现代渔村、建立健全渔民组织的总体要求和定位，新形势下政府职能应做出相应的转变，改善海洋渔业发展环境，为海洋渔业发展提供良好的资源基础。发展高效生态渔业是实现渔业现代化的必由之路，也是提供生态、健康水产品的必然要求。

（2）渔业企业转型问题

企业是海洋渔业转型升级是否成功的关键，对企业调查应考虑如下几点因素：

海洋渔业捕捞设备管理水平。调查渔业企业捕捞设备使用管理、维护、技术改进等情况，调查渔业企业建立和完善渔业资源、环境、养殖、加工、渔船、渔机、渔具等领域的运行标准。

科研人员资质。调查渔业企业的科研人才引进、培养和管理方式等情况。科技人员是促进渔业高效发展的主力军，其资质水平标志着一个渔业企业自主创新能力的高低。

企业生产链。调查渔业企业的生产经营状况。企业生产链的完备情况是提高渔业规模化、区域化、集约化、专业化、品牌化、信息化和生态化等发展水平的重要指标。

（3）渔民转型问题

渔民的弱势群体的地位毋庸置疑，但影响渔民生产生活的因素不同，调查研究围绕如何保证、恢复及提高渔民生计水平而展开。目前国内研究还存在以下不足，有待深入研究。

有研究集中在渔民失去赖以生存的生计基础。渔业转型升级过程中，渔民"失海"可能成为常态，如何保证渔民收入和保障渔民权益等，如何使渔民生计损失最小化，保证渔民在失去生计基础后生产生活的持续性，才是调查研究的关键。

现有研究缺少"以人为本"理念设计。关于渔民生计的研究基本上是从外部条件、即政府管理和市场运行等方面入手，而未以"渔民"为本，进行全面系统的分析，应进一步明确研究对象，以渔民为切入点进行深刻系统分析，以期得到具有普遍性的参考意见。

国内研究更加强调宏观的政府层面。国外注重市场机制及具体制度层面，各有侧重，这与国内外的环境背景关系密切。然而渔民生计是一个涉及多方面的复杂性问题，可持续渔民生计更涉及政治、经济和文化等多个层面，应进一步开展综合性研究。

定性研究为主，定量研究较少。关于渔民生计的研究以社会学方法和政策性的描述居多，有少量的风险定量分析，定量研究渔民生产生活的文献很少，定性和定量分析方法的结合可能更有利于研究项目的开展。

在进行调查研究渔民转型问题上应对以上四方面加以考虑，尤其是对"以人为本"理念更应着重进行思考，并在对策建议中加以考虑。

2. 调查主要内容

本次调查问卷有海洋渔业转型升级的评价指标权重调查表、评价调查表、分层调查表共 3 种类型，调查内容可总结为以下几个方面：

渔民自身的基本情况；

补贴对渔民生活状况的影响；

海洋渔业产业转型升级发展前景调查；

对各渔业公司目前发展状况及未来发展方向看法；

政府、渔业企业及渔民对海洋渔业转型升级的意识和态度。

二、调查数据统计

(一)渔民情况

对渔民进行调查的问卷有效回收 134 份,见表 1-25。

表 1-25 渔民问卷情况

项目	从事海洋渔业行业年份			
选项	3 年以下	3 至 5 年	5 至 8 年	8 年以上
百分比(%)	5.22	38.81	42.54	13.43
项目	文化程度			
选项	小学及以下	初中	高中、技校或中专	大专及以上
百分比(%)	57.46	24.63	11.94	5.97
项目	年收入范围			
选项	3 万元以下	3 至 7 万元	7 至 10 万元	10 万元以上
百分比(%)	2.24	80.60	13.43	3.73
项目	政府部门对渔业资源做进一步宏观规划或采取措施			
选项	很有必要	有必要	可有可无	没必要
百分比(%)	13.43	58.96	23.88	3.73
项目	对浙江省小型渔船捕捞的发展前景态度			
选项	没有看法	平稳发展	发展良好	悲观失望
百分比(%)	1.25	2.11	95.03	1.61
项目	促进浙江省海洋渔业产业发展的主要力量			
选项	政府管理部门	渔业生产企业	渔民	其他
百分比(%)	16.41	50.75	32.09	0.75

(二)渔业企业情况

对渔业企业的调查问卷有效回收问卷 14 份,见表 1-26。

表 1-26 渔业企业问卷情况

项目	涉足海洋渔业行业年份			
选项	3 年以下	3 至 5 年	5 至 8 年	8 年以上
百分比(%)	0.00	14.29	14.29	71.43
项目	对浙江省渔船补贴政策态度			
选项	很有必要	有必要	可有可无	没必要
百分比(%)	50.00	42.86	7.14	0.00

续表

项目	政府部门对渔业资源做进一步宏观规划或采取措施			
选项	很有必要	有必要	可有可无	没必要
百分比（%）	50.00	42.86	7.14	0.00
项目	促进浙江省海洋渔业产业发展的主要力量			
选项	政府管理部门	渔业生产企业	渔民	其他
百分比（%）	50.00	35.71	14.29	0.00

（三）政府管理部门情况

对政府管理部门的调查问卷有效回收 10 份，见表 1-27。

表 1-27　政府管理部门问卷情况

项目	对海洋渔业这个行业的前景态度			
选项	很乐观	比较乐观	比较悲观	很悲观
百分比（%）	30.00	40.00	20.00	10.00
项目	对浙江省渔船补贴政策态度			
选项	很有必要	有必要	可有可无	没必要
百分比（%）	40.00	50.00	10.00	0.00
项目	政府部门对渔业资源做进一步宏观规划或采取措施			
选项	很有必要	有必要	可有可无	没必要
百分比（%）	40.00	60.00	0.00	0.00
项目	促进浙江省海洋渔业产业发展的主要力量			
选项	政府管理部门	渔业生产企业	渔民	其他
百分比（%）	10.00	40.00	50.00	0.00

（四）专家情况

对专家调查的问卷有效回收 12 份，见表 1-28。

表 1-28　专家情况调查

项目	从事海洋渔业研究			
选项	3 年以下	3 至 5 年	5 至 8 年	8 年以上
百分比（%）	0.00	8.33	16.67	75.00
项目	对浙江省小型渔船捕捞的发展前景态度			
选项	发展良好	平稳发展	悲观失望	没有看法
百分比（%）	8.33	41.67	16.67	33.33

续表

项目	对浙江省渔船补贴政策态度			
选项	很有必要	有必要	可有可无	没必要
百分比（%）	16.67	83.33	0.00	0.00
项目	政府部门对渔业资源做进一步宏观规划或采取措施			
选项	很有必要	有必要	可有可无	没必要
百分比（%）	41.67	58.33	0.00	0.00
项目	促进浙江省海洋渔业产业发展的主要力量			
选项	政府管理部门	渔业生产企业	渔民	其他
百分比（%）	50.00	41.67	8.33	0.00

三、调整结果分析

（一）评价指标权重的确定

通过对专家的调查，获得海洋渔业评价指标及指标权重，并构建浙江省海洋渔业转型升级评价指标体系（见图 1-7）。本次调查的 12 位专家大多数从事海洋渔业科学研究 8 年以上，因此，相关调查数据具有一定可信度。

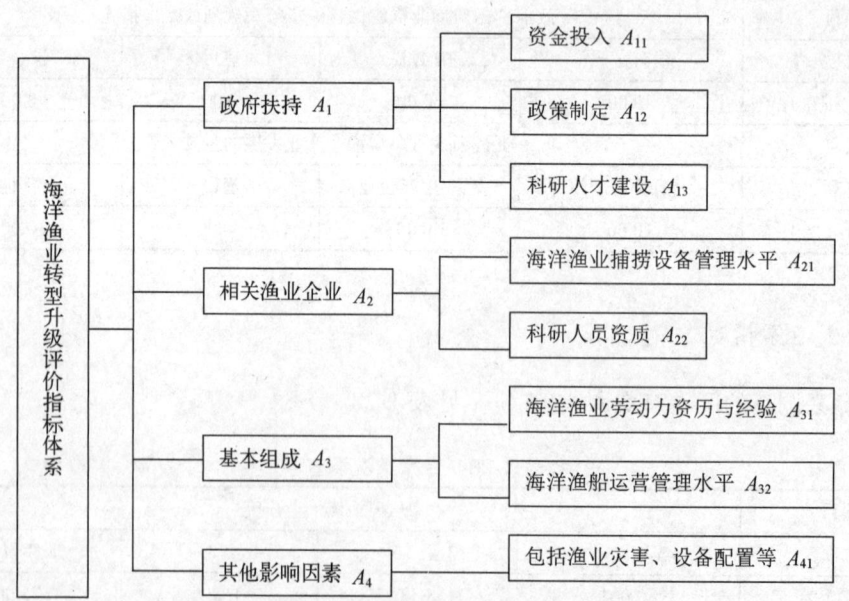

图 1-7　浙江省海洋渔业转型升级评价指标体系

海洋渔业是一个复杂的经济系统，适合采用专家调查法和层次分析法（AHP）对其进行指标权重确定。做比较判断时人的主观选择起相当大的作用，各因素的重要性难以量化。AHP 是一种定性与定量相结合的、系统化、层次化的分析方法。层次分析模型计算过程通过 Excel 和 MATLAB 完成，其分析步骤如下：

1. 比较判断矩阵

$$A = (\alpha_{ij})_{n \times n}, \alpha_{ij} = \frac{W_i}{W_j}$$

显然有：$a_{ij} = \frac{1_i}{a_{ji}}, (i, j = 1, 2, ..., n)$，并采用 1~9 标度法构造判断矩阵。

2. 正互反阵的最大特征根和特征向量

对正互反阵矩阵（即构造好的判断矩阵）最大特征根和特征向量进行简化计算，考虑的因素有以下两点：

精确计算的复杂和解决该实际问题的不必要；

简化计算的思路：一致阵的任一列向量都是特征向量，一致性尚好的正互反阵的列向量都应近似特征向量，可取其某种意义下的平均值。

对正互反矩阵 A 进行列向量的归一化（$n \times n$），列向量归一化的矩阵每一行进行算术平均得到新的矩阵（$n \times 1$），即特征向量 W。则 $W=[W_1, W_2, ..., W_j, ..., W_n]^T$ 为所求特征向量，即所求指标权重。

3. 一致性检验

计算比较判断矩阵的最大特征值：

$$\lambda_{\max}: \lambda_{\max} = \sum_{i=1}^{n} \frac{(AW)_i}{nW_i}, \lambda_{\max} \geq n$$

计算一致性指标：

$$CI = \frac{\lambda_{\max} - n}{n - 1}$$

一致性比率：

$CR = \frac{CI}{RI}$，当 $CR < 0.1$，通过一致性检验，RI 系统数见表 1-29。

表 1-29 *RI* 系数

矩阵阶数 n	2	3	4	5	6	7	8	9	10
RI	0.00	0.52	0.89	1.12	1.26	1.36	1.41	1.46	1.52

如果此时判断矩阵一致性不符合要求，则要对判断矩阵进行调整，调整的原则是根

据矩阵第一行的标度进行适当调整，使之符合逻辑一致性或者取消样本，或者重新进行标度判断。

（二）评价指标权重的获取

在确定评价指标的基础上，通过专家调查，由各个专家根据其多年的工作和实践经验对各个指标的重要程度进行两两比较，然后可利用层次分析法（AHP）进行相关的计算。

根据 AHP 模型方法，通过计算得出各评价指标的权重（表1-30 和表1-31）。

表1-30　第一层指标权重

第一层指标	政府扶持	相关渔业企业	基本组成	其他影响因素
权重	0.2649	0.5335	0.1471	0.0545

表1-31　第二层指标权重及占总指标权重

第一层指标	第二层指标	第二层指标分层权重	第二层指标综合权重
政府扶持	资金投入	0.1988	0.0527
	政策制定	0.2801	0.0742
	科研人才建设	0.5211	0.1380
相关渔业企业	海洋渔业捕捞设备管理水平	0.8248	0.4399
	科研人员资质	0.1752	0.0935
基本组成	海洋渔业劳动力资历与经验	0.1655	0.0243
	海洋渔船运营管理水平	0.8345	0.1228
其他影响因素	包括渔业灾害、设备配置等	0.0545	0.0545

最后得到：

$$A = (0.0527\ 0.0742\ 0.1380\ 0.4400\ 0.0935\ 0.0243\ 0.1228\ 0.0545)$$

根据层次分析法计算得到的指标权重可知，在第一层次指标权重中，相关渔业企业＞政府扶持＞基本组成＞其他影响因素；在第二层次指标综合权重中，海洋渔业捕捞设备管理水平＞科研人才建设＞海洋渔船运营管理水平＞科研人员资质＞政策制定＞其他影响因素＞资金投入＞海洋渔业劳动力资历与经验。层次分析结果显示，影响浙江省海洋渔业转型升级的最主要因素是相关渔业企业，而相关渔业企业中的最大影响因素是海洋渔业设备管理水平；影响浙江省海洋渔业转型升级的最小因素是其他影响，即渔业灾害、设备配置等因素。

（三）灰色综合评价数学建模

灰色综合评价模型计算过程通过 Excel 和 MATLAB 完成，建立浙江省海洋渔业转型升级的综合评价数学模型步骤如下：

1. 确定评价指标的权重

评价指标权重：$A = (0.0527\ 0.0742\ 0.1380\ 0.4400\ 0.0935\ 0.0243\ 0.1228\ 0.0545)$。

2. 指标评价等级

根据模糊数学中的指标评价评语集，分别取值为 95、85、75、65、30 分。

3. 确定评价样本矩阵

评价人员序号为 k，$k=1, 2, \ldots, p$，即有 p 位评价人员，组织人员对评价指标体系的各指标进行评分，构建评价样本矩阵 D，即：

$$D = \begin{bmatrix} d_{11} & d_{12} & \cdots\cdots & d_{1p} \\ d_{21} & d_{22} & \cdots\cdots & d_{2p} \\ \cdots\cdots & \cdots\cdots & \cdots\cdots & \cdots\cdots \\ d_{41} & d_{42} & \cdots\cdots & d_{4p} \end{bmatrix}$$

这里对浙江省海洋渔业转型升级的综合评价人员为 12 人。

4. 确定评价灰类函数

确定评价灰类的等级数、灰数和白化权函数。设评价灰类序号为 e，$e=1, 2, 3, 4, 5$ 即有 5 个评价灰类为描述灰类，确定评价灰类的白化权函数（见图 1-8 ~ 图 1-12）。

第 1 灰类 "很好"（$e=1$），灰数 $\otimes_1 \in [95, \infty]$，白化权函数为 f_1：

$$f_1 = f_1(95, \infty) \Rightarrow f_1(d_{ij}) = \begin{cases} \dfrac{1}{95} d_{ij}, d_{ij} \in [0, 95] \\ 1, d_{ij} \in [95, \infty] \end{cases}, (i=1,2,\ldots,8; j=1,2,\ldots,p)$$

第 2 灰类 "较好"（$e=2$），灰数 $\otimes_2 \in [0, 85, 170]$，白化权函数为 f_2：

$$f_2 = f_2(-, 85, +) \Rightarrow f_2(d_{ij}) = \begin{cases} \dfrac{1}{85} d_{ij}, d_{ij} \in [0, 85] \\ -\dfrac{1}{85} d_{ij} + 2, d_{ij} \in [85, 170] \\ 0, d_{ij} \notin [0, 170] \end{cases}, (i=1,2,\ldots,8; j=1,2,\ldots,p)$$

第 3 灰类 "一般"（$e=3$），灰数 $\otimes_3 \in [0, 75, 150]$，白化权函数为 f_3：

$$f_3 = f_1(-, 75, +) \Rightarrow f_3(d_{ij}) = \begin{cases} \dfrac{1}{75} d_{ij}, d_{ij} \in [0, 75] \\ -\dfrac{1}{75} d_{ij} + 2, d_{ij} \in [75, 150] \\ 0, d_{ij} \notin [0, 150] \end{cases}, (i=1,2,\ldots,8; j=1,2,\ldots,p)$$

第 4 灰类 "较差"（e=4），灰数$\otimes_4 \in [0, 65, 130]$，白化权函数为 f_4：

$$f_4 = f_4(-, 65, +) \Rightarrow f_4(d_{ij}) = \begin{cases} \dfrac{1}{65} d_{ij}, d_{ij} \in [0, 65] \\ -\dfrac{1}{65} d_{ij} + 2, d_{ij} \in [65, 130], (i=1,2,...,8; j=1,2,...,p) \\ 0, d_{ij} \notin [0, 130] \end{cases}$$

第 5 灰类 "很差"（e=5），灰数$\otimes_5 \in [0, 30, 50]$，白化权函数为 f_5：

$$f_5 = f_5(-, 30, +) \Rightarrow f_5(d_{ij}) = \begin{cases} 1, d_{ij}, \in [0, 30] \\ -\dfrac{1}{30} d_{ij} + 2, d_{ij} \in [30, 60], (i=1,2,...,8; j=1,2,...,p) \\ 0, d_{ij} \notin [0, 60] \end{cases}$$

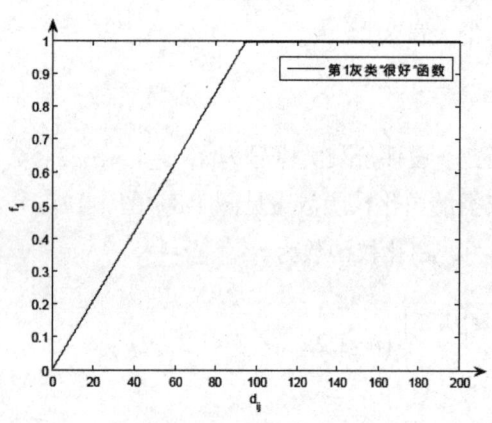

图 1-8　第 1 灰类 "很好" 函数

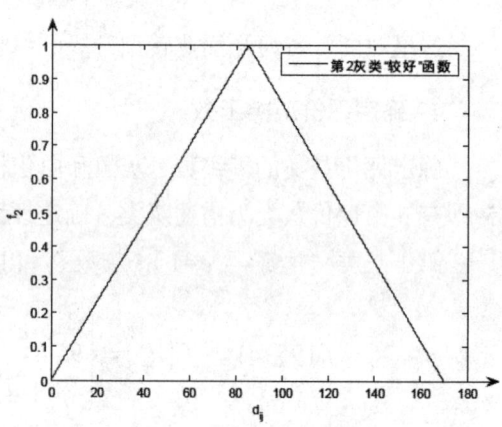

图 1-9　第 2 灰类 "较好" 函数

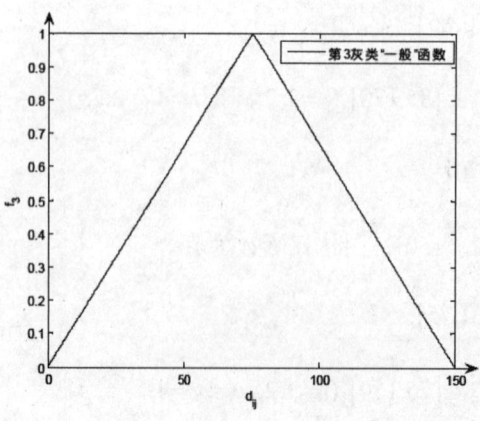

图 1-10　第 3 灰类 "一般 函数

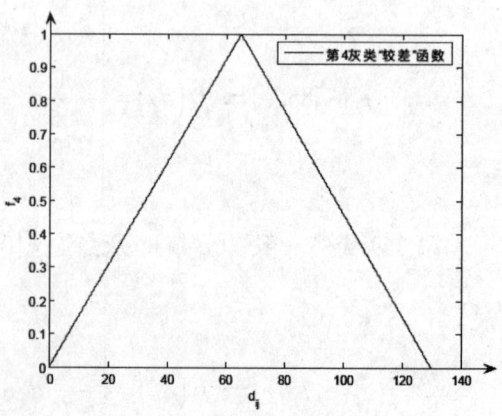

图 1-11　第 4 灰类 "较差" 函数

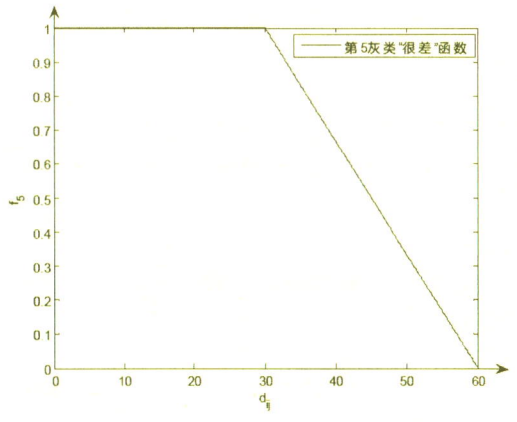

图 1-12 第 5 灰类"很差"函数

5. 计算灰色评价系数和灰色评价权向量

根据灰色评价系数、评价人员灰评价权构建各评价灰类的灰色评价矩阵 R：

$$R = \begin{bmatrix} r_{11} & r_{12} & \cdots\cdots & r_{15} \\ r_{21} & r_{22} & \cdots\cdots & r_{25} \\ \cdots\cdots & \cdots\cdots & \cdots\cdots & \cdots\cdots \\ r_{81} & r_{82} & \cdots\cdots & r_{85} \end{bmatrix}$$

其中，$\sum_{j=1}^{5} r_{ij} = 1, i = 1, 2, ..., 8, 0 \leqslant r_{ij} \leqslant 1$。

6. 灰色综合评价

根据权重向量 A 和灰色评价矩阵 R，则综合评价矩阵 B 可由下式确定：

$$B = A \cdot R = (a_1, a_2, ..., a_{15}) \cdot \begin{bmatrix} r_{11} & r_{12} & \cdots\cdots & r_{15} \\ r_{21} & r_{22} & \cdots\cdots & r_{25} \\ \cdots\cdots & & & \\ r_{81} & r_{82} & \cdots\cdots & r_{85} \end{bmatrix} = (b_1, b_2, \cdots b_5)$$

7. 计算综合评价值

对于 B 所提供的信息进一步处理，使其单值化。取 P：[95，85，75，65，30]，则综合评价值为：S=B·P，再根据 S 的大小，对照表 1-32 找出相应的等级，这个评语等级即为评价结果。

表 1-32　评价结果与评语集对照表

	AAA	AA	A	B	C
等级评语	很好	较好	一般	较差	很差
综合评价值	90~100	80~90	70~80	60~70	0~60

（四）实例验证分析

利用灰色综合评价模型对浙江省海洋渔业转型升级进行评价。根据调查结果，得到 8 项指标的评价样本矩阵 D。

$$D = \begin{bmatrix} 85 & 75 & 85 & 85 & 85 & 85 & 75 & 85 & 75 & 85 & 85 & 85 \\ 75 & 85 & 75 & 75 & 85 & 75 & 75 & 85 & 75 & 75 & 75 & 85 \\ 85 & 95 & 85 & 95 & 85 & 75 & 85 & 85 & 95 & 85 & 85 & 59 \\ 75 & 65 & 75 & 85 & 75 & 75 & 85 & 75 & 75 & 85 & 75 & 75 \\ 85 & 85 & 85 & 75 & 85 & 85 & 75 & 85 & 85 & 85 & 85 & 85 \\ 85 & 85 & 85 & 85 & 75 & 85 & 85 & 85 & 85 & 85 & 75 & 85 \\ 75 & 75 & 65 & 75 & 65 & 65 & 75 & 65 & 65 & 75 & 65 & 75 \\ 95 & 85 & 95 & 95 & 85 & 95 & 85 & 95 & 95 & 85 & 95 & 85 \end{bmatrix}$$

编程计算后，得到灰色综合评价矩阵 R，其中

$$R = \begin{bmatrix} 0.2503 & 0.2797 & 0.2594 & 0.2106 & 0.0000 \\ 0.2358 & 0.2636 & 0.2733 & 0.2273 & 0.0000 \\ 0.2742 & 0.2831 & 0.2481 & 0.1946 & 0.0000 \\ 0.2316 & 0.2588 & 0.2742 & 0.2354 & 0.0000 \\ 0.2503 & 0.2797 & 0.2594 & 0.2106 & 0.0000 \\ 0.2532 & 0.2830 & 0.2566 & 0.2072 & 0.0000 \\ 0.2157 & 0.2410 & 0.2732 & 0.2702 & 0.0000 \\ 0.2916 & 0.2840 & 0.2406 & 0.1838 & 0.0000 \end{bmatrix}$$

$B = A \cdot R = (0.2418\ 0.2653\ 0.2662\ 0.2267\ 0.0000)$

计算综合评价值：

$S = B \cdot P = (0.2418\ 0.2653\ 0.2662\ 0.2267\ 0.0000) \cdot (95\ 85\ 75\ 65\ 30) = 80.2216$

评价结果与评语集对照表 1-32 可知，浙江省海洋渔业转型升级水平为 AA（较好）级别，说明浙江省海洋渔业产业整体发展水平还是比较不错的，这得益于浙江省有关政府部门的重视，不过也存在一些问题有待改进。

【案例解读】

浙江省是我国重要的渔业大省，拥有丰富的渔业资源和显著的区位经济优势。但传

统渔业产业在长期发展过程中产生的环境问题、资源枯竭问题、效率问题依然没有解决，因此，推动浙江省海洋渔业产业转型升级，搞活渔业经济，使浙江省海洋渔业产业持续健康发展具有重要意义。

通过文献资料查阅、问卷调查和实地走访调查的方式，建立浙江省海洋渔业转型升级评价体系，使用层次分析法对各评价指标进行权重确定，再运用灰色系统理论对浙江省海洋渔业转型升级进行灰色综合评价，综合评价的结果反映出了浙江省海洋渔业转型升级的现存问题。

（一）浙江省海洋渔业产业现状

渔业资源是渔业生产的基础，没有渔业资源就没有渔业产业的存在，更谈不上渔业现代化的发展。当前浙江沿海渔业发展面临这样的挑战：为了获得最大可能的捕获量，海洋渔民在捕捞过程中基本不考虑长远利益，对海洋渔业可持续发展造成了威胁。片面地追求生产总量的增长，使得浙江海洋渔业在"粗放型"水平上徘徊，渔业的经济效益不高。

海洋渔业转型升级是自20世纪以来，在海洋渔业资源日趋衰竭、海洋生态环境严重破坏的背景下提出来的。目前浙江省海洋渔业产业主要面临的问题有：

海洋渔区大面积萎缩，很多渔船无法在原来的渔场作业。

近海渔业资源持续衰退，海洋生态系统破坏严重，使大量海洋捕捞渔民面临转产转业的问题，浙江海洋渔业转型过程中出现的渔业人口过剩及失业问题十分严重。

由于渔区社会保障体系不健全、渔民再就业培训工作滞后、渔民就业市场不完善，外来务工者盲目入渔且缺乏海上作业经验，造成渔业安全隐患，加大了海洋渔业管理难度。

浙江海洋渔业结构严重失衡，具体表现在渔业产品供求结构严重失衡；以海洋捕捞业和养殖业为主的第一产业，结构单一且严重趋同；产业结构层次低，渔业资源深加工发展滞后。

渔民转产转业存在困难，包括渔民的安置、政府管理部门的财政补贴规模、新兴产业培育不足等一系列难题。

（二）浙江省海洋渔业转型升级难的原因

1. 转型升级过程强调政府层次，淡化了企业及渔民的参与

海洋渔业转型升级过于强调政府层次，忽视了企业及广大渔民的参与，特别是科研人才的作用。浙江省海洋渔业产业的发展，不仅需要重视政府管理和政策机制，还需加强企业及广大渔民的参与力度，关注海洋渔业产业主体本身的意愿和诉求，完善海洋渔业转型升级的相关政策。

2. 转型升级过程强调工程技术,忽视了社会文化的作用

在海洋渔业转型升级的过程中,需汲取优秀传统文化,从当地渔民的生活历史中寻找传统生态平衡智慧知识,探索海洋渔业转型升级的文化路径,为有关政府部门推动海洋渔业转型升级提供更加全面的政策制定思路。

【案例启示】

在调查研究的基础上,根据浙江省海洋渔业转型升级现状,对实现海洋渔业转型升级的方式及目标提出以下对策建议。

(一)倡导资源节约型、环境友好型海洋渔业生产方式

建立海洋渔业专业(户)合作(社区),开展水域环境治理工作,减轻渔业生产自身对渔业水域生产环境的破坏。保护近海渔业资源,减少捕捞作业,规范指导渔民捕捞作业方式,减少对东海海区捕捞的依赖,给渔业资源一定恢复时间。倡导能源节约型、环境友好型发展理念,促进节能减排、发展低碳经济,建立资源节约型、环境友好型海洋渔业。

(二)加大企业科研人才培养力度

增加科研人员的培养,增加用于科研试验的设备投入等等,加强远洋渔业的科学技术研究,大力开辟和寻找新的后备渔场,积极开展国际合作,有重点分层次的引进国外资金、先进技术和管理经验,积极组织渔业企业加大开拓国际市场的力度,加快中国海洋渔业现代化建设进程。

(三)强化浙江省海洋捕捞区域结构调整

对浙江省海洋捕捞作业渔场进行合理布局,实现海洋渔业由内海、外海向大洋的转移,面对浙江省临港工业发展和捕捞渔业空间缩小的现状,根据各地捕捞渔业的现实优势、发展潜力、基础配套等实际情况,促进捕捞渔业布局优化和生产要素合理流动;加强对渔业资源保护型、生产高效型等作业方式的引进和推广,逐步实现捕捞作业多样化,以此实现对浙江省海洋捕捞区域的结构性调整。

(四)积极扶持和发展远洋渔业,拓展捕捞领域

积极发展远洋渔业,将一部分捕捞渔民转移到公海或其他国家海域。按照远洋渔业发展规划,利用发达国家因劳动力或因成本过高逐渐退出远洋捕捞的机遇,鼓励大型远洋渔业公司带动群众渔业公司开展远洋渔业业务,大力发展大洋性渔业产业。浙江省的远洋渔业发展城市主要是舟山,由于舟山远洋渔业捕捞有一定的规模基础,扶持舟山远

洋渔业对于浙江省海洋捕捞业发展有一定的促进作用,而且远洋渔业的进一步发展会减轻渔业资源匮乏等问题带给浙江省海洋捕捞产业的压力。

(五)制定相关保障政策

转产转业的海洋捕捞渔民面临着失海失业问题,渔民生产生活面临困难,因此渔业主管部门应重视渔民生活困难问题,以海洋渔业产业转型升级带动渔民有规划的转产转业。根据转产转业工作中出现的新问题进一步完善政策、法律体制等保障体系,切实为转产转业渔民重新就业保驾护航。大力发展渔港经济,搞活休闲渔业等第三产业,推进以渔港为中心的产业化,加强渔业基础设施建设,搞好渔港建设的优化配置,进一步拓展渔业企业发展空间,并给予适当扶持帮助。

(六)鼓励企业增加转产转业渔民再就业岗位

对吸纳失海渔民的单位,政府应该给予一定的政策优惠,及时为转业渔民提供各种就业岗位,拓宽渔民就业渠道,为渔民转产转业构筑平台。在符合国家产业政策的前提下,以消化失海渔民、促进失海渔民就业为主导而兴办的二、三产业,政府应给予必要的政策倾斜。在引进外资企业时,政府应当要求企业在同等条件下优先录用失海渔民,特别是在港口建设和围垦造地上得利的企业,对招用失海渔民的数量给予一定的比例保证。

(七)提升渔民再就业技能

转产转业渔民绝大部分年龄偏大、文化偏低,加上技术单一,重新就业十分困难,甚至在转业后难以适应新的就业岗位而再次面临失业。因此,必须对失海渔民开展有针对性的技能培训,培养他们掌握相应的生产技术,提高就业技能,促使渔民走上新的工作岗位。做好转产转业渔民的再就业技能培训,使他们掌握多种谋生本领,切实把渔民从捕捞行业中转移出来,是解决转产转业渔民后续生存问题的根本途径,需要相关部门共同参与,明确各部门职责,分级、有序开展培训工作。

案例思考

1. 浙江省海洋渔业产业现状对渔业经济转型升级有哪些制约?
2. 政府、渔业企业、渔民在海洋渔业经济转型升级中各自的作用是什么?
3. 如何培育浙江省海洋渔业经济发展的新增长点?

本节参考文献

毛玮茜. 我国伏季休渔政策对渔业资源的保护效果探究[J]. 合作经济与科技，2014，（7）：34-36.
王飞，彭道民. 基于灰色理论的浙江省渔业灾害损失研究[J]. 管理观察，2015，（8）：190-192.
王文彬. 新常态下渔业转型升级路在何方[J]. 渔业致富指南，2015，（16）：14-17.
王文彬. 新常态下渔业转型升级路在何方[J]. 渔业致富指南，2015，（16）：14-17.
张锦国，陈安. 海洋渔业资源保护问题的思考[J]. 中国渔业经济，2014，32（2）：18-23.

第二章 海岛旅游

第一节 理论概要

一、问题的提出

伴随着我国旅游业的成熟与进步，大众旅游正在向追求多样化、个性化转变，不再满足于观光型旅游产品，逐渐转向对体验型、休闲型旅游产品需求增强。基于此，海岛旅游因其拥有独特的自然风貌与海岛文化、丰富的海陆资源、多样的体验活动等天然优势，在众多旅游产品中逐渐崭露头角，备受关注。

舟山群岛作为我国第一大群岛，约占全国海岛总数的20%，随着全国首个海洋经济为主体的国家级新区在舟山成立，海岛旅游业的发展迎来了新契机。自2015年在舟山举办第一届国际海岛旅游大会以来，极大地推动了海岛海洋旅游业的发展，也突显了舟山在未来发展海岛旅游中潜力无限。根据2019国际海岛旅游大会发布的《世界海岛旅游发展报告》称，目前全世界范围内有超过70个海岛旅游国家和地区，超过40%的海岛旅游目的地旅游收入对GDP的贡献率超过20%，世界海岛旅游业出口总值达到610亿美元，中国出境游1/3人次来自出境海岛游贡献。

尽管国内海岛旅游热度高涨，却至今鲜有佼佼者脱颖而出。舟山以其拥有独特的海岛区位优势、深厚的传统文化、优质的生态资源和旅游资源，是有条件建成特色鲜明、在海内外具有较强吸引力的国际性亚热带群岛型海洋休闲旅游目的地。

二、海岛旅游的内涵界定

海岛特色旅游即以特定的海岛地域及其岛礁附近的海域为活动范围，利用岛上独特的自然资源及人文资源，创造出较为特别的能充分满足游客需要并促进海岛经济、文化、社会全面可持续发展的旅游活动[1]。当然，海岛特色旅游也包括为了抵达海岛的空间范围所运用的各种交通工具旅游。另外，海岛旅游还是海洋旅游的重要组成部分，广义上

---

[1] 卢昆.山东省海岛旅游开发研究.青岛大学，2004

看旅游业者在海岛以及海岛周边的大陆架、海域、海空中开发的吸引旅游者的产物及服务产品，都可以称为海岛旅游产品。

影响海岛旅游目的地吸引力的因素，包括目的地的景观、文化、设施、服务、知名度等综合作用形成的对旅游者或休闲者的诱惑强度。目的地吸引力是旅游产生的最重要的条件，同时也是旅游是否能够很好发展的决定性因素[①]。

三、亟待解决的问题

相较于国外成熟的海岛旅游开发与研究相比，我国海岛旅游发展较晚且相关研究缺乏，如何快速开发海岛旅游且保持其可持续发展是目前最为严峻的问题。

通过游客、居民的主观感知和评价对海岛旅游进行全方面诊断，直击海岛旅游的痛点。海岛旅游目的地的吸引力最终是由消费者感知与评价来决定的，海岛旅游因特殊的地理位置和区域属性会放大人类活动对海岛旅游地的影响，进而影响海岛旅游的开发与发展。

发展多元化、高质量的海岛旅游服务配套势不容缓。海岛旅游天然具有交通不便、分布不集中等特点，使得住宿、餐饮、交通、购物等旅游服务配套显得尤为重要，而随着我国消费升级，游客对这些方面提出了更高的要求，这就需要其进一步优化供给结构。

海岛旅游推广与文化宣传不到位。特别是利用承办国际性会议、体育比赛等高曝光、强拉动效应拓展国内外旅游市场，提升旅游发展水平，真正使海岛旅游成为地方经济快速发展的新增长极。

第二节 海岛旅游满意度

> 本案例原题为《舟山旅游满意度调研》，2012 年获得浙江省统计调查方案设计大赛一等奖。案例作者：张小丹、徐莹、廖露菲、杨力品，指导教师：刘洋、张晓鹏。

舟山群岛新区是我国最大的群岛，它素有"千岛之城"的美誉，境内旅游资源丰富，是浙江省海洋旅游的核心地区。特别是伴随 2011 年 6 月 30 日，国务院正式批准设立浙江舟山群岛新区，舟山成为我国首个以海洋经济为主体的国家级新区，舟山旅游业得到了长足发展，至 2011 年接待人数 2460.5 万人，同时旅游接待人次保持着年均 15% 左右的增幅。然而，根据 2011 年度浙江省游客满意度报告显示，在全省 12 个城市（包括义乌市）和 7 个重点监测景区中，在受调查的 12 个城市中舟山排名倒数第 3。就目前而言，

---

① 陈诗言. 世界海岛旅游研究及对我国海岛旅游发展的启示. 辽宁师范大学，2019.

舟山海洋旅游的发展潜力远没有得到应有的挖掘与开发，舟山的旅游市场未被完全打开。因此，科学、准确测评游客满意度成为改进舟山游客满意水平、提升旅游竞争力、塑造海岛旅游品牌的关键问题。

一、调查方案设计

（一）调查目的及意义

了解游客对舟山旅游的满意度，探究影响满意度的因素及因子。建立旅游满意度模型，比较不同性别、年龄等的人群的表现特征，并将数据量化，综合分析游客对舟山旅游的满意程度及对各个影响因素的满意度，这也是本次调研最核心的部分。

分析并比较不同因素的满意度，探究其原因及存在的问题，并提出相关对策和建议，希望对舟山旅游业的发展能有裨益。

了解游客在舟山旅游环境当中存在的问题，进而有针对性提出可行性建议，以求提高游客对舟山旅游的满意度，塑造良好的旅游目的地及旅游形象，提高整个地区旅游吸引力，促进舟山旅游可持续发展。

通过参与统计调查方案设计的全过程，将专业理论知识应用于实践，提高小组成员专业技术应用能力。

（二）调查方法

本次调研以问卷调查、深度访谈相结合，采用结构式问卷进行访问。问卷以封闭式题目为主，辅以个别开放式问题。

1. 问卷调研

本次问卷调研以到舟山的来岛游客为对象，根据舟山市景区区域划分采用多阶段抽样方法，在调查人群中共发放 452 份，回收率为 91%，其中有效问卷 410 份。并对所有问卷分类编号，为后期数据处理做准备。

2. 深度访谈

我们将抽取旅游学院的教授及舟山相关旅行社的主管及员工，从舟山旅游的现状、发展规划等各个方面对被访者进行访谈，获取问卷外的更加详尽的资料。

（三）抽样设计

1. 样本容量的确定

由表 2-1 统计得舟山市 2011 年旅游人口为 2458.64 万（ N=24586400）。在置信度为

95%，最大允许绝对误差=5%（△=0.05）时，根据 P=0.5 达到极大值时对初始样本量进行计算：

$$n_1 = \frac{\mu^2(1-p)}{d^2} = \frac{1.96^2 \times 0.5 \times 0.5}{0.05^2} = 384.16 \approx 384$$

对总体大小进行调整

$$n_2 = n_1 \frac{N}{N+n_1} = 384 \times \frac{24586400}{24586400+384} = 383.99 \approx 384$$

根据网络和问卷预调查得知，无效问卷率约为 15%，调整最终样本量 n

$$n = \frac{n_2}{1-r} = \frac{384}{1-15\%} = 451.76 \approx 452$$

表 2-1　舟山主要风景区接待人次统计表　　　　　　　　　　　单位：万人

风景区	普陀山	普陀区	其中，朱家尖	沈家门	桃花岛	定海区
旅游人次	519.66	1026.1	346.58	257.43	153.5	457.6
风景区	岱山县	其中，秀山	高亭	嵊泗县	其中，菜园	合计
旅游人次	232	70.19	131.45	223.3	157.74	2458.64

注：上表中的数据引自《舟山市旅游委 2011 年统计数据》

2. 抽样方法

第一阶段采取简单随机抽样，利用抽签的方法在 8 个风景区中抽取 5 个风景区，见表 2-2。

表 2-2　风景区编号表

风景区	编号
普陀山	1
朱家尖	2
沈家门	3
桃花岛	4
定海区	5
秀山	6
高亭	7
菜园	8

第二阶段采取配额抽样方法，在抽中的 5 个风景区中按照旅游人次等比例分配样本数量，见表 2-3。

表 2-3　配额抽样

入样风景区	旅游人数（万人）	占抽取区域总人数比例（%）	样本容量
1 普陀山	519.66	34.10	154
3 沈家门	257.43	16.89	76
5 定海区	457.6	30.03	136
7 高亭	131.45	8.63	39
8 菜园	157.74	10.35	47

（四）调查内容

本文首先检索国内外的有关满意度和旅游满意度研究文献，找到了满意度及旅游满意度的相关指标，并根据舟山旅游的实际情况制定其旅游满意度指标。主要根据能敏感反映游客满意状态的因素且考虑休闲因子进行设计，基于此种考虑，旅游满意度测评体系设计了 3 个层次的指标项目作为主要的调查内容。第一层次（Ⅰ）即目标层，指休闲旅游总体满意度指标；第二层次（Ⅱ）即项目指标层，包括食（餐饮）、宿（住宿）、行（交通）、游（旅游景观）、购物、基础设施、管理与服务等 7 个指标；第三层次（Ⅲ）为评价因子指标层，是对第二层次指标进行分解后的满意度指标（见图 2-1）。

图 2-1　满意度调查的主要内容

二、调查数据统计

（一）客源分析

1. 性别构成

从调查对象特征来看，男性比例为 53%，女性为 47%，基本符合当时的配额比例。男女比例适中，说明舟山对男女都有吸引力。

2. 本外地构成

本次景区调查中外地游客占了 76%，这说明舟山海岛旅游对外地游客具有很强的吸引力。同时，说明舟山旅游具有巨大的潜在市场和比较不错的影响力。

3. 年龄构成

来舟山旅游的游客各年龄段的都有，说明舟山旅游对各个年龄段的人都很有吸引力，其中以 18～40 岁的人群尤为突出，见图 2-2。

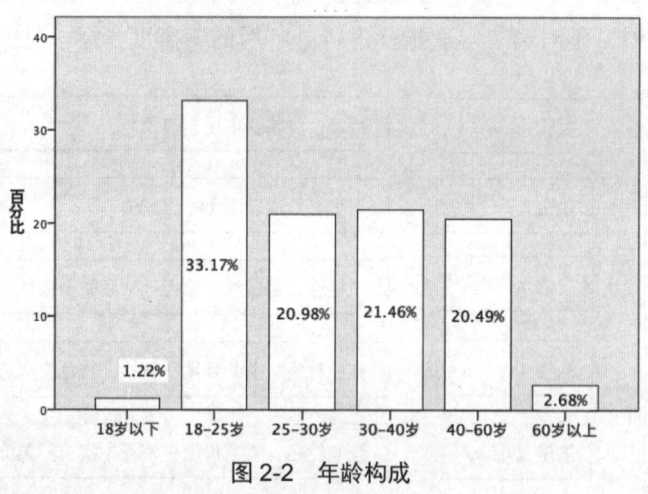

图 2-2　年龄构成

（二）旅游类型及费用分析

1. 旅游类型分析

旅游类型与年龄进行交叉分析，如表 2-4 所示，来岛旅游的游客基本上集中在 18～60 岁年龄段的人群。其中 18～25 岁年龄段的人所占比例最多。同时可以看出不同年龄段的游客的旅游目的不太一样，大多数 18～25 岁年龄段的人主要以海岛休闲度假和海岛观光为目的，但 25～60 岁年龄段的游客却是以海岛观光和佛教信众为目的。所以，舟山在开发具有自身特色的海岛旅游时要根据不同年龄段的需求设置项目。

表2-4　旅游类型与年龄交叉分析

		年龄						合计
		18岁以下	18~25岁	25~30岁	30~40岁	40~60岁	60岁以上	
旅游类型	海岛休闲度假	2	30	9	18	17	5	81
	海岛观光	1	47	28	29	34	2	141
	佛教信众	1	26	23	25	21	4	100
	商务学习	0	11	11	10	4	0	36
	生态、海洋运动	1	2	3	2	2	0	10
	其他	0	20	12	4	6	0	42
	合计	5	136	86	88	84	11	410

2. 旅游费用分析

根据统计，有73.7%的人可接受2000元以内的旅游消费，如表2-5所示。这从另一个侧面反映出舟山海岛旅游的旅游价值在游客心中并不是很高。

表2-5　旅游费用

		频率	百分比（%）	有效百分比（%）	累积百分比（%）
有效	1000元以内	153	37.3	37.3	37.3
	1000~2000元	149	36.3	36.3	73.7
	2000~4000元	81	19.8	19.8	93.4
	4000元以上	27	6.6	6.6	100.0
	合计	410	100.0	100.0	

（三）满意度分析

通过回收的调查问卷，对有关满意度调查的各个指标进行汇总分析，如表2-6所示。

表2-6　满意度指标汇总

	指标	很满意		满意		一般		不满意		很不满意	
		频率	百分比（%）	频率	百分比（%）	频率	百分比（%）	频率	百分比（%）	频率	百分比（%）
舟山旅游满意度 U	餐饮 u_1 特色 u_{11}	67	16.3	132	32.2	163	39.8	31	7.6	17	4.1
	价格 u_{12}	24	5.9	73	17.8	150	36.6	105	25.6	58	14.1
	卫生 u_{13}	54	13.2	141	34.4	176	42.9	32	7.8	7	1.7
	方便 u_{14}	63	15.4	144	35.1	169	41.2	26	6.3	8	2.0
	住宿 u_2 卫生 u_{21}	73	17.8	161	39.3	162	39.5	9	2.2	5	1.2
	舒适 u_{22}	68	16.6	146	35.6	176	42.9	18	4.4	2	0.5
	价格 u_{23}	38	9.3	132	32.2	176	42.9	48	11.7	16	3.9
	安全 u_{24}	77	0.2	178	0.4	144	0.4	10	0.0	1	0.0

续表

指标			很满意		满意		一般		不满意		很不满意	
			频率	百分比(%)	频率	百分比(%)	频率	百分比(%)	频率	百分比(%)	频率	百分比(%)
舟山旅游满意度 U	交通 u_3	线路合理性 u_{31}	78	19.0	206	50.2	99	24.1	23	5.6	4	1.0
		便捷性 u_{32}	80	19.5	184	44.9	118	28.8	23	5.6	5	1.2
		舒适性 u_{33}	64	15.6	185	45.1	142	34.6	15	3.7	4	1.0
		愉悦性 u_{34}	66	16.1	177	43.2	146	35.6	16	3.9	5	1.2
	购物 u_4	商品种类 u_{41}	45	11.0	134	32.7	193	47.1	34	8.3	4	1.0
		购物环境 u_{42}	37	9.0	142	34.6	203	49.5	25	6.1	3	0.7
		商店信誉 u_{43}	36	8.8	122	29.8	203	49.5	42	10.2	7	1.7
		价格 u_{44}	18	4.4	85	20.7	183	44.6	91	22.2	33	8.0
		特色 u_{45}	51	12.4	128	31.2	182	44.4	41	10.0	8	2.0
	旅游景观 u_5	景点特色 u_{51}	128	31.2	200	48.8	76	18.5	4	1.0	2	0.5
		观赏价值 u_{52}	121	29.5	205	50.0	76	18.5	6	1.5	2	0.5
		资源丰富 u_{53}	115	28.0	195	47.6	90	22.0	9	2.2	1	0.2
		门票价格 u_{54}	64	15.6	143	34.9	135	32.9	48	11.7	20	4.9
	基础设施 u_6	公共休息设施 u_{61}	95	23.2	199	48.5	99	24.1	14	3.4	3	0.7
		引导标识物 u_{62}	97	23.7	211	51.5	87	21.2	13	3.2	2	0.5
		公共厕所 u_{63}	101	24.6	197	48.0	94	22.9	13	3.2	5	1.2
		安全设施 u_{64}	95	23.2	211	51.5	94	22.9	7	1.7	3	0.7
	管理服务 u_7	旅游投诉 u_{71}	50	12.2	188	45.9	144	35.1	23	5.6	5	1.2
		咨询服务 u_{72}	61	14.9	186	45.4	132	32.2	25	6.1	6	1.5
		服务态度 u_{73}	70	17.1	172	42.0	132	32.2	24	5.9	12	2.9
		服务效率 u_{74}	58	14.1	184	44.9	138	33.7	20	4.9	10	2.4

1. 指标权重的确定

根据层次分析法，向专家征询意见，建立每一层级指标的判断矩阵，并进行判断矩阵的一致性检验，计算旅游满意度各指标的主观权重，计算组合权重，具体指标的权重如表 2-7 所示。

表 2-7 权重的确定

目标层 A	一级指标	权重（W_{ij}）	二级指标	层次分析法确定的权重	组合权重	
					相对于 B 权重（W_{ij}）	相对于 A 权重（W_{ij}）
舟山旅游满意度 U	餐饮 u_1	0.1716	特色 u_{11}	0.6477	0.1619	0.0278
			价格 u_{12}	0.6477	0.1619	0.0278
			卫生 u_{13}	2.4053	0.6013	0.1032
			方便 u_{14}	0.2992	0.0748	0.0128

续表

目标层 A	一级指标	权重（W_{ij}）	二级指标	层次分析法确定的权重	组合权重 相对于 B 权重（W_{ij}）	组合权重 相对于 A 权重（W_{ij}）
舟山旅游满意度 U	住宿 u_2	0.2674	卫生 u_{21}	1.4288	0.3572	0.0955
			舒适 u_{22}	0.3327	0.0832	0.0222
			价格 u_{23}	0.6429	0.1607	0.0430
			安全 u_{24}	1.5955	0.3989	0.1067
	交通 u_3	0.0933	线路合理性 u_{31}	0.3933	0.0983	0.0092
			便捷性 u_{32}	1.7856	0.4464	0.0417
			舒适性 u_{33}	0.9490	0.2373	0.0221
			愉悦性 u_{34}	0.8721	0.2180	0.0203
	购物 u_4	0.0314	商品种类 u_{41}	0.4578	0.0916	0.0029
			购物环境 u_{42}	0.3170	0.0634	0.0020
			商店信誉 u_{43}	1.6436	0.3287	0.0103
			价格 u_{44}	0.9379	0.1876	0.0059
			特色 u_{45}	1.6436	0.3287	0.0103
	旅游景观 u_5	0.2542	景点特色 u_{51}	1.5955	0.3989	0.1014
			观赏价值 u_{52}	1.4288	0.3572	0.0908
			资源丰富 u_{53}	0.6429	0.1607	0.0409
			门票价格 u_{54}	0.3327	0.0832	0.0211
	基础设施 u_6	0.0903	公共休息设施 u_{61}	0.5035	0.1259	0.0114
			引导标识物 u_{62}	0.5380	0.1345	0.0121
			公共厕所 u_{63}	1.0343	0.2586	0.0234
			安全设施 u_{64}	1.9243	0.4811	0.0435
	管理服务 u_7	0.0917	旅游投诉 u_{71}	0.1813	0.0453	0.0042
			咨询服务 u_{72}	1.4638	0.3660	0.0336
			服务态度 u_{73}	1.4638	0.3660	0.0336
			服务效率 u_{74}	0.8910	0.2228	0.0204

2. 模糊评价

根据前面的分析可知，本研究中旅游满意度的评价指标集 U 包含餐饮、住宿、交通、旅游景观、购物、基础设施、管理服务 7 个指标，即 $U = U_i (i=1,2,3...7)$，其中每一个 U_i 又分别由第 2 层指标 i 构成，即 $U_i = U_{ij}$，评语集 $V = (v_1, v_2, v_3, v_4, v_5) =$（很满意度，满意，一般，不满意，很不满意）$= (5,4,3,2,1)$，评价矩阵 $R = (r_{ij})$，权重集 $W = (w_{ij})$。根据模糊评价理论，得到舟山市旅游满意度的餐饮、住宿、交通、旅游景观、购物、基础设施、管理服务的评判矩阵分别为 R_1，R_2，R_3，R_4，R_5，R_6，R_7：

$$R_1 = \begin{bmatrix} 0.16 & 0.32 & 0.40 & 0.08 & 0.04 \\ 0.06 & 0.18 & 0.37 & 0.26 & 0.14 \\ 0.13 & 0.34 & 0.43 & 0.08 & 0.02 \\ 0.15 & 0.35 & 0.41 & 0.06 & 0.02 \end{bmatrix} \quad R_2 = \begin{bmatrix} 0.18 & 0.39 & 0.40 & 0.02 & 0.01 \\ 0.17 & 0.36 & 0.43 & 0.04 & 0.00 \\ 0.09 & 0.32 & 0.43 & 0.12 & 0.04 \\ 0.19 & 0.43 & 0.35 & 0.02 & 0.00 \end{bmatrix}$$

$$R_3 = \begin{bmatrix} 0.19 & 0.50 & 0.24 & 0.06 & 0.01 \\ 0.20 & 0.45 & 0.29 & 0.06 & 0.01 \\ 0.16 & 0.45 & 0.35 & 0.04 & 0.01 \\ 0.16 & 0.43 & 0.36 & 0.04 & 0.01 \end{bmatrix} \quad R_4 = \begin{bmatrix} 0.11 & 0.33 & 0.47 & 0.08 & 0.01 \\ 0.09 & 0.35 & 0.50 & 0.06 & 0.01 \\ 0.09 & 0.30 & 0.50 & 0.10 & 0.02 \\ 0.04 & 0.21 & 0.45 & 0.22 & 0.08 \\ 0.12 & 0.31 & 0.44 & 0.10 & 0.02 \end{bmatrix}$$

$$R_5 = \begin{bmatrix} 0.31 & 0.49 & 0.19 & 0.01 & 0.00 \\ 0.30 & 0.50 & 0.19 & 0.01 & 0.00 \\ 0.28 & 0.48 & 0.22 & 0.02 & 0.00 \\ 0.16 & 0.35 & 0.33 & 0.12 & 0.05 \end{bmatrix} \quad R_6 = \begin{bmatrix} 0.23 & 0.49 & 0.24 & 0.03 & 0.01 \\ 0.24 & 0.51 & 0.21 & 0.03 & 0.00 \\ 0.25 & 0.48 & 0.23 & 0.03 & 0.01 \\ 0.23 & 0.51 & 0.23 & 0.02 & 0.01 \end{bmatrix}$$

$$R_7 = \begin{bmatrix} 0.12 & 0.46 & 0.35 & 0.06 & 0.01 \\ 0.15 & 0.45 & 0.32 & 0.06 & 0.01 \\ 0.17 & 0.42 & 0.32 & 0.06 & 0.03 \\ 0.14 & 0.45 & 0.34 & 0.05 & 0.02 \end{bmatrix}$$

根据公式 $C_i = w_i \times R_i = c_{ij} = (c_{i1}, c_{i2}, c_{i3}, c_{i4}, c_{i5})$ 及各指标的权重值，计算第二层次模糊综合评价集为：

$C_1 = w_1 \times R_1 = c_{1j} = (c_{11}, c_{12}, c_{13}, c_{14}, c_{15}) = (0.1268, 0.3141, 0.4125, 0.1054, 0.0412)$；

$C_2 = w_2 \times R_2 = c_{2j} = (c_{21}, c_{22}, c_{23}, c_{24}, c_{25}) = (0.1673, 0.3949, 0.3858, 0.0401, 0.0119)$；

$C_3 = w_3 \times R_3 = c_{3j} = (c_{31}, c_{32}, c_{33}, c_{34}, c_{35}) = (0.1779, 0.4510, 0.3120, 0.0478, 0.0113)$；

$C_4 = w_4 \times R_4 = c_{4j} = (c_{41}, c_{42}, c_{43}, c_{44}, c_{45}) = (0.0938, 0.2912, 0.4669, 0.1196, 0.0285)$；

$C_5 = w_5 \times R_5 = c_{5j} = (c_{51}, c_{52}, c_{53}, c_{54}, c_{55}) = (0.2280, 0.4786, 0.2028, 0.0224, 0.0081)$；

$C_6 = w_6 \times R_6 = c_{6j} = (c_{61}, c_{62}, c_{63}, c_{64}, c_{65}) = (0.2363, 0.5023, 0.2284, 0.0249, 0.0081)$；

$C_7 = w_7 \times R_7 = c_{7j} = (c_{71}, c_{72}, c_{73}, c_{74}, c_{75}) = (0.1539, 0.4404, 0.3266, 0.0572, 0.0220)$；

根据 C 的值，可以判断出 u_i 游客满意度模糊评价表的情况，如表2-8所示。按最大隶属度原则，一级综合评价除 c_2、c_3、c_5、c_6、c_7 的综合评价等级为"满意"外，其他2个项目指标层的综合评价等级均为"一般"，说明舟山旅游综合满意度评价等级位于"一般"与"满意"之间。为使各项目的指标满意度水平的比较变得具体直观，可计算得出各级项目指标层的满意度均值。

表 2-8 游客满意度模糊评价表

评价项目及权重	评价值隶属度（分）				
	很满意	满意	一般	不满意	很不满意
U_1 一级综合评价 C_1	0.1268	0.3141	0.4125	0.1054	0.0412
U_2 一级综合评价 C_2	0.1673	0.3949	0.3858	0.0401	0.0119
U_3 一级综合评价 C_3	0.1779	0.451	0.312	0.0478	0.0113
U_4 一级综合评价 C_4	0.0938	0.2912	0.4669	0.1196	0.0285
U_5 一级综合评价 C_5	0.288	0.4786	0.2028	0.0224	0.0081
U_6 一级综合评价 C_6	0.2363	0.5023	0.2284	0.0249	0.0081
U_7 一级综合评价 C_7	0.1539	0.4404	0.3266	0.0572	0.022

根据下列公式

$$A = W \times C = (w_1, w_2, w_3, w_4, w_5, w_6, w_7) \times \begin{bmatrix} c_{11} & c_{12} & c_{13} & c_{14} & c_{15} \\ c_{21} & c_{22} & c_{23} & c_{24} & c_{25} \\ c_{31} & c_{32} & c_{33} & c_{34} & c_{35} \\ c_{41} & c_{42} & c_{43} & c_{44} & c_{45} \\ c_{51} & c_{52} & c_{53} & c_{54} & c_{55} \\ c_{61} & c_{62} & c_{63} & c_{64} & c_{65} \\ c_{71} & c_{72} & c_{73} & c_{74} & c_{75} \end{bmatrix}$$

及各指标的权重值，计算第一层次模糊综合评价集为：

$$A = W \times C = (0.1947, 0.4182, 0.3199, 0.0502, 0.0170)$$

对第二层模糊综合评价集，根据评语集 V 进行去模糊计算，分别得到舟山市旅游满意度的餐饮、住宿、交通、旅游景观、购物、基础设施、管理服务的评价值 E_1，E_2，E_3，E_4，E_5，E_6，E_7：

$$E_1 = 5c_{11} + 4c_{12} + 3c_{13} + 2c_{14} + c_{15} = 3.3800;$$
$$E_2 = 5c_{21} + 4c_{22} + 3c_{23} + 2c_{24} + c_{25} = 3.6655;$$
$$E_3 = 5c_{31} + 4c_{32} + 3c_{33} + 2c_{34} + c_{35} = 3.7363;$$
$$E_4 = 5c_{41} + 4c_{42} + 3c_{43} + 2c_{44} + c_{45} = 3.3021;$$
$$E_5 = 5c_{41} + 4c_{42} + 3c_{43} + 2c_{44} + c_{45} = 4.0160;$$
$$E_6 = 5c_{41} + 4c_{42} + 3c_{43} + 2c_{44} + c_{45} = 3.9337;$$
$$E_7 = 5c_{41} + 4c_{42} + 3c_{43} + 2c_{44} + c_{45} = 3.6470,$$

根据公式 $A_i = 5c_{i1} + 4c_{i2} + 3c_{i3} + 2c_{i4} + c_{i5}$ 对第一层模糊综合评价集根据评语集 V 进行去模糊计算，得到舟山市旅游综合满意度的评价值 E_z：

$$E_z = 5 \times 0.1947 + 4 \times 0.4182 + 3 \times 0.3199 + 2 \times 0.0502 + 1 \times .0.0170 = 3.7234$$

根据 E 的值，可以判断出舟山市餐饮、住宿、交通、旅游景观、购物、基础设施、管理服务满意度的情况，如表2-9所示。从中可以获得舟山市旅游满意度的一些结论：旅游景区满意度的分值最高，高于旅游综合满意度，说明游客对于舟山的景区条件是最满意的。基础设施满意度位居第二位，高于旅游综合满意度，说明游客对于舟山的基础设施的认可度较高。

表2-9 舟山旅游满意度评价结果

旅游满意度	模糊聚焦（c_{ij}）					去模糊 E
	很满意	满意	一般	不满意	很不满意	
饮食满意度 u_1	0.1268	0.3141	0.4125	0.1054	0.0412	3.3800
住宿满意度 u_2	0.1673	0.3949	0.3858	0.0401	0.0119	3.6655
交通满意度 u_3	0.1779	0.4510	0.3120	0.0478	0.0113	3.7363
购物满意度 u_4	0.0938	0.2912	0.4669	0.1196	0.0285	3.3021
景区满意度 u_5	0.2880	0.4786	0.2028	0.0224	0.0081	4.0160
基础设施满意度 u_6	0.2363	0.5023	0.2284	0.0249	0.0081	3.9337
管理服务满意度 u_7	0.1539	0.4404	0.3266	0.0572	0.0220	3.6470
综合满意度 U	0.1947	0.4182	0.3199	0.0502	0.0170	3.7234

3. 重要因素推导

比较排列：$u_5 > u_6 > u_3 > U > u_2 > u_7 > u_1 > u_4$，同理，也可对因子层指标的满意度水平进行比较。同时，得到舟山旅游的综合满意度得分为3.7234。按照满意度水平标度向量：非常满意（5分）、满意（4分）、一般（3分）、较不满意（2分）、不满意（1分）的5个等级划分标准，可知舟山旅游的满意度，尚属于"一般"与"满意"水平间，还有待改善和提高。

（四）吸引力分析

1. 旅游产品吸引力分析

将分别从佛教文化（见表2-10）、海岸风情（见表2-11）、渔家乐（见表2-12）等方面进行统计分析。

（1）佛教文化

舟山的佛教旅游以普陀山最有吸引力，其余的寺庙去的人相对极少，甚至没人去。建议政府及旅游相关部门，在打造普陀山金牌旅游项目的同时，还应对其他的寺庙多加宣传，打造一个佛教旅游集群，形成一个旅游特色。

表 2-10 佛教文化

		频率	百分比（%）	有效百分比（%）	累积百分比（%）
有效	普陀山	274	66.83	66.83	66.83
	慈云极乐禅寺	45	10.98	10.98	77.81
	大悲山灵音禅寺	44	10.73	10.73	88.54
	天丰禅寺	38	9.26	9.26	97.8
	其他	9	2.2	2.2	100
	合计	410	100.0	100.0	

（2）海岸风情

慕名海岸风情的人以金沙景区，嵊泗列岛，桃花岛等岛屿占了大部分，其他地方鲜有人知。建议继续开发新的旅游景点，打开知名度，把海岸旅游打造成舟山旅游的新特色。

表 2-11 海岸风情

		频率	百分比（%）	有效百分比（%）	累积百分比（%）
有效	金沙景区	110	26.83	26.83	26.83
	嵊泗列岛	102	24.88	24.88	51.71
	桃花岛	132	32.20	32.20	83.91
	东极	52	12.68	12.68	96.57
	其他	14	3.41	3.41	100
	合计	410	100.0	100.0	

（3）渔家乐

来渔家乐的人主要去的是沈家门渔港和朱家尖，去其他地方的人很少。舟山有很适合渔家乐的小岛，小景点，旅游部门要做好宣传，吸引更多的人去，从而更好地利用与开发旅游资源。

表 2-12 渔家乐

		频率	百分比（%）	有效百分比（%）	累积百分比（%）
有效	沈家门渔港	148	66.83	66.83	66.83
	虾峙岛	44	10.98	10.98	77.81
	朱家尖	154	10.73	10.73	88.54
	小沙旅游区	54	9.26	9.26	97.8
	其他	9	2.2	2.2	100
	合计	410	100.0	100.0	

2. 实际感知价值分析

通过统计显示，有 65% 游客认为舟山海岛旅游的现状与其内心的期望基本一致，只有不到 20%的游客认为超过个人期望。

3. 重游分析

统计显示，有 48.5%的游客表示还会再来，45.9%的游客表示可以考虑，这说明舟山的海岛旅游具有重复旅游性，大部分人选择会再来和可能回来，说明来舟山旅游的大部分人还是感到一定满足的，应更好满足游客。

三、调查结果分析

问卷调查结果显示以佛教文化和海岛观光、度假为主的旅游景点对游客的吸引力大。游客对舟山旅游的综合满意度得分为 3.7234，尚属于"一般"与"满意"水平间，还有待改善和提高。在构成满意度评价的各层次中，具体总结为：

游客对舟山旅游提供的购物条件的满意度（u_4）得分最低，仅有 3.3021 分，低于旅游综合满意度，因而它急需完善。

餐饮（u_1）、住宿（u_2）和管理服务（u_7）权重因子较高，得分却不到均值，因而这三个方面需持续完善。

交通（u_3）和基础设施（u_6）权重因子较高，得分虽比其他方面高些，但仍然低于满意得分(4 分)所以需继续完善。

旅游景区（u_5）得分最高，高于旅游综合满意度，说明游客对于舟山的旅游景区是最满意的。

【案例解读】

"以游客为中心"已经成为中国旅游各个方面发展的主流观念。在激烈的竞争和全新的经济模式来临的双重压力下，"游客是上帝"已不再是一句空话，谁的产品和服务令游客满意，旅游者就会买谁的产品，游客是否满意也成为决定旅游活动成败的关键。中国的旅游业发展必须以提供符合游客满意度的产品和服务为宗旨，把"游客满意"作为一种主要的现代质量管理战略和理念，将游客满意度作为一个重要的质量指标。旅游经营管理者只有从游客出发，提供超越游客期望的产品或服务，才能使游客感到满意，从而对该种商品和服务建立起高度的信赖，成为这个品牌或企业的忠诚顾客，进一步产生再次或重复消费的行为[①]。

在游客满意度指标的衡量中，使用精确方法有一定的局限性，对于旅游满意度的评价还存在着一定的模糊程度，所以运用常规的评价方法如层次分析法、因子分析法等很

---

① 潘丽平. 基于模糊综合评判的旅华游客旅游满意度评价研究--以我国 14 个省区为例. 陕西师范大学，200

难精确地对旅游满意度进行测算，但人们的思维却有办法处理、模仿和抽象这些不确定性，这便构成了模糊分析的主要内容。由于模糊方法在处理定性的、不确定的和信息不完善的这类问题方面具有显著的优越性。同时，模糊方法模仿了人的思维和处理问题的过程，以较低的代价可获得较为优良的性能，因而在本研究中引入模糊数学的理论对旅游满意度进行评价。在模糊综合评价中，权重的计算是一项重要的内容，对评价的结果有重要影响，目前确定指标权重的方法主要有层次分析法、专家经验评估法、熵值法、因子分析法、复相关系数法等，上述案例研究采用了层次分析法。

在游客满意度测评中最为关键的是相关评价指标体系的构建，评价指标体系可以定义为一系列相互联系的能敏感地反映游客满意状态及存在问题的指标所构成的有机整体。案例调查中的评价指标体系主要是根据游客的分类需求结构及其在景区的活动内容建立起来的，即由食、宿、行、游、购物、基础设施、管理与服务七个指标构成。调查结果表明七个指标层均存在不同程度的差距：其中游客对舟山旅游提供的购物条件的满意度得分最低；餐饮、住宿和管理服务权重因子较高，得分高于购物指标但均未达"满意"；交通和基础设施权重因子较高，得分虽比其他方面高些，但仍然低于"满意"所以需继续完善；旅游景区得分最高，高于旅游综合满意度，但离"很满意"尚有完善空间。

【案例启示】

游客满意度的高低，直接影响到旅游市场的规模，进而影响到旅游相关部门的经济效益，所以越来越受到广泛的关注。就目前的旅游市场而言，舟山这个品牌还未被大多数人认知，舟山海岛旅游的发展潜力远没有得到应有的挖掘与开发，鉴于舟山的良好地理位置与丰富的海洋资源，和我国近年来旅游业的蓬勃发展，因此逐步形成独具舟山海洋文化特色的海岛休闲旅游产品，使舟山真正成为国际、国内著名的多元化生态休闲型的海岛旅游名城是未来发展的方向。

在未来的发展中，政府部门应根据游客需求在"旅游融入大局"指导下适度做加法，在海岛景区生态保护、规划建设、指导引导等方面增强执行能力；尽快制定全域旅游规划，逐步引导旅游产业的转型升级，推动完善住宿、餐饮、交通、娱乐、购物、信息等设施配套，把舟山打造成为结构合理、特色鲜明、管理科学、服务优良的国际一流海岛度假旅游地。

景区方面应着重开发深度海岛体验旅游产品，由观光朝拜旅游向休闲、康娱、度假旅游方向发展，从而实现由单一朝圣观光型旅游逐步向特色鲜明内涵丰富的多元化海岛旅游方向发展，形成包括沙滩度假旅游、渔村休闲旅游、海岛生态旅游、海鲜美食旅游以及游艇、海钓、泥浴等特色康体旅游在内的海洋旅游吸引物体系；景区内各类经营服务体系，要建立规范制度、制定标准的价格体系，杜绝宰客现象；加强景区旅游信息化建设,注重科技创新在旅游景区服务、管理的应用,基于移动旅行生活的"旅联网"建设精细化管理的智能景区,特别是景区网络营销、移动支付、自助自驾的导游导览服务、景区服务监督等方面,助力旅游产业从传统服务业向现代服务业转变。

> **案例思考**
> 1. 游客海岛旅游的目的主要有哪些?
> 2. 海岛旅游开发应该注意哪些问题?
> 3. 旅游满意度的评价方法有哪些?

本节参考文献

王文洪,舟山海洋文化旅游发展现状分析,《中共舟山市委党校学报》2010年第1期

刘宇,顾客满意度测评,《社会科学文献出版社》2003年

汪侠,顾潮林,梅虎,旅游景区顾客满意度指数模型,《地理学报》,2005年

张建新,江苏旅游景区发展对策建议,《南京大学国土资源与旅游》,2011年

香港旅游发展研究院,舟山市海洋旅游产业发展,《智库文档》2007年3月

王恩旭,武春友,旅游满意度模糊综合评价研究——以大连为例,《旅游论坛》2009年10月第2卷第5期

周运瑜,田金霞,阳芳,凤凰古城休闲旅游满意度研究,《旅游论坛》2010年10月第3卷第5期

第三节 互联网+海岛民宿

> 本案例原题为《新兴民宿携互联 独特思路振乡村——乡村振兴视域下互联网+海岛民宿发展现况调查》,2019年获得浙江省统计调查方案设计大赛二等奖。案例作者:沈安琦、陈聪祯、沈正炜、汪邵赞、郑宏刚,指导教师:刘洋。

民宿作为一项前景优良的新兴产业,其发展日益受到关注。《中华人民共和国旅游行业标准:旅游民宿基本要求与评价》中正式规定:旅游民宿的定义、评价原则、基本要求、管理规范和等级划分条件,适用对象针对民宿且仅为民宿。民宿产业在全国各地的旅游地点迅速崛起,从本质上看民宿也是一种共享经济,以旅游热门区域所在地为主的居民将自己所居住的房屋开放出来,游客通过付费的形式获得相应期间房间或房屋的居住权,由此衍生出了民宿产业,并使之利用共享经济所依托的互联网途径,通过第三

方平台得以快速发展，成为时下最火热的新兴产业之一。

舟山市也因其丰富的海洋资源、独特的地理风貌、令人心旷神怡的风景成了民宿业的发展重地，其海岛民宿的发展现状具有典型的代表性。2015 年《舟山海岛休闲旅游目的地行动计划（2015—2020）》确定 2015 至 2017 年为"海岛民宿推广年"；2018 年开始实施海岛民宿品质提升三年行动计划，鼓励舟山海岛民宿向精品化、集聚化发展，为海岛民宿发展奠定了良好的政策基础。至 2018 年末全市已初步形成 10 个海岛特色集聚区，40 个海岛特色民宿集聚村，民宿经营户 3234 家，客房 29 693 间，床位数 36 574 张，从业人员 13 170 人。

一、调查方案设计

（一）调查目的及意义

舟山民宿产业出现早、发展早、规模大、数量多，已经在民宿业方面取得了一些成绩。近几年，由于各地民宿产业的出现以及需求市场的快速变动，舟山民宿业受到了一定的冲击，导致其发展遭受阻碍。本次民宿课题的研究采用问卷调查和访谈的形式了解到当下舟山海岛民宿所存在的一些问题，从问题出发归纳总结出舟山海岛民宿发展的阻碍点。

通过调查研究了解到民宿发展行业实际存在的一些问题，从游客的角度审视民宿的不足，也从经营者的角度体会民宿市场的优缺利弊。采取多样化的调查方法有利于全方面了解到民宿现状，同时也有利于民宿运行模式创新点的设立。

通过数据的统计分析为民宿行业采取措施突破瓶颈期提供了更为精准的方向，有利于民宿产业和舟山市政府制定落实更为有效的民宿发展措施，有利于舟山海岛民宿进入一个新的更高的层次发展壮大。

（二）调查对象及范围

1. 调查对象

本次调查主要针对舟山来岛游客，以实地走访调查搜集的资料为主，对民宿老板的访谈为辅。

2. 调查范围

此次调查将范围总体定为"2019 年舟山市南洞艺谷、东海大峡谷、朱家尖、桃花岛、东极岛、白沙、东沙、秀山岛、花鸟岛、枸杞岛、蓝色海岸休闲带、普陀山 12 个旅游热门景区的全体游客"，经过随机抽样，入样的景区为普陀山、朱家尖、秀山岛、东海大峡谷。

（三）抽样设计

1. 样本容量的确定

确定调查精度。置信水平取 95%（$u=1.96$），最大允许绝对误差=5%。

预估总体方差 $p(p-1)$。取 $p=0.5$ 达到样本量最大值。

由于总体规模较大，所以采用公式：

$$n_0 = u^2 p(p-1)/d_2 = 1.96^2 \times 0.5 \times (1-0.5)/0.05^2 = 384.16 \approx 384$$

确定抽样方法为多阶段混合抽样，取设计效应为 $\text{deff}=1.1$

$$n_1 = n_0 \times \text{deff} = 384 \times 1.1 = 460.8 \approx 461$$

根据有效回收率为 80% 进一步调整样本容量

$$n_2 = n_1/r = 461/80\% = 576.25 \approx 576$$

根据统计分析的要求与客观条件（人力、时间、财力等）对样本容量做最后一次调整，最终确定样本容量为 $n=580$。

2. 抽样方法

第一阶段采取不等概率抽样，具体流程如下：根据各景区的游客规模计算各自的游客规模在总体游客规模中所占的比例（%）；计算累计比例（%）；根据累计列出风景区所对应的号码范围；运用 SPSS 从 1~1000 选取 4 个随机号码；随机号码所对应的景区入选为第一阶段样本。详情见表 2-13。

表 2-13 风景区抽取入样表

风景区	规模（万人）	所占(%)	累计(%)	号码范围	随机号码	入样单位
南洞艺谷	34.8	1.7	1.7	1~17		
东海大峡谷	39.51	2.0	3.7	18~37		
朱家尖	647.96	32.1	35.8	38~358		
桃花岛	253.93	12.6	48.4	359~484	803	普陀山
东极岛	18.36	0.9	49.3	485~493		
白沙	42.32	2.1	51.4	494~514	255	朱家尖
东沙	35.59	1.8	53.2	515~532		
秀山岛	134.14	6.7	59.9	533~599	587	秀山岛
花鸟岛	3	0.1	60.0	600		
枸杞岛	34	1.7	61.7	601~617	22	东海大峡谷
蓝色海岸休闲带	23.06	1.1	62.8	618~628		
普陀山	749.69	37.2	100.0	629~1000		

注：以上数据来自舟山市文化和广电旅游体育局 2016 年舟山市主要旅游景点接待规模表

第二阶段采取配额抽样，在抽中的四个风景区中按照旅游人次等比例分配样本数量，进而采用便利抽样的方式发放问卷，见表2-14。

表2-14 配额抽样

入样风景区	样本容量
普陀山	277
朱家尖	239
秀山岛	49
东海大峡谷	15

（四）调查方法

1. 文献调查法

在前期准备工作阶段，课题组各位成员主要通过图书馆、互联网等查找资料，查找并阅读与本次调研相关的文献及记录。

2. 问卷调查法

本次社会调查中，采取的是自填式问卷，在上述的四个入样景区发放问卷为主，同时走访其中的民宿聚集地，给来岛游客发放问卷。

3. 人物访谈法

小组为了得到更准确科学全方位的信息，选择用深入访谈的调查方式，与问卷调查相辅相成，访谈对象主要是具有代表性的民宿的经营者与民宿的游客。

二、调查数据统计

（一）游客基本信息分析

根据表2-15所示，在回收的554份有效问卷中，可以看到游客的主要群体为18~39岁的人群；文化水平绝大多数为高中以上；月收入主要集中在2000~5999元这个区间，与2018年舟山全体居民可支配月收入4101.4元相比，可见旅游行为并不需要大量的财力支持，全民旅游已成为火热趋势。

表 2-15 游客基本信息分布表

变量	选项	频率	占比(%)	变量	选项	频率	占比(%)
性别	男	276	49.8	职业	个体劳动者	132	23.8
	女	278	50.2		企业管理人员/职员	89	16.1
年龄	18 岁以下	18	3.2		党政机关公务员	32	5.8
	18~29 岁	198	35.7		工人/商业服务人员	57	10.3
	30~39 岁	225	40.6		科研工作者、教师、医生等专业技术人员	15	2.7
	40~49 岁	86	15.5		其他	19	3.4
	49 岁以上	27	4.9	月收入	2000 元以下	127	22.9
文化水平	初中及以下	82	14.8		2000~3999 元	195	35.2
	高中及中专	185	33.4		4000~5999 元	154	27.8
	本科及大专	238	43		6000~7999 元	45	8.1
	硕士及以上	49	8.8		8000~9999 元	21	3.8
职业	学生	57	10.3		10000~12000 元	9	1.6
	自由职业者	153	27.6		12000 元以上	3	0.5

（二）游客住宿行为及选择偏好

1. 游客是否住民宿的原因分析

由表 2-16 可知，在调查的 554 份有效问卷中，有 199 人没有住过民宿，占总调查人数的 35.9%，由此可见民宿未来的发展空间很大。

表 2-16 是否住过民宿统计表

		频率	百分比（%）	有效百分比（%）	累积百分比（%）
有效	是	355	64.1	64.1	64.1
	否	199	35.9	35.9	100.0
	合计	554	100.0	100.0	

根据图 2-3 可知游客选择民宿的原因中价格便宜、文化体验、工作需要、室内设计、地理环境这些原因都占有相当的比例，其中占比最高的为文化体验，其次为价格便宜。民宿区别于酒店、旅馆，许多都有当地的主题特色，舟山的民宿大多与海岛文化相结合，许多游客选择民宿就是为了体验当地的特色文化。

结合图 2-4 可知，游客不选择民宿的主要原因有地理位置不佳、卫生问题、没有渠道了解或接触民宿以及同等条件下民宿的价格高于其他住宿方式。由于民宿是近几年刚刚兴起的一种供游客住宿的形式，所以游客可能对其了解程度不深甚至不知道民宿，也不明白民宿对于床单被子等床上用品的处理方式，从而游客可能产生对卫生问题的担忧，这些因素都可能影响到游客对民宿的选择。

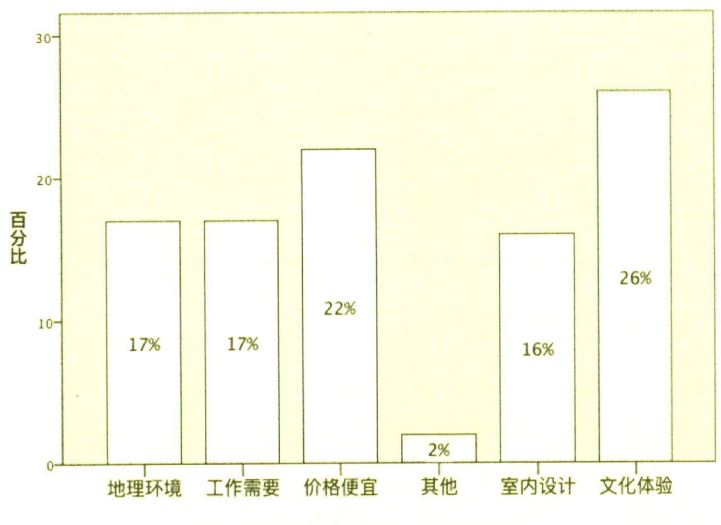

图 2-3　游客选择民宿的原因占比

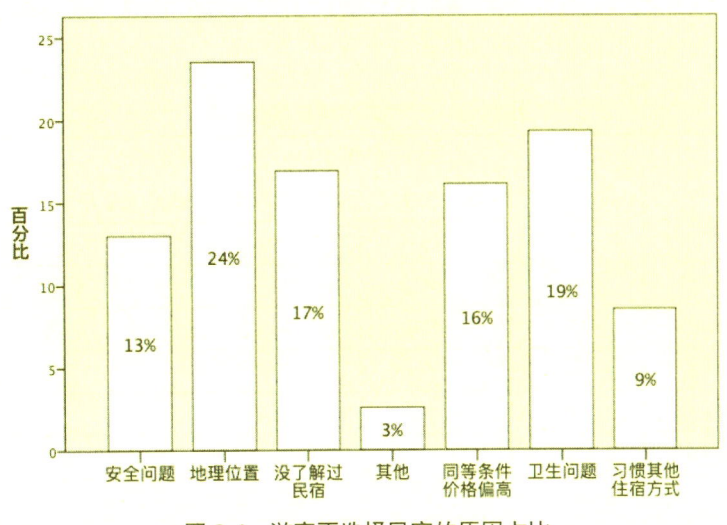

图 2-4　游客不选择民宿的原因占比

2. 游客选择民宿的途径分析

由表 2-17 可以得出，民宿作为新兴产业其被人了解的途径主要是亲友的推荐、携程、美团等旅游应用软件，爱彼迎、木鸟等专业民宿应用软件，以及众多网络平台，线上的推广在整个数据中占到了近六成的比重。

表 2-17 了解民宿途径频率表

了解民宿的途径		频率		百分比（%）		响应百分比（%）
了解民宿的途径	报纸杂志	86		11.80		24.20
	经人推荐	196		27.00		55.20
	网络平台 爱彼迎、木鸟等应用软件	157	437	21.60	60.1	44.20
	网络平台 携程、美团等旅游应用软件	167		23.00		47.00
	网络平台 微博、微信等网络平台	113		15.50		31.80
	其他	8		1.10		2.30
总计		727		100.00		204.80

3. 游客对民宿的价位接受程度分析

根据以上分析能了解到价格便宜是游客选择民宿的一大原因，为了解游客对民宿的价位接受程度，通过制作月收入与出行时一般选择的民宿价位交叉制表，来探究它们的相关性。如表 2-18 可以看出，绝大多数人选择的价位为 100~299 元；结合相关性检验，两者的相关系数为 0.271，呈正相关，但相关性较弱（表 2-19）。可以认为月收入对游客选择民宿的价位有影响，月收入较高，选择的民宿价位也会相应变高，但不管月收入何如，大多数的选择的民宿价位在 300 元以下。

表 2-18 月收入与民宿的价位表

		出行时一般选择民宿的价位（每人每晚）					合计
		100 元以下	100~199 元	200~299 元	300~399 元	400 元以上	
月收入	2000 元以下	27	26	18	2	0	73
	2000~3999 元	38	47	43	4	5	137
	4000~5999 元	17	41	39	7	1	105
	6000~7999 元	2	9	7	4	3	25
	8000~9999 元	1	2	2	1	2	8
	10000~12000 元	1	2	2	1	0	6
	12000 元以上	0	0	0	0	1	1
合计		86	127	111	19	12	355

表 2-19 相关性

		月收入	价格（每人每晚）
月收入	Pearson 相关性	1	0.271**
	显著性（双侧）		0.000
价格（每晚/人）	Pearson 相关性	0.271**	1
	显著性（双侧）	0.000	

**. 在 0.01 水平（双侧）上显著相关。

4. 影响游客选择民宿的因素分析

由表 2-20 所示，在游客选择民宿时最能影响他们选择的前三因素为价格、卫生、安全。通过上述的分析，民宿的价格是否经济实惠对游客的选择是有较大的影响的，另外民宿的卫生以及安全问题也是游客考虑的重大因素。除此之外，交通、基础设施、文化氛围、周围环境等都对游客的选择有较大的影响。

表2-20 影响选择民宿的主要因素频率表

影响选择民宿的主要因素	N	百分比（%）	个案百分比（%）
价格	144	13.5	40.6
交通	111	10.4	31.3
基础设施	115	10.8	32.4
卫生	146	13.7	41.1
安全	165	15.5	46.5
隐私	88	8.3	24.8
文化氛围	109	10.2	30.7
周边环境	111	10.4	31.3
人性化服务	53	5.0	14.9
其他	23	2.2	6.5

（三）游客（民宿）满意度实证分析

1. 满意度量表均值分析

由表2-21可见，5级量表中各项满意度均在3.5分以上，说明游客对民宿的满意度较高，但仍有较大的提升空间。

表2-21 民宿的满意度均值分析

	防滑措施	消防、防盗等措施	防潮措施	房间的隔音效果	房间的卫生清洁	房间的光线、照明效果	居住时的睡眠体验	床单等床上用品的清洁
均值	3.5127	3.6732	3.7099	3.6056	3.7465	3.7465	3.7831	3.7493
	周边购物便捷	交通出行	周围环境	设计风格	对当地文化的融入感	和房东的交流	房东提供的吃、住、行服务	洗护用品的准备
均值	3.7127	3.7352	3.8197	3.7831	3.8113	3.7887	3.7155	3.7099

2. 影响游客（民宿）满意度的四大因素

为探究游客对民宿满意度的影响因素，对满意度量表中的19个变量进行分析。由于变量较多，为了在信息尽可能损失小的情况下实现降维选择因子分析法将具有相同本质的变量归为一个因子。

（1）判断原始变量是否适用因子分析

由表 2-22 可知 KMO 的检验的值为 0.909>0.7，因在 Bartlett 检验中，近似卡方值为 2118.707，sig 为 0.000<0.01，拒绝原假设，可认为相关系数矩阵与单位矩阵有显著差异。由此可知，各变量间可以采用因子分析。

表 2-22　KMO 和 Bartlett 的检验

取样足够度的 Kaiser-Meyer-Olkin 度量		0.909
Bartlett 的球形度检验	近似卡方	2118.707
	df	120
	Sig	0.000

根据表 2-23，解释的总方差，提取四个公共因子，累积贡献率达到了 60.879%。

表 2-23　解释的总方差

成分	初始特征值			提取平方和载入			旋转平方和载入		
	合计	方差（%）	累积（%）	合计	方差（%）	累积（%）	合计	方差（%）	累积（%）
1	6.324	39.528	39.528	6.324	39.528	39.528	3.020	18.876	18.876
2	1.285	8.028	47.556	1.285	8.028	47.556	2.651	16.569	35.445
3	1.198	7.490	55.046	1.198	7.490	55.046	2.188	13.677	49.122
4	0.933	5.833	60.879	0.933	5.833	60.879	1.881	11.757	60.879
5	0.774	4.838	65.716						
6	0.754	4.712	70.429						
7	0.679	4.242	74.671						
8	0.621	3.879	78.550						
9	0.576	3.603	82.153						
10	0.505	3.157	85.310						
11	0.455	2.844	88.154						
12	0.442	2.761	90.915						
13	0.396	2.472	93.386						
14	0.373	2.330	95.716						
15	0.349	2.184	97.901						
16	0.336	2.099	100.000						

（2）对各因子分析

通过提取 4 个因子，并进行正交旋转以后得到旋转后的成分矩阵，如表 2-24 所示。

表 2-24　旋转成分矩阵

	成分			
	1	2	3	4
性价比	0.719	0.139	0.164	0.101
居住时的睡眠体验	0.708	0.255	0.239	0.145
对当地文化的融入感	0.704	0.126	0.083	0.288
周边购物便捷	0.704	0.236	0.172	0.175
防潮措施	0.629	0.236	0.220	0.082
洗护用品的准备	0.107	0.671	0.276	0.170
消防、防盗等措施	0.234	0.658	0.276	-0.007
房间的隔音效果	0.332	0.629	-0.128	0.109
和房东的交流	0.308	0.610	0.240	-0.052
设计风格	0.091	0.604	0.128	0.470
房间的光线、照明效果	0.121	0.563	0.058	0.525
防滑措施	0.154	0.156	0.795	0.130
床单等床上用品的清洁	0.265	0.191	0.719	0.229
房东提供的吃、住、行服务	0.272	0.171	0.693	0.274
周围环境	0.205	0.100	0.269	0.753
房间的卫生清洁	0.333	0.068	0.268	0.692

（3）因子命名

因子一：居住体验。

因子一里包括的变量为性价比、居住时的睡眠体验、对当地文化的融入感、周边购物便捷以及防潮措施。这五项变量主要描述的是游客居住时在舒适度、文化体验等方面的总体体验。

因子二：设备提供与安全保障。

因子二所包括的变量有洗护用品的准备、消防防盗等措施、房间的隔音效果、和房东的交流、设计风格、房间的光线照明效果。这六项主要描述的是基础设施的供应。

因子三：服务水平。

因子三中包括的变量有防滑措施、床单等床上用品的清洁、房东提供的吃住行服务。这三个变量体现的是服务水平。

因子四：内外的环境卫生。

因子四包括的变量有周围环境、房间的卫生清洁，它们体现的是内部与周边的环境卫生情况。

3. 四大因素对综合满意度的回归分析

以四个因子为自变量，综合满意度评分（百分制）为因变量，通过逐步法进行多元线性回归分析,表 2-25 给出了回归模型拟合的程度,四个模型的复相关系数 R 分别为 0.575、0.784、0.899、0.9,决定系数分别为 0.331、0.614、0.809、0.986,拟合度越来越好,第四个模型已经能够解释变异的 98.6%;估计的标准误差越来越小,由 7.81 969 下降到 1.11 559。因此,最终选择第四个模型进行进一步分析。

表 2-25 模型汇总

模型	R	R^2	调整 R^2	标准估计的误差	更改统计量				
					R^2 更改	F 更改	df1	df2	Sig. F 更改
1	0.575[a]	0.331	0.329	7.81969	0.331	174.290	1	353	0.000
2	0.784[b]	0.614	0.612	5.94352	0.284	259.037	1	352	0.000
3	0.899[c]	0.809	0.807	4.18903	0.195	357.603	1	351	0.000
4	0.993[d]	0.986	0.986	1.11559	0.178	4599.047	1	350	0.000

表 2-26 为对方程进行方差分析,结果显示 p 值小于 0.05,通过 F 检验,表明自变量与因变量之间线性关系显著,可设计为线性模型。

表 2-26 Anova

模型	平方和	df	均方	F	Sig.
回归	31806.926	4	7951.731	6389.243	0.000
残差	435.592	350	1.245		
总计	32242.518	354			

根据表 2-26,得出的经验回归方程为:

$$Y = 62.828 + 5.487Z_2 + 5.084Z_1 + 4.210Z_3 + 4.021Z_4$$

标准化回归方程为:

$$Y = 0.575Z_2 + 0.533Z_1 + 0.441Z_3 + 0.421Z_4$$

根据逐步回归的方程和标准化的方程可知,四个自变量中设备提供与安全保障对游客综合满意度评分影响最大,民宿内外的卫生环境影响最小(见表 2-27)。

表 2-27 系数 1

模型	非标准化系数		标准系数	t	Sig.
	B	标准误差	试用版		
(常量)	62.828	0.059		1061.115	0.000
Z_2	5.487	0.059	0.575	92.538	0.000
Z_1	5.084	0.059	0.533	85.747	0.000
Z_3	4.210	0.059	0.441	71.008	0.000
Z_4	4.021	0.059	0.421	67.816	0.000

(四)朱家尖"互联网+"海岛民宿与其余景区民宿的对比分析

为探究在"互联网+"海岛特色对民宿的影响,选取了舟山旅游电商第一村——东荷嘉园的朱家尖景区为调查地点,将在该景区发放的239份问卷单独进行分析,与其他各景区的问卷分析情况进行对比,具体如下分析。

1. 民宿的游客量与了解途径对比分析

由表2-28得知,朱家尖景区的住过民宿的游客占比高达74.9%,而其余景区的住过民宿的游客仅有55.9%。表2-29中给出的是朱家尖与其他景区在游客了解民宿途径上的对比,朱家尖的游客通过电商平台了解到民宿的只是略高于其余景区,且占比都接近60%,与前文的了解途径相联系,不难得出电商平台是游客们了解民宿的最重要的途径。2015年朱家尖已有95%的民宿入驻电商平台,经电商平台预定房客的游客量已经占到总游客量的70%~80%,可以推断朱家尖住过民宿的游客占比远高于其余景区的原因是朱家尖许多民宿都入驻了电商平台,游客们能够通过平台了解民宿的各种信息,平台也为游客与房东的交流提供了方便,使游客能更全面、细致地了解到自己注重的方面。

表2-28 游客是否住过民宿对比

是否住过民宿	朱家尖	其余景区	总和
是(人数)	179	176	355
否(人数)	60	139	199
住过民宿游客占总人数的占比(%)	74.9	55.9	64.1

表2-29 民宿了解途径对比

了解民宿途径	朱家尖		其余景区	
	人数	百分比(%)	人数	百分比(%)
报纸杂志	57	14.6	29	8.6
经人推荐	93	23.8	103	30.7
电商平台	239	60.5	198	58.9
其他	2	1.1	6	1.8

2. 满意度对比分析

表2-30给出的是朱家尖与其余景区综合满意度评分(百分制)的均值与标准差的对比表。均值方面,朱家尖的综合满意度评分均值大于其余景区,通过走访发现朱家尖的民宿与电商平台的高度融合使该地的游客(民宿)在网络平台间及与房东的交流方面更加便利、透明,在有了解的基础下选择民宿应为朱家尖的游客(民宿)对民宿的满意度高于其余景区的重要原因。标准差方面,朱家尖游客(民宿)的满意度评分的波动小于其余景区,分数的集中程度较好,也能体现朱家尖的电商民宿在专业化、规模化、规

范化的发展趋势下，游客的体验效果较好、评价较为统一。

表 2-30 满意度均值与标准差对比

	朱家尖		其余景区		均值差	标准差之差
	均值	标准差	均值	标准差		
综合满意度评分（百分制）	68.3017	6.91591	57.2614	8.58969	11.0403	-1.67378

3. 满意度结构的对比分析

表 2-31 是通过逐步回归对朱家尖游客（民宿）的量表所进行的多重线性回归，得出经验回归方程：

$$Y = 62.838 + 5.546Z_2 + 5.115Z_1 + 4.199Z_3 + 4.124Z_4$$

标准化回归方程：

$$Y = 0.810Z_2 + 0.694Z_1 + 0.512Z_3 + 0.447Z_4$$

与总体的游客（民宿）得出的结果一样，因子二即民宿的设备提供与安全保障仍为对综合满意度评分的最大影响因素。但不同的是各因子的系数都变大了，且因子二的系数上升程度最大，即在朱家尖的游客（民宿）中因子二的影响综合满意度评分的程度要高于总体的民宿游客（民宿）。因子二为民宿的设备提供与安全保障，这些都会在民宿的电商平台上提供相关的信息，可以理解为正是由于朱家尖在"互联网+民宿"的形式下，游客能更好地掌握该方面的相关信息，根据平台提供的设备及安全的信息条件下游客再进行民宿的选择，游客的民宿体验效果会得到较好的反馈。

表 2-31 系数 2

模型	非标准化系数		标准系数	t	Sig.
	B	标准误差	试用版		
（常量）	62.838	0.102		617.518	0.000
Z_2	5.546	0.083	0.810	66.992	0.000
Z_1	5.115	0.106	0.694	54.211	0.000
Z_3	4.199	0.101	0.512	41.697	0.000
Z_4	4.124	0.106	0.447	38.911	0.000

三、调查结果分析

第一，民宿成作为前景优良的新兴产业，逐渐成为一个消费热门，发展潜力无限。根据调查问卷分析，发现有 64.1% 的人都有过住民宿的经历，且绝大部分人都听说过民宿这种住宿方式。由此可看出，民宿的发展已成为一个热点，但是反观可见，仍有约 36%

的人没有住过民宿,也就是说三成半的人对民宿仍然持有一定的怀疑态度,从而在出行时仍会倾向于选择酒店、旅馆等传统住宿方式。游客的月收入集中在 2000~5999 元之间,由此可见并不一定只有高收入的人才会选择旅游出行,收入也不再是说走就走的旅行中最大的掣肘。

第二,民宿住客的主要群体是大学生与 40 岁以下的中青年人群,"互联网+民宿"的新业态为民宿的发展注入新活力。根据游客基本信息可以看到,民宿游客的主要群体为 18~39 岁的人群。且根据问卷中了解民宿途径的相关问题,可以看出中年人群体中了解民宿的主要途径也是互联网,即随着信息时代的发展,互联网已成为人们获得信息至关重要的途径,因此民宿房东在对房源进行宣传时采取线上的网络宣传手段可能会获得事半功倍的效果。

第三,目前民宿满意度仍有较大的提升空间,且不同出行方式下存在差异。游客满意度量表中各项的均值均大于 3.5,可见舟山民宿在近几年得到了较好的发展,但仍有较大的提升空间。多元回归中体现出民宿的设备提供和安全保障、民宿的居住体验对游客满意度的影响力。游客在住宿过程中的文化体验和睡眠体验等都能影响游客旅游过程中的心情。完备的设备提供与安全的保障也是极其重要的,如洗漱用品的准备和清洁、防潮、消防等安全措施都是游客所关注的。民宿的发展是伴随着共享经济与互联网的普及而兴起的,相较于传统住宿产业,游客对前者的了解程度仍然存在着非常大的空白,尤其是在卫生、安全等问题上,都存在着一定的主观印象,因此也影响到了游客对民宿的选择。

第四,独特地理位置为海岛民宿发展带来的机遇与挑战——特色渔文化与交通不便等问题。独特的地理位置为海岛民宿提供了得天独厚的优势资源,其带来的文化体验与主题特色都是吸引游客选择的重要加分项,许多民宿在其建设过程中都充分融入了当地的渔文化特色,但同时也出现海岛民宿的趋同现象,使民宿发展进入瓶颈。另外,沿海的地理位置在带来特色海洋文化的同时也带来了交通的不便与安全隐患。依山傍海的民宿在吸引游客选择入住的同时也耗费了游客大量时间与精力寻找民宿,消防等安全方面问题由于崎岖的地形也存在着一定的隐患。这些都影响着游客对民宿的选择。

第五,市场调节机制不完善,民宿普遍存在价格虚高的现象。调查分析中,价格高低是影响游客是否选择民宿的一个极其重要的因素,大多数游客选择的民宿价位在 300 元以下,游客个人的月收入与选择民宿的价位呈现正相关,但相关性较弱。

【案例解读】

近年来,随着我国旅游业的蓬勃发展,消费者对旅游住宿呈现多样化需求,作为一种新兴的非标准住宿业态,民宿以其人文情怀、个性化等突出特色不仅受到消费者的青睐,也成为带动乡村旅游发展的新引擎。舟山作为一个海岛城市,旅游资源丰富,海岛文化丰富多彩，其海岛民宿具有典型的代表性，目前阻碍其进一步发展提升的突出问题主要体现在以下几点：

（一）大部分民宿缺乏特色文化支撑

文化特色是当地民宿的核心竞争力，因为每个地区的文化会带来独一无二的体验，民宿蕴含的文化就是对当地民宿最好的宣传。通过与当地特色文化的融入，不仅能延长游客的人均逗留时间，提升人均消费，而且还可以通过不断丰富与拓展，又会为海岛游带来新的发展契机。但目前大部分舟山海岛民宿的形态还停留在渔农家乐宾馆形式（数量占到民宿总量的70%左右），即渔农民利用自家房屋开设小宾馆，装修千篇一律，无文化主题，更多的作用是提供一个住宿场所，缺乏特色，缺少吸引来往的游客的魅力。另外，民宿个体特色没有与所在景区相协调，不能使游客很好地感受周边的自然风光、风土人情、海洋文化，无法达到相得益彰的效果。

民宿的服务项目与当地民俗活动的融入匮乏，民宿经营者为游客提供的服务项目单一，多数只提供一餐一宿，通过与经营户的访谈发现海岛民宿开设的项目以户外活动和简单的休闲活动为主，只有少部分有经营头脑的民宿主人在民宿经营中融入了水上项目、渔事活动、特色民俗活动。

（二）缺乏品牌效应和宣传力度

首先，舟山海岛旅游总体缺乏知名度。舟山是地处浙江东部的一个岛屿城市，除了水路交通，跨海大桥是舟山与外界联系的唯一通道。这样的地理区位和特殊交通情况，阻碍了舟山与外界进行紧密联系。因此，许多人对舟山知之甚少，甚至一些浙江本地人也不知道舟山的存在。近年来，舟山为加大对海岛旅游的宣传力度，相继举办了国际海岛旅游大会、国际海岛沙雕节等活动，但这些活动的消费范围大多也局限在舟山本地，宣传效果较差。

其次，舟山海岛民宿缺乏统一包装。舟山旅游资源丰富，海岛民宿数量也不计其数，但各村落在发展民宿时，民宿经营者各自为政，努力为自己经营的民宿打造精品民宿品牌，整个村落缺乏统一规划，缺乏对渔村民宿的整体包装，缺乏响亮的精品"民宿村"品牌。

最后，舟山民宿缺乏强有力的宣传。在舟山旅游业中，民宿的经济效益较高，但是一直因为缺少特色化以及大力度的宣传工作，舟山民宿知名度很低。少部分有经营头脑的民宿经营者，通过公众微信号、微博等方式进行自我宣传，但宣传范围较为局限，很难在大多数消费者心中留下深刻印象。

（三）经营服务水平不高

民宿的发展与民宿经营者的经营服务水平有很大的关系，目前大部分海岛民宿的从业人员是土生土长的渔民，文化水平不高，经营服务意识不够、水平不高，主要体现在以下几点：不能掌握专业性活动，与游客互动能力欠缺，服务水平偏低，提供的服务较为粗糙；民宿经营者对民宿定位不明确，只是一味地跟风模仿，随大流，不懂得深入挖掘海岛特色文化，进而造成民宿千村一面的窘境；部分经营者缺乏职业道德素质，出现恶性价格竞争、宰客、拉客等不文明现象，这些不专业的服务会给游客带来了不好的住宿体验，在网络普及的现代社会，这些弊端容易在网上传开，对舟山民宿乃至整个旅游业造成严重的负面影响。

【案例启示】

（一）深入挖掘本地的海洋文化特色，打造特色海岛民宿

海洋文化是沿海地区发展民宿产业得天独厚的优势，为了更好地打造特色海岛民宿，提高民宿核心竞争力，民宿经营者与当地政府应该深入发掘、剖析当地的独特海洋文化特色，争取形成"一岛一韵""千宿千面"的多样化民宿发展局面。根据不同特色的村内浓郁的海岛文化、农渔耕文化、孝文化等，以渔农业和渔农村文化为主线，通过再现舟山特色文化故事，并开发针对游客深入体验当地文化的项目，如表演跳蚤舞、渔歌号子、渔民画等具体项目，增强文化体验感，打造特色民宿。同时利用其独特的地理位置，加强民宿与周边旅游元素的结合，注重海岛景观美学思想的体现。例如，朱家尖的乌石塘民宿，周边有优美的海岛自然景观和鲜明的渔文化人文色彩，完全可以进行融合，形成整体性的主题特色，这是形成具有创意、多元文化特色民宿旅游品牌的基础。

（二）深度融合互联网+民宿产业，形成有机发展整体

第一，加大在网络自媒体、公众号等平台上的推荐宣传，加大以线上宣传的力度。在互联网时代里，网络平台的推荐宣传对于新产业的推广起到了非常重要的作用。民宿作为一个不同于传统外宿的产业，其发展是顺应着互联网的普及而逐渐兴盛起来，其理念的推广更是离不开互联网的支持。同时，选择民宿的游客群体集中于18～39岁年龄的群体，这个年龄段的人群也正是互联网使用群体的主要力量，特别是抖音、小红书等线上直播、网络推荐等互联网宣传方式将会为民宿的发展带来更多的机遇。民宿的发展融入了电商经济、互联网平台等信息技术，可以给游客带来与众不同的全方位住宿体验。

第二，通过统一培训，增强经营户的电商意识。在民宿交易中民宿经营者的素质往往体现出参差不齐的特点，一些民宿经营者对于互联网不甚了解，因此忽视了互联网对于民宿产业发展的重要性，为此民宿行业协会可以针对当地民宿经营者进行统一的知识普及与技能培训，使民宿经营者能够深刻了解到电商经济的重要性，基本掌握电子商务安全、电子商务支付、网络营销、旺铺设计装修等知识，也渐渐感受到网络营销给他们

带来的便利。

第三，可采取抱团营销模式，使海岛民宿市场专业化、规模化、规范化。可由民宿行业协会等机构（如民宿工会）把相对较弱的民宿经营个体联合起来，将无优势转化为优势，实现从无到有的转变，形成一个规范、专业，具有一定规模的海岛民宿市场，增强在消费者中的影响力。同时还要注意合理的利益分配使抱团营销更为健康、高效。

（三）进一步出台鼓励政策，促进民宿健康发展

伴随着新区的建设、跨海大桥的建成，舟山的海岛民宿产业呈现出了稳定增长的趋势，有力地推动了当地旅游业发展，从而加强了舟山本地的经济实力。但在全国范围内的实际环境中，民宿在我国大陆地区起步较晚，关于民宿的理论研究处于知识架构阶段，而实践研究也还处于摸索阶段，因此在民宿的发展过程中，前期筹备开发和后期经营管理方面都存着诸多问题。针对民宿的现状，政府的支持起到了尤为重要的宏观作用，一方面，政府需完善针对经营者与消费者的相关法律法规，有效地保护双方的合法利益；明确民宿准入条件、从业资质、审批办证程序、经营服务等规范性条例以及部门管理职责，同时指导健全民宿旅游有序经营机制，制定民宿旅游价格指导公约，创设有序经营秩序。另一方面，还需制定相关的鼓励政策，保护、扶持民宿产业的兴起与发展，引导舟山民宿形成旅游品牌的地域标签，同时建立有效的民宿环境修复体系。

案例思考

1. 我国民宿的发展经历哪些阶段？呈现怎样发展态势？
2. 民宿对促进海岛旅游发展有哪些意义？
3. 搜集其他国家和地区的海岛民宿开发模式，谈谈对我国海岛民宿有哪些借鉴意义。

本节参考文献

李龙，宋徵. 旅游创业启示录：互联网+时代的乡村旅游创客[M].旅游教育出版社，2017.

李享. 旅游调查研究的方法与实践[M].中国旅游出版社，2018.

刘玲玲. 对舟山发展美丽海岛民宿游的思考[J].农村经济与科技，2014(10):74-75.

陶亚婷. 舟山海岛东沙民宿研究[J].农村经济与科技，2018, 29(17):112-113.

叶友良. 旅游调查统计研究[D]. 厦门大学，2003.

余方. 舟山海洋文化特色民宿研究[D].浙江海洋大学，2017.

朱晓辉，黄蔚艳. 基于调查分析的舟山乡村民宿旅游发展研究[J]. 中国农业资源与区划，2019, 40(02): 179-185.

第四节 海会舟山 岛约世界

> 本案例原题为《海会舟山 岛约世界——国际海岛旅游大会的民众认知及对旅游行为的影响》，2016年获得浙江省统计调查方案设计大赛二等奖。案例作者：李智彬、涂田甜、黄丛磊、祝悦、鲍健，指导教师：刘洋。

2015年，第一届国际海岛旅游大会在舟山完美落幕，极大地推动了海岛海洋旅游业的发展。第二届国际海岛旅游大会由国家旅游局、浙江省人民政府主办，浙江省旅游局、舟山市人民政府承办，大会紧密契合国家旅游局"2016丝绸之路旅游年"活动，以"互联海上丝路共享海岛发展——新丝路新蓝海"为主题，打造国际海岛旅游对话、交流、合作平台，进一步提升浙江乃至中国旅游的知名度和影响力，全面提升海洋海岛旅游产业，实现大会成果互赢共享。作为2016年度浙江省政府重点项目，大会举办11项主体活动和7项配套活动，有26个国家、地区和国际组织的40个境外代表团参会。

一、调查方案设计

（一）调查目的及意义

了解并量化分析民众对国际海岛旅游大会的认知及对各个因素对其的影响程度，这也是本次调研核心的部分。

分析并比较不同影响因素，探究其优势和存在的问题，并提出相关对策及建议，希望对国际海岛旅游大会的发展能够有所借鉴。

了解国际海岛旅游大会存在的具体问题，进而有针对性地提出可行性建议，使民意与官方信息进行一定程度上的交互，了解民意，反映民意并使成果反馈于民众。

通过参与统计调查方案设计的全过程，将专业理论知识应用于实践，提高小组成员专业技术应用能力，增强成员交际沟通与社会实践能力。

（二）调查对象及范围

本次调查的对象包括：16岁以上的舟山普通居民（包括居住期1年以上的学生、外来打工者等）、观光游客及海岛旅游大会的相关工作人员。

普通居民：包括舟山本地居民以及在舟山学习、工作的居民，相对而言，应该会更加关注此次在舟山举办的国际海岛旅游大会，而且海岛旅游对舟山今后的发展与本地居民的利益息息相关，所以本地居民的调查反馈能很直观地反映出某些问题。

游客：舟山是一个旅游业比较发达的城市，观光客的数量是颇为可观的，他们来自五湖四海，可以通过分析他们对大会的了解程度，认知程度来得出此次大会的影响力程度、海岛旅游的普及程度、群众对海岛旅游方式的接受度等等一系列的问题的结果。

本次调查的范围为以国际海岛旅游大会为中心的周边辐射区，延伸为整个舟山两区两县。

（三）调查内容及方法

1. 调查内容

本次调查的主要内容包括：被调查者基本情况、旅游行为、海岛旅游大会的认知情况、吸引力、满意度及影响六大方面展开，其中后面四个内容采用李克特量表 7 级评分方式设计，具体见表 2-32。

表 2-32　调查的主要内容

个人基本情况	性别
	年龄
	年收入
	游客 or 居民
旅游行为	您通常选择的旅游目的地
	您获得海岛旅游信息的途径
	您选择海岛旅游的主要目的是
	海岛旅游大会从哪些方面影响您的旅游行为
认知情况	国际海岛旅游大会主题的了解程度
	您对国际海岛旅游大会主要活动的了解程度
	您对东海音乐节，沙雕节等大会配套活动的了解程度
吸引力	您认为国际海岛旅游大会多大程度上促进舟山旅游业发展
	您认为国际海岛旅游大会多大程度上可促进海岛旅游的传播
	您认为国际海岛旅游大会的主题对您的吸引程度
	您认为国际海岛旅游大会的主体活动对您的吸引程度
	您认为国际海岛旅游大会中多样化的互动配套活动对您的吸引程度
	您认为国际海岛旅游大会对商业投资的吸引程度
满意度	您对国际海岛旅游大会的宣传力度的满意程度
	您对国际海岛旅游大会惠民程度的满意程度
	您对国际海岛旅游大会选址的满意程度
	您对舟山提供的海岛旅游景区条件满意程度
	您对政府政策对其支持力度的满意程度
行为影响	您今后还会不会再次参加海岛旅游项目
	您会不会把海岛旅游推荐给朋友或同事

2. 调查方法

本次调查用到的主要方法包括：二手资料收集，主要通过互联网、相关机构已存的资料信息获得；深度访谈法，主要向旅游局的相关负责人、海岛旅游大会的参与者进行一对一的访谈；问卷调查法，根据调查内容编制调查问卷，进行抽样调查。

二、调查数据统计

（一）被调查者基本情况分析

本次调查共收回 360 份有效问卷，由表 2-33 可见，调查样本中男女人数相差并不是很大；年龄主要集中在 18～30 岁之间的青年人；年收入集中于 3～20 万元之间；归属地为本地户籍居民为主。

表 2-33　调查的主要内容

变量	选项	频率	百分比（%）	变量	选项	频率	百分比（%）
性别	男	176	48.9	归属地	本地户籍居民	198	55.1
	女	184	51.1		非户籍居民	112	31
年收入	小于 3 万	86	23.9		游客	50	13.9
	3-8 万	109	30.3	年龄	18 岁以下	49	13.5
	8-20 万	101	28		18-30 岁	196	54.4
	20-40 万	40	11.1		30-40 岁	75	20.8
	40 万以上	24	6.7		40 岁以上	40	11.3

（二）旅游行为分析

1. 旅游目的地的选择

如图 2-5 所示，民众对旅游目的地的选择偏好上有较大的差异，调查中最受民众青睐的旅游目的地是都市，但是我们不难看出也有相当一部分的民众选择了海岛旅游，海岛旅游已经慢慢被人们接受，成为越来越多人出行旅游的选择。

宏观数据也支持这一观点。近年来，海岛旅游业持续发展，成为推动世界旅游业发展的重要力量。据推测，在全球 11.8 亿国际旅游人次(过夜游客)中，有超 2 亿人次选择海岛旅游。2010—2015 年海岛旅游国际游客人数平均增长 5.3%，而同期全世界国际游客的增长速度为 4.5% 左右。

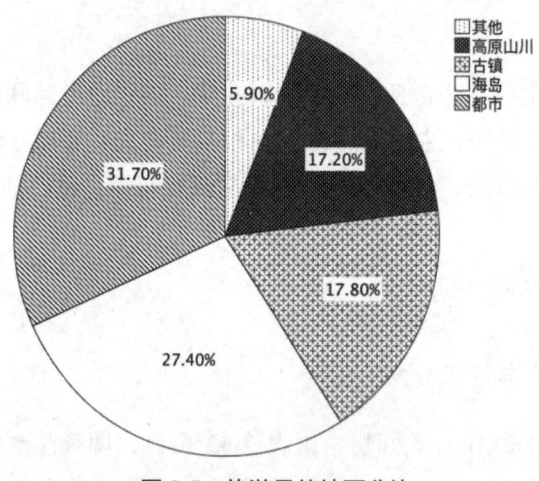

图 2-5 旅游目的地百分比

2. 获取旅游信息途径的情况

从调查问卷中统计得出，通过互联网查询相关旅游信息的占 71.74%，因此网络成为民众获取旅游信息的主流方式。而通过旅游大会等活动得知旅游信息的又是少之又少，只占 3.99%，旅游大会并不是主流的民众获取旅游信息的途径（图 2-6）。

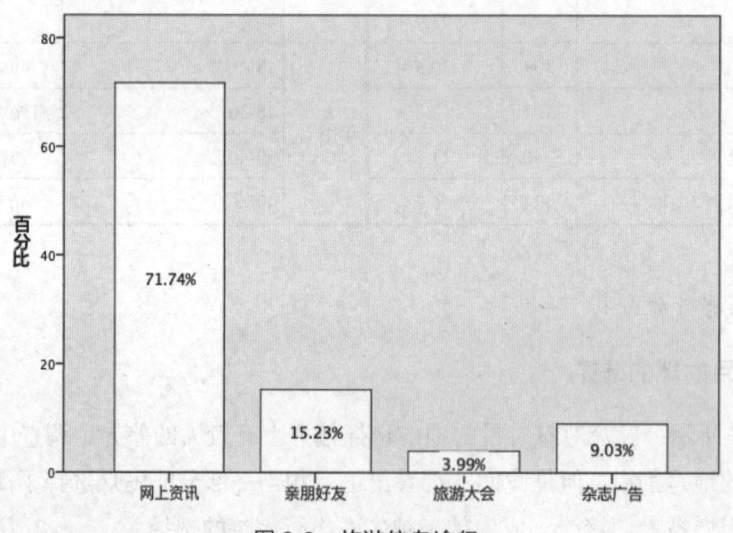

图 2-6 旅游信息途径

3. 国际海岛旅游大会的影响

如图 2-7 所示，国际海岛旅游大会从产品、理念、消费心态三大方面均会产生影响，其中产品所占比重较大，达到了 32%。因而，国际海岛旅游大会应推出其具有代表性的产品，给民众带来福利，并且树立特色的理念，从而才能更好地吸引观众，影响民众的旅游行为。

第二章 海岛旅游 95

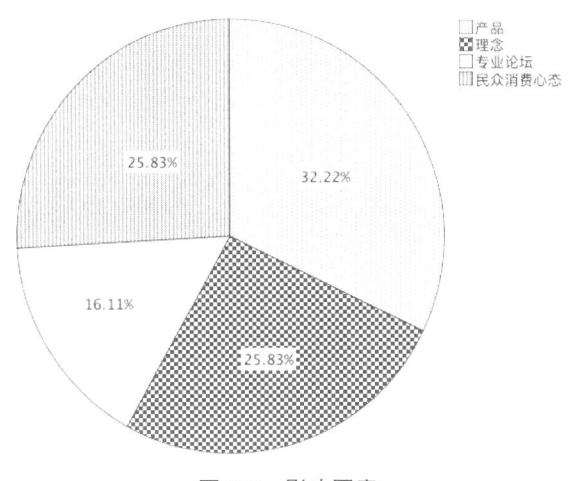

图 2-7 影响因素

（三）实证分析

1. 问卷质量分析

针对问卷中有关对国际海岛旅游大会的认知情况、吸引力、满意度和行为影响设计的李克特量表进行质量分析。结果表明，可靠性检验结果大于 0.8（见表 2-34），量表信度较好。

表 2-34 可靠性检验

克隆巴赫系数	基于标准化项目的克隆巴赫系数	项数
0.871	0.874	16

由表 2-35 可知该样本数据的 KMO 检验值为 0.829，置信水平为 0.000<0.05 说明该样本数据是比较适合做因子分析的。

表 2-35 KMO 和 Bartlett 检验表

取样足够度的 Kaiser-Meyer-Olkin 度量		0.829
Bartlett 的球形度检验	近似卡方	968.578
	df	136
	Sig.	0.000

2. 提取公因子

考虑到样本容量较大，影响因素较多，在此将提取特征值降低为 0.9 以上（一般为 1）。公因子提取如表 2-36 所示。

表 2-36 公因子的提取

成分	初始特征值			旋转平方和载入		
	合计	方差（%）	累积（%）	合计	方差（%）	累积（%）
1	3.214	28.824	50.824	13.214	50.824	50.824
2	1.658	11.763	62.586	3.058	11.763	62.586
3	0.971	9.156	80.742	1.121	8.156	74.742
4	0.859	8.381	81.123	0.954	7.322	80.561
5	0.735	7.326	82.449			
6	0.693	5.818	86.267			
7	0.645	4.559	87.826			
8	0.560	4.194	88.019			
9	0.547	4.874	88.893			
10	0.528	3.646	89.539			
11	0.473	2.152	91.591			
12	0.409	1.802	92.393			
13	0.358	1.132	94.970			
14	0.343	0.967	96.267			
15	0.226	0.832	98.826			
16	0.215	0.654	100.000			

由表 2-36 可知在特征值为 0.9 的情况下能提取 4 个公因子，其累计贡献率为 80.561%，说明这 4 个公因子能基本上包含样本数据的信息。

3. 公因子解释

根据旋转后的公因子荷载矩阵（见表 2-37），可知第一个公因子 F_1：您对国际海岛旅游大会主题的了解程度（0.782），与您对国际海岛旅游大会主体活动的了解程度（0.824），您对东海音乐节等大会配套活动的了解程度（0.899）关系密切，这与我们前面的个人认知是十分吻合的，所以我们把第一个公因子命名为个人认知。

第二个公因子 F_2：与您对国际海岛旅游大会惠民程度的满意程度（0.834），您对国际海岛旅游大会的宣传力度的满意程度（0.915）息息相关，这与我们前面的满意度是十分吻合的，所以我们把第二个公因子命名为满意度。

第三个公因子 F_3：与您认为国际海岛旅游大会的主题对您的吸引程度（0.808），您认为国际海岛旅游大会的主体活动对您的吸引程度（0.771），您认为国际海岛旅游大会中专业的旅游展览对您的吸引程度密切相关（0.921）这与我们前面的吸引力是十分吻合的，所以我们把第三个公因子命名为吸引力。

第四个公因子 F_4：您今后还会不会再次参加海岛旅游项目（0.727），海岛旅游这种旅游形式会不会推荐给朋友或同事（0.876），与我们前面的对旅游行为的影响是十分吻合的，所以我们把第四个公因子命名为旅游行为的忠诚度。

表 2-37　旋转成分矩阵

	元件			
	1	2	3	4
您对国际海岛旅游大会主题的了解程度	0.782	0.068	0.757	0.012
您对国际海岛旅游大会主体活动的了解程度	0.824	0.246	-0.071	-0.041
您对东海音乐节等大会配套活动的了解程度	0.899	-0.037	0.028	-0.029
您认为国际海岛旅游大会多大程度上可以促进舟山旅游业的发展	0.275	0.264	-0.052	0.153
您认为国际海岛旅游大会多大程度上可促进海岛旅游的传播	0.186	0.175	0.287	0.117
您认为国际海岛旅游大会的主题对您的吸引程度	0.212	-0.037	0.808	-0.029
您认为国际海岛旅游大会的主体活动对您的吸引程度	0.120	0.211	0.771	-0.029
您认为国际海岛旅游大会中多样化的互动配套活动对您的吸引程度	-0.071	-0.071	0.011	-0.071
您认为海岛文化对您的吸引程度	0.008	-0.037	0.921	0.031
您认为国际海岛旅游大会对商业投资的吸引程度	-0.052	-0.037	0.331	-0.052
您对国际海岛旅游大会宣传力度的满意程度	0.287	-0.187	-0.219	-0.219
您对国际海岛旅游大会惠民程度的满意程度	0.194	0.834	0.340	-0.071
您对国际海岛旅游大会选址的满意程度	0.033	0.925	0.012	0.044
您对舟山提供的海岛旅游景区条件满意程度	-0.109	0.226	-0.041	0.322
您对政府政策对其支持力度的满意程度	0.212	0.311	0.287	0.055
您今后再次参加海岛旅游项目的可能性	0.355	-0.057	-0.003	0.727
海岛旅游这种旅游形式会不会推荐给朋友或同事	-0.078	0.169	0.391	0.876

4. 路径分析

根据上述因子分析结果，运用 amos17.0 软件对路径进行分析，计算各个指标间的路径系数，如表 2-38、表 2-39 所示。

表 2-38　路径系数表

	Estimate		Estimate
个人认知<---吸引力	0.056	a3<---个人认知	0.729
满意度<---个人认知	0.501	a4<---吸引力	0.434
满意度<---吸引力	0.683	a5<---吸引力	0.697
行为影响<---个人认知	0.033	a6<---吸引力	0.878
行为影响<---吸引力	0.729	a7<---满意度	0.841
行为影响<---满意度	0.853	a8<---满意度	0.972
a1<---个人认知	0.321	a9<---行为影响	0.703
a2<---个人认知	0.764	a10<---行为影响	0.754

表 2-39　CMIN 表

Model	NPAR	CMIN	DF	P	CMIN/DF
Default model	35	119.818	57	0.065	2.102
Saturated model	319	0.000	0		
Independence model	20	229.015	75	0.007	3.054

如表 2-39 所示，CMIN/DF（相对卡方或规范卡方）都小于或接近于 3，可以认为数据对模型的拟合效果可被接受，上表说明模型拟合效果较好。

5. 行为影响归因模型

通过 amos 的路径分析模型可知，由满意度、吸引力、个人认知三个部分构成了三角形的形状，将此称为"民众认知三角形"。从图 2-8 中可以看出吸引力的大小决定了个人认知的程度，吸引力与个人认知共同决定了满意度，而行为影响就是由吸引力，个人认知，满意度三部分共同引起的。可以说，"民众认知三角形"由个人认知，吸引力，满意程度三个因素构成。同时这也十分符合回归方程的回归结果。"民众认知三角形"的提出是为了更好地更深层次反映国际海岛旅游大会的民众认知对旅游行为的影响。

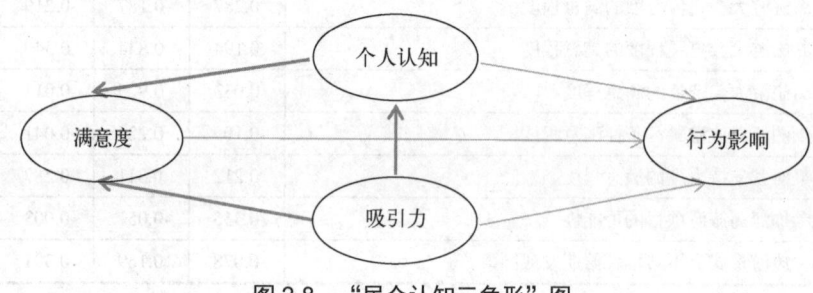

图 2-8　"民众认知三角形"图

三、调查结果分析

问卷结果表明舟山居民以及舟山游客对国际海岛旅游大会的举办关注度并不太高，此次大会的召开影响力不够充分。通过对问卷中其他问题的分析讨论，我们发现宣传力度、民众参与感、旅游推动是三个最主要影响国际海岛旅游大会召开的方面，也是最值得关注的几个点，因此在这三个方面进行改善对今后的海岛旅游大会召开将提供借鉴意义。因此，加大国际海岛旅游大会的宣传力度、增强民众的参与感、提高旅游大会整体对舟山旅游的拉动作用，是海岛旅游大会举办长盛不衰的重要因素。

在产品、理念、专业论坛、消费心态这四个因素中，旅游大会最能影响民众的因素为产品，其次为理念和消费心态，因此可以得出，一场优秀的旅游大会应具备让民众认可的产品，而其旅游概念也应成为一种趋势，这样才可以吸引更多的观众。除此之外，通过实地调研与对比其他展览会发现，吸引观众还需以下条件：区位优势（出行系统、目的地系统、客源市场系统的优势)、硬件支持(大型活动设施条件、城市环境)、软件支撑(文化底蕴、政策支持、政府重视、智力加速)等。

【案例解读】

(一)民众对海岛旅游大会的活动参与度不高

居民的支持与否也决定性地影响着大会的可行性,任何活动的成功举行都离不开群众,国际海岛旅游大会作为一场世界性的全民参与的活动更离不开民众的支持。然而,本次海岛旅游大会中的主体活动与配套活动主次不明,主体活动民众参与感低。本次国际海岛旅游大会的主体活动主要包括国际海岛旅游大会的开幕式、闭幕式、国际海岛旅游舟山论坛、国际海岛旅游线上嘉年华、国际海岛旅游产品展示交易专场暨主宾国日活动、精品海岛考察等活动;配套活动主要包括"我是岛主"网拍会、"跟着电影游海岛"——首届舟山国际微电影节、东海音乐节等。整体来看,9月21日到9月23日的主会场到场人数寥寥,普遍为年龄较大的人群到会场购买特产,对年轻人的吸引力非常小。无论是从活动的丰富性还是趣味性,配套活动都占据了比较大的优势去吸引民众的目光,导致主体活动受到的关注度远低于预期。

(二)国际海岛旅游大会目的地宣传力度薄弱,氛围营造不足

根据实地采访了解,舟山本地居民一半以上对大会的认知仅仅存在于舟山主干道路两侧的宣传牌,少数人对此次国际海岛旅游大会的举办甚至闻所未闻;而舟山游客对于此次大会的了解更是少之又少,宣传影响最远辐射到宁波。事实上,本届国际海岛旅游大会较之上一届大会规模,扩大了许多,与之相伴的应当是宣传力度的同步提高,但就目前的情况来看,还有较大的发展空间,旅游大会的宣传辐射范围小就意味着国际海岛旅游大会的影响力度也是远远不够的,因此海岛旅游大会的宣传策略和方案也是受到关注的一大重点。另外,舟山的软硬件基础设施仅能初步满足举办国际会议的服务接待能力,应对国际旅游的公共服务水平低,缺乏完善的飞机场、火车站、码头间的网络化换乘体系,道路、景区及商场等公共场所的标识翻译不规范、不美观,给来舟山参会的国际人士造成许多不必要的困难。

(三)国际海岛旅游大会整体的推动效果有限

大会宣传期间以及举办活动期间,调查小组在走访舟山各景区的过程中发现相比于往年的客流量并没有明显增加,海岛旅游客流量也没有较大程度的增加。据统计,2015年舟山全市共接待境内外游客 3876.22 万人次,前两季度的游客量为 2423.17 万人次,而 2016 年前两季度的游客量为 2588.46 万人次,并没有明显增长。由此可见,国际海

岛旅游大会对舟山海岛旅游拉动作用并不明显。但是据目前情况来看，大会整体影响力与预期的目标是有一定差距的，远没有达到预期目标。

【案例启示】

（一）举全民之力筹办盛会——提高民众参与感

利用国际海岛旅游大会的大平台积极学习和借鉴有关国家和地区发展海岛旅游的先进经验，谋划旅游开发合作项目，更好地推进群岛型海洋休闲旅游度假目的地建设，使海岛旅游成为舟山旅游产业转型升级的突破口和快速发展的新增长极。同时，重点策划组织普惠性、接地气、有氛围、民众参与感强的海岛旅游活动，加强海岛旅游的宣传推介，营造全民参与的浓厚氛围。

（二）全面规划海岛旅游业布局——推动旅游业发展

利用"国际海岛旅游大会"的契机带动舟山社会经济的全面发展，主要要做好和利用自身特色。利用已有六大特色产品及舟山市提出的"两地建设"的目标，即"建设国际著名的海岛休闲旅游目的地和世界一流的佛教文化旅游胜地"，围绕"海岛、生态、海鲜、渔村、文化、佛教"等特色资源，做好大会宣传。

再加之舟山海岛旅游景点特色凸显这一优势，继续加强开发舟山各具特色的景观千余处，使之变成大会的最具吸引力的亮点。针对前两届国际海岛旅游大会及今后旅游发展制定目标和规划。从产业定位上，今后要努力把旅游产业打造成为舟山国民经济的主导产业。通过提出新理念，推动旅游产业的转型升级，立足外向型发展。

（三）将海岛旅游带给每一个人——提升大会宣传力度

国际海岛旅游大会不仅仅是高端的专业论坛，它更是一场全民的盛宴，不仅仅需要高大上的宣传，也需要亲近生活贴近民众，让民众真正了解海岛旅游旅游，知晓国际海岛旅游大会的职能。比如：大会主题、宣传口号、LOGO 等也是吸引群众关注大会的一方面，可积极开展国际海岛旅游大会主题宣传口号和形象标识(LOGO)征集活动，形成全民关注旅游大会、支持旅游发展的良好氛围。加强主体活动的重要地位，让民众真正能够体会到大会给自己带来的优惠之处。

案例思考

1. 会展与旅游有什么关系？
2. 发展会展旅游需要具备哪些条件？
3. 谈谈应如何扩大国际海岛旅游大会的影响力。

本节参考文献

安同江. 中国海岛旅游标准体系构建研究[D]. 中国海洋大学, 2013.

高建平. 国际海岛旅游大会的品牌战略[J]. 管理观察, 2015, No.596(33):33-36.

李淑娟, 张甜甜, 谵杨杨. 基于人地关系论的国内外海岛旅游研究分析[J]. 资源开发与市场, 2016(7): 892-896.

李悦铮, 李鹏升, 黄丹. 海岛旅游资源评价体系构建研究[J]. 资源科学, 2013, (2):02-15

陆林. 国内外海岛旅游研究进展及启示[J]. 地理科学, 2007(04):133-140.

赵晏俪. 全球107个国家代表参会 首届世界旅游发展大会在北京开幕[J]. 中国会展, 2016(10):18-18

朱申路. 全面推进休闲旅游目的地建设 全力办好世界海岛旅游大会[N]. 舟山日报, 2015.03.21

第三章 老有所养

第一节 理论概要

一、人口老龄化问题

人口老龄化是人口发展的一般规律,也是全世界所面临的共同问题。关于人口老龄化的衡量标准主要有两个,一是联合国在1956年提出了65岁以上人口在总人口中达到7%的人口老龄化衡量程度;二是在1982年维也纳老龄问题大会上提出了60岁以上人口在总人口中达到10%[1]。依照以上标准,我国1999年就已经完全符合老龄社会的特征。2000年人口普查时,中国60岁、65岁以上老年人口分别占总人口的10.46%和6.96%,此后不断攀升。2010年人口普查时,60岁、65岁以上老年人口占比上涨至13.26%、8.87%。2017年中国老年人口进一步增长,达到15 831万人,65岁以上老年人口占比飙升至11.4%。我国老年人口比例严重超标[2]。

同时,城市化率、大城市化率的不断提升,使得年轻人大量涌入大城市,造成落后地区、三四线城市、县城、农村的老龄化更为严重,不仅给这些地区的养老带来巨大压力,同时老龄化带来的社会、经济挑战更为艰巨,因此更应特别关注这些地区的老龄化问题。

二、养老模式与养老保障

养老模式是指人们进入老年阶段后如何安度晚年生活的制度安排与机制保障,它包括老年人的经济保障、服务保障与精神保障三个层次,但核心是满足老年人的生活照料需求[3]。《中国农村人口的收入与养老》一书中,对养老模式的概念边界做出了明确的界定,认为养老模式位于养老体系和养老方式之间,三者关系为"从宏观到微观,从抽象到具体,从整体到局部"的关系。特别是"模式"一词,体现出延续性和稳定性,虽然在具体的操作中有一定差异,但其核心内容是稳定不变的。

当前,我国养老模式的分类依据是养老服务的地域划分,分为居家养老、社区养老

---

[1] 武赫. 人口老龄化背景下我国养老产业发展研究[D]. 吉林大学,2017
[2] 国家统计局、中商产业研究院整理,http://www.sohu.com/a/218583156_350221,2018-01-24
[3] 谢琼. 中国养老模式的中庸之道

和机构养老。这三个概念最早出现于 2006 年国务院颁布的《国务院办公厅转发全国老龄委办公室和发展改革委等部门关于加快发展养老服务业意见的通知》:"逐步建立和完善以居家养老为基础、社区服务为依托、机构养老为补充的服务体系。"

学界对养老保障的定义很多,很多学者将养老保障直接定义为养老保险,认为养老保障的含义仅仅包括老年人退休或到了一定的年龄所能领取的经济补助[1]。也有张丹、张园根据《中华人民共和国老年人权益保障法》的内容,将社会养老保障定义为国家和政府依法对劳动者在老年退休或丧失劳动能力后提供的包括经济支持、生活照顾和精神慰藉等基本生活需求在内的生活保障制度[2]。

三、亟待解决的问题

面对规模大、速度快的老龄化过程,我国养老问题关系到社会稳定和全面建成小康社会,因此聚集各种社会力量积极应对老龄化迫在眉睫。

第一,我国覆盖城乡居民的养老保障体系已基本建立,然而养老服务体系的运行依然滞后。偏远地区或特殊群体养老在城乡之间、地区之间发展不平衡,城乡二元结构下养老与收入差距显著,农村医疗保障不完善、情感寄托缺失,养老问题更为突出。

第二,传统养老模式受到冲击。当前"空巢老人""留守老人""空巢青年"与"留守儿童"现象普遍存在,生活、医疗、教育成本攀升,年轻劳动者工作压力大、生活负担重,善待老年人问题凸显,人口老龄化使传统家庭养老模式受到冲击,传统家庭养老向社会养老转化成为必然趋势。

第三,弱势群体的养老权益得不到保障。特别是对农村外来务工人员来说,在参与社会养老保险方面参保率低、退保率高的问题变得日益紧迫,农村外来务工人员作为我国社会的边缘群体,养老问题不仅关系到其老年生活是否有保障,还与我国社会保障事业的顺利发展紧密联系,与他们所在城市的稳定和发展息息相关,因此他们的社会养老保障问题亟待解决。

第二节 海岛渔农民之养老现状

> 本案例原题为《舟山群岛海岛渔(农)民养老现状探索及建议》,2018 年获得浙江省统计调查方案设计大赛二等奖。案例作者:叶立铖、尹莹、吕慧、李艳明、吴漫洋,指导教师:张晓鹏。

---

[1] 华迎放. 统筹城乡养老保障理论与政策分析——基于江苏的实证研究[J].中国劳动,2008(10)6-17.
[2] 张丹,张园. 农村社会养老保障现状分析[J].西北人口,2014(4):78-84.

一、调查方案设计

（一）调查背景

截至 2017 年年底，舟山市总人口为 971 491 人，60 周岁及以上老年人口 25.69 万人，占总人口的 26.44%，比上年同期净增 11 885 人，增长 4.86%。可以说，养老已经日益成为一个影响舟山群岛未来发展的重要社会问题。

舟山海岛渔农民养老不仅有中国农村养老的普遍问题，还有其特殊性。"海岛"既是舟山开展老龄工作最显著的特点，又是最突出的难点。尤其是那些偏远的海岛地区，一些空巢独居老人的居家养老问题日渐严重。高龄渔民人数增加，他们没有劳动能力和经济来源，每月仅靠上级政府补助的几十元根本无法生活；渔民转产转业政策给渔民带来巨大压力；传统的渔捞经济近年来呈直线下降趋势，加上一些公司和船主的承包垄断，大部分的收益没有流入渔民的口袋，而是几乎全部流入那些渔业公司和船主的口袋；收入方面，渔民收入远低于城镇职工，从事的职业受自然条件制约，受自然灾害的影响，造成其收入不稳定；在政策方面，国家目前的社会养老保险制度的覆盖面并不能完全惠及所有渔村，他们参与养老保险的意愿和自觉性也较低，渔民享受国家出台的政策补贴基本上都是农业人口的待遇。

（二）调查目的及意义

通过实地走访和调查，对舟山市渔农民老人进行问卷调查，掌握舟山海岛渔农民老人的基本现状，包括经济供养状态、生活照料状态等各方面的详细情况，从而构建出舟山海岛渔农民老人的基本情况，建立信息数据库。

通过整理归纳问卷调查得到的信息与数据，对比分析渔农民对当前养老制度各方面的总体满意度及重要性，找出民众对养老制度不满意的方面，结合当地发展现状，总结出舟山海岛渔农民养老中还存在的不足之处。

根据调查所发现的问题，分析问题成因，探究有效解决办法，向政府相关机构提出建议，使政府更具有针对性地完善养老制度并做出相应的实施。

（三）调查对象及范围

1. 调查对象

问卷调查对象主要是舟山群岛大于 60 岁的渔民和农民。后续研究中的辅助调查对象为 20～60 岁的青壮年。

年轻人为肩负赡养责任的大于 20 岁的人群，其中也需说明年轻人并不一定为渔农民老人的后代，因此从年轻人中获得的信息不能直接针对渔农民养老问题，只能说这些信息能够更好了解舟山大的养老环境,以及年轻人肩负的压力情况,他们对老人养老问题的看法和建议等。问卷调查的时候说明了一个年轻人填写关于老人部分的题项时,只选择自己的父亲或者母亲中的一个为对象。

2. 调查范围

调查范围主要是舟山市本岛的养老院(见表3-1)、除本岛外千人以上岛屿(见表3-2)。

表3-1 舟山本岛养老院

定海区	白泉敬老院北蝉分院	市本级	百叶颐养院
	双桥街道敬老院		新区临城街道老人居住点
	定海社会福利院	普陀区	东港街道社会养老服务中心
	定海区第二社会福利院		普陀佛国养老院
	干览镇敬老院		普陀区社会福利中心
	定海区广华颐养院		普陀禾仁颐养院
	环南街道托老中心		朱家尖街道社会养老服务中心
	环南街道敬老院		展茅街道敬老院
	金塘敬老院		
	马岙街道敬老院		
	舟山市慈爱福利院		
	小沙街道敬老院		
	盐仓街道敬老院		
	白泉镇敬老院		
	岑港街道敬老院		

表3-2 舟山本岛以外千人以上的岛屿

定海区	金塘岛	岱山县	岱山岛
	长白岛		江南岛
	册子岛		衢山岛
	长峙岛		小长涂岛
普陀区	小干岛	嵊泗县	秀山岛
	鲁家峙		泗礁山
	普陀山		大黄龙岛
	朱家尖		金鸡山
	桃花岛		嵊山
	登步岛		枸杞岛
	蚂蚁岛		小洋山
	虾峙岛		
	六横岛		

(四)调查内容及方法

1. 调查内容

针对老年人的问卷调查在内容设计上,主要调查他们基本个人情况、子女对其赡养方式、物质生活及精神生活状况、对养老院所持有的态度以及对养老政策的建议等。

针对年轻人的问卷调查在内容上,主要调查他们对当前养老方式所持有的看法以及养老政策的建议等。

2. 调查方法

文献查阅法:通过文献查阅,主要指搜集、鉴别、整理文献,并通过文献查阅进一步了解舟山渔农民养老现状的认识、现行的养老政策、过去施行过的政策。

问卷调查法:围绕主题设计问卷,进行实地调查发放并回收。

访谈法:主要对渔农民老人进行访问调查,了解养老现状、困难等情况;其次对年轻人进行访谈,从他们角度看舟山养老问题以及他们面临的压力。

二、调查数据统计

本次调研共收到老年人问卷 291 份,其中无效问卷(填写不足 80%,前后逻辑不一致等)36 份,职业不是渔农民的 34 份,因此实际收到渔农民老人问卷 221 份,问卷回收实际有效率为 75.9%。共收到辅助调查对象年轻人问卷 357 份,除去无效问卷 37 份,实际收到 320 份,问卷回收实际有效率为 89.6%。

(一)被调查对象基本情况描述

1. 被调查渔农民老年人基本情况

(1)渔农民老年人年龄与性别

本次调查中,60~70 岁的老年人占 36.2%,70~80 岁的老年人占 30.8%,80 岁以上的占 33%。在 221 份问卷中,女性为 118 份,男性 103 份。说明回收到的问卷能够反映出不同年龄段不同性别老人的实际情况,这些样本具有代表性。

(2)渔农民老年人样本从事渔业或农业的时间

本次调查中,从事渔业或农业在 20 年以上的占这次问卷调查老年人口数的 84.6%,也就是说很大一部分老人是一辈子从事渔农民职业。

(3)渔农民老年人样本收入情况

本次调查中,收入在 1800 元以下的老年人占这次问卷调查老年人总数的占比最高。2017 年 12 月 1 日起舟山市最低工资标准为每月 1800 元,舟山市人均工资每月 4420 元。

也就是说，大多数渔农民老人的月收入低于舟山市最低工资标准，在实地调查中也发现有些老人的月收入甚至不到最低工资标准的四分之一，仅有极少数人能够达到舟山市平均工资标准，渔农民老人的养老经济能力是比较低的，而收入的不足也直接或间接影响他们的养老质量。

2. 被调查年轻人基本情况

样本涉及各个年龄段，且主要集中在 30～40 这个年龄段的中年人（占比 56.3%），收入分布结果显示约六成左右的年轻人收入是低于 5000 元的，这一人群也是肩负赡养老人压力较大的一个群体。

（二）渔农民老年人养老状况分析

1. 渔农民老年人身体健康状况分析

在这次调查问卷中：身体一般，有些时候需要别人照顾的老年人占这次问卷调查渔农民老人总人数的 42.5%；身体很好，不需要别人照顾的老年人占这次问卷调查渔农民老人总人数的 55.7%（见图 3-1）。从数据上看，渔农民老人总体身体健康状况较好，但该题项的数据的信度不高，老人碍于面子、不想让其他人知道自己的真实状况等因素，大多数老人选择选项时会往好的选。

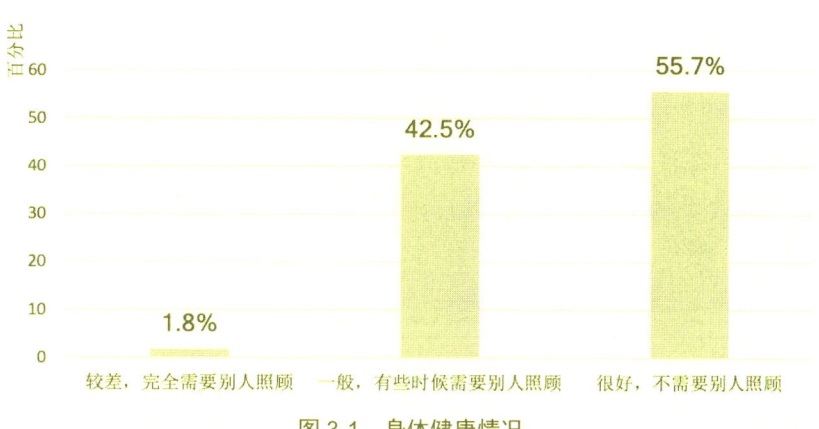

图 3-1　身体健康情况

2. 渔农民老人的养老方式与收入的联系

表 3-3 分析数据显示，收入在 1800 元以下的老年人中，28.5% 的老年人选择与子女同住，独立居家养老的占比 24.6%，选择敬老院等养老机构的老年人占比 46.9%；收入在 1800～4500 元这部分老年人中，与子女同住养老的占比 24.1%，有 42.2% 的老年人选择独立居家养老，剩余 33.7% 的老年人选择在敬老院等养老机构养老；收入在 4500 元以上的老年人中，独立居家养老和敬老院等养老机构的人数各占一半。结合卡方检验（表

3-4）结果可知，老年人的养老方式和他们的收入间存在显著性差异。

表 3-3　渔农民老人的养老方式与收入的交叉表

月收入		1800 元以下	1800～4500 元	大于 4500 元	总计
与子女同住养老	计数	37	20	0	57
	占收入的百分比	28.5%	24.1%	0	25.8%
独自居家养老	计数	32	35	4	71
	占收入的百分比	24.6%	42.2%	50%	32.1%
敬老院等养老机构养老	计数	61	28	4	93
	占收入的百分比	46.9%	33.7%	50%	42.1%
总计	计数	130	83	8	221
	占收入的百分比	100%	100%	100%	100%

表 3-4　卡方检验 1

	值	自由度	渐进显著性（双侧）
皮尔逊卡方	10.416	4	0.034
似然比（L）	12.388	4	0.015
线性关联	0.000	1	0.985
有效个案数	221		

3. 渔农民老人身体健康状况与子女关心程度的关系

表 3-5 中的数据可以很明显地看出子女对老年人的关心程度对老年人身体健康状况有很大的影响。子女对老年人的关心程度越高，老年人的身体状况越好。结合卡方检验（表 3-6）渐进显著性为 0.001<0.01，子女的关心程度和老年人的身体状况这两者之间的关系非常显著。

表 3-5　渔农民老人身体健康状况与子女关心程度交叉表

		非常关心	关心	一般	不关心	总计
较差，完全需要照顾	计数	0	4	0	0	4
	占比	0	7.3%	0	0	1.9%
一般，有些事需要照顾	计数	52	28	14	0	94
	占比	44.1%	50.9%	42.4%	0	43.5%
很好，不需要照顾	计数	66	23	19	10	118
	占比	55.9%	41.8%	57.6%	100%	54.6%
总计	计数	118	55	33	10	216
	占比	100%	100%	100%	100%	100%

表 3-6　卡方检验 2

	值	自由度	渐进显著性（双侧）
皮尔逊卡方	22.278	6	0.001
似然比（L）	25.224	6	0.000
线性关联	1.082	1	0.298
有效个案数	216		

4. 渔农民老年人办理医疗保险情况

本次调查中，办理农村医疗保险的老年人占这次问卷调查总人数的 72.4%，办理城镇医疗保险的占这次问卷调查总人口的 10.4%，没有办理任何保险的老年人占这次问卷调查总人数的 17.2%。从数据也可以看到绝大多数老年人办理了农村医疗保险或者城镇医疗保险，但同时没有办理任何医疗保险的百分比也不小，接近五个老人中便有一个是没有医疗保险的，如果生病得承担所有医疗费用，对于老人自己还是其子女都增加了养老负担，甚至可能出现有的老人为了省钱，出现身体不适等情况自己强撑而不去医院的情况，这都增加了身体健康的隐患。

5. 养老政策了解程度

如图 3-2 所示，在这次问卷调查中，对目前政府养老政策十分了解的老年人占这次问卷调查总人数的 10.9%，对目前政府养老政策部分了解的老年人占这次问卷调查总人数的 46.2%，对目前政府养老政策完全不了解的老年人占这次问卷调查总人数的 43%。数据中反映出了一个问题，对于政府养老政策十分了解的只占少数，绝大多数老年人不大了解政府的养老政策。

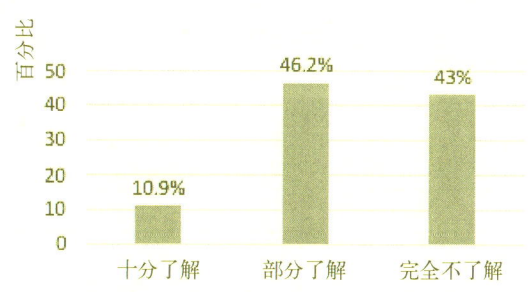

图 3-2　渔农民老年人样本对目前政府的养老政策的了解程度

（三）渔农民老年人精神状况分析

1. A 选项幸福感

多数老年人觉得自己目前的生活很充实，老年生活很幸福，这个比例高达 82.8%，其中很重要的因素便是相比他们以前艰苦的渔农民生活，现在的生活水平已有了很大的提高。毫无疑问的是老年生活幸福与否很大程度上关系到他们的身心健康。

2. B 选项家庭归属感

大部分老年人无法感受到家庭归属感，而这个比例高达 60.2%。老年人的生活环境对他们的精神状况有显著的影响，较好的家庭生活环境能够从本质上提高老年人的生活质量，也在一定程度上减少了老年人心理上的问题。

3. C 选项衣食无忧但感觉空虚

对于自己目前的老年生活，大部分老年人还是觉得有事可做，相当充实的；但仍有部分老年人觉得生活百无聊赖（见表 3-7）。对于现在的老年人来说，在满足物质生活的同时，他们也需要丰富的精神生活。

表 3-7　精神状况选项 C 频数分析表

		频率	百分比（%）	有效百分比（%）	累积百分比（%）
有效	不选	198	89.6	89.6	89.6
	选	23	10.4	10.4	100.0
	总计	221	100.0	100.0	

4. D 选项焦虑，烦心事多

调查结果显示只有 1.8% 的老年人感到焦虑，烦心事多。这就说明大部分老年的心态还是积极乐观的，毋庸置疑的是拥有一个好的心态是拥有良好的精神状态和健康的身体状况的根本（见表 3-8）。

表 3-8　精神状况选项 D 频数分析表

		频率	百分比（%）	有效百分比（%）	累积百分比（%）
有效	不选	217	98.2	98.2	98.2
	选	4	1.8	1.8	100.0
	总计	221	100.0	100.0	

（四）渔农民老年人对养老现状的满意影响因素分析

1. 养老满意度情况

调查问卷中，对当前养老现状满意的老年人占调查总人数的 85.1%，对当前养老现状不满意的老年人占 14.9%（见图 3-3）。这说明绝大多数老年人对当前的养老现状持满意态度，较少数持不满意态度。这主要是由于社会快速发展，渔农民的物质生活水平相比于以前有很大的提升，精神生活也更加丰富了。同时政府养老政策的实施、国家和社会对养老问题的重视都有助于提升渔农民对养老现状的满意度。

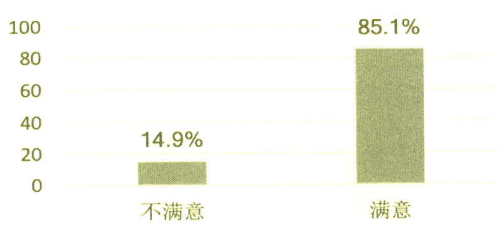

图 3-3 渔农民老年人样本对当前养老现状的满意情况

2. 二元 logistic 回归

运用二元 logistic 回归，将养老满意作为因变量（满意=1，不满意=0），将老年人收入、养老方式、精神状况按哑变量处理进行重新编码。

从表 3-9 中的显著性水平可以看到各个层次的收入范围并不会影响到渔农民老人对养老现状的满意程度。三种养老方式都呈现出显著性，"目前您的养老方式（1）"和"目前您的养老方式（2）"的 B 值分别为"-1.158"和"-0.933"，即说明相对于"敬老院等养老机构"这种养老方式的样本，"子女同住养老"和"独立居家养老"样本对当前养老现状的满意程度更低。精神状况显著性水平通过检验，即精神状况好还会影响养老满意程度，精神状况差的养老满意程度更低。

表 3-9 二元 logistic 回归分析方程中的变量

		B	标准误差	瓦尔德	自由度	显著性	Exp(B)
步骤 1*	您当前的收入范围			3.047	2	0.218	
	您当前的收入范围（1）	-19.106	14000.789	0.000	1	0.999	0.000
	您当前的收入范围（2）	-19.757	14000.789	0.000	1	0.999	0.000
	目前您的养老方式			6.428	1	0.040	
	目前您的养老方式（1）	-1.158	0.477	5.908	1	0.015	0.314
	目前您的养老方式（2）	-0.933	0.472	3.907	1	0.048	0.393
	目前的精神状况（1）	-1.839	0.503	13.347	1	0.000	0.159
	常量	21.745	14000.789	0.000	1	0.999	2777101029

* 在步骤 1 输入的变量：您当前的收入范围，目前您的养老方式，目前的精神状况

（五）养老服务项目及养老设施情况

1. 急需的养老服务项目

如图 3-4 所示，在这次调查问卷中发现老年人急需的养老服务（可多选），休闲娱乐活动（62.20%），医疗保健（60.00%），紧急救助（44.40%）是占比最高的前三项。访谈

与实地调查结果表明,目前养老服务现实与需求相差较大,远远不能满足社会需求。

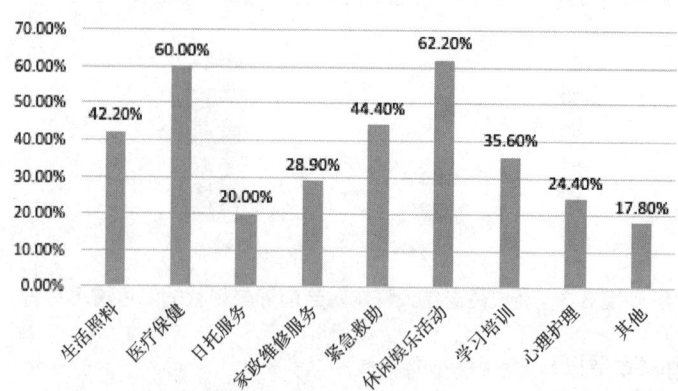

图 3-4　急需的养老服务项目

2. 所在社区所提供的公共养老设施

调查结果表明,公共养老设施以健身器材、医院、老年人活动中心以及养老院为主,且它们所占比例相当。部分社区的公共养老设施并不完善,存在设施缺少、老旧等问题(见图 3-5)。总体上存在着当前公共养老设施数量不能满足现有老人需求的这一矛盾,例如养老院床位短缺等情况。因此,舟山市政府还需加强公共养老设施的建设,不断完善。

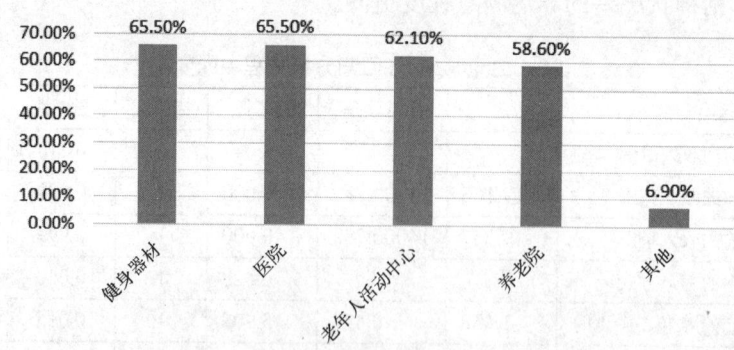

图 3-5　调查对象所在地区公共养老设施统计

(六)年轻人对养老的看法及养老政策的建议

1. 子女倾向的父母养老方式

由图 3-6 可以看出来,大多数年轻人的意愿更多是"老人与子女在一起",这说明了大多数子女希望能够陪老人度过晚年,能够接受和克服老人因为年龄带来的种种问题,很大一部分是他们孝心的直接表露。但同时发现支持"老人住养老院"的比例极低,访谈也有不少调查对象说"绝对不会让老人住养老院"。

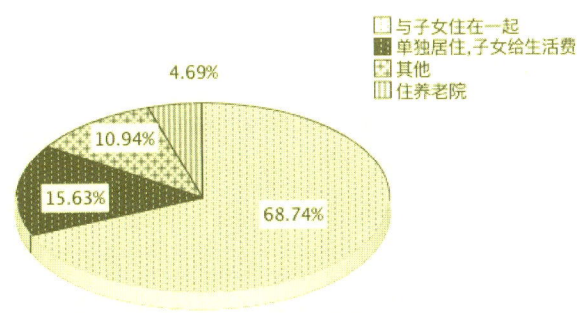

图3-6　子女倾向的父母养老方式

2. 家里供养老人人数

数据显示，两个及两个以上占了绝大多数，因此对年轻人来说肩负的养老责任与压力都是不小的（见图3-7）。

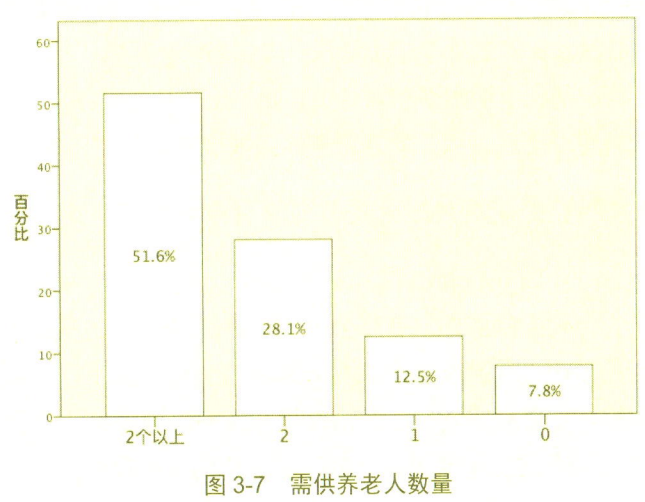

图3-7　需供养老人数量

三、调查结果分析

舟山群岛渔农民养老调查中可以发现多数老年人退休前是从事农业渔业，收入普遍不高；养老观念比较单一，依靠敬老院（公立）养老是主要方式之一，访谈中也发现多数老年人都会选择希望同子女住在一起，这就需要其所在社区的养老服务项目和养老设施的完备，然而调查结果显示这两方面的尚存巨大缺口，特别是在本岛以外的地区；大部分老年人办理了农村医疗保险，然而实地调查中也了解到很多渔农民老人的养老金严重不足，与其他职业人员的养老金之间的差距很大；大部分老年人的精神状况良好，对养老的总体满意程度认可，实证分析结果表明总体满意程度受到养老方式、精神状况的影响，与收入呈无关。

调查问卷显示年轻人希望老人以怎样的方式度过晚年是与子女住在一起,然而访谈调查中年轻人希望未来自己的养老模式是单独住在家附近的房子中,子女经常可以去看望,或是居住在老年社区里,有专门的老年活动中心以及看护人员。另外,从年轻人收入和赡养老人数量的分布来看,家庭养老压力普遍较大。

调查结果显示不仅老年人,就连年轻人对养老政策的了解程度也不是很高。政府应当加强政策的宣传力度,特别是渔农民养老政策宣传,可以由社区上门向符合条件的渔农民讲解养老保险的参保条件、参保过程中遇到的特殊情况处理方法、缴费档次以及领取待遇等内容。

【案例解读】

(一)养老模式要因地制宜,符合实际

养老模式选择要从地方的实际情况出发,探索符合海岛情况的养老模式。认清客观事实:一、舟山海岛渔农村养老处于起步阶段;二、老龄化严重,空巢率高;三、渔农村老人养老金普遍不高,基础生活水平相对低下;四、社会养老服务水平低;五、舟山海岛渔农村养老基础设施建设落后;六、养老服务体系缺少充足的完善渔农村养老政策制度。

(二)制定渔农村养老发展规划,完善渔农村养老政策制度

地方政府应出台并不断完善新渔农村发展规划,为养老发展提供方向。同时,地方政府把握好养老金,合理控制涨幅,有序公平的提高城乡居民的基础养老金标准,逐渐缩小城乡间养老金的差距,从而改善渔农村老人的基础生活水平。改革渔农村医疗保险制度,可以将预防疾病、功能康复、合理治疗慢性疾病等服务纳入医保范围,保证老年人享受可承担得起的初级卫生保健服务,鼓励多元化的医疗保险为老人保驾护航。

(三)营造好的政策环境,整合各种资源

政府要着力解决养老金缺口的问题并营造出良好的政策环境,吸引优秀的民办养老机构或者公益性社会服务组织扎根在舟山群岛,整合公共卫生资源,提高资源利用率,减少不必要的浪费,为老人们带去更高质量的生活。

【案例启示】

舟山群岛拥有一千多个岛屿,许多渔村分布在小岛上。交通不便、基础设施不完善直接制约了经济发展及渔农民的生活质量。加快渔农村经济发展,对渔农民养老事业加大资金扶持,因此渔农村经济需转变经济发展模式。例如开发新型渔农村旅游业,进而带动其配套产业的发展,例如民宿、渔家乐等。

鼓励老人再就业，老年人再就业在国外是屡见不鲜的，是高效利用人力资源的一种方式。舟山渔农村的老年人口占比大，人口的数量较多，其中不乏一些仍具备劳动能力同时家庭比较困难的低龄老人。对于政府来说，不仅仅要增加助老扶贫的资金，同时也应该为那些仍具有就业能力的老人提高就业技能。

构建渔农村以居家养老服务为主，多种养老方式为补充的养老模式。结合渔农村的实际，渔农村主要分布在小岛上，目前还是主要以居家养老服务为主，另一方面也符合很多老人的生活、心理习惯。因此需要建设渔农村的居家养老服务体系，设置管理部门、运营部门，有专业的人员以及社会志愿者来提供服务，争取做到养老服务全覆盖。同时，也需要打破传统的养老观念，发展其他养老方式为补充。对于不方便居家养老的高龄、失智、失能的老人，采取机构养老与医养结合的方式。

> **案例思考**
> 1. 探讨年轻人与老年人在养老问题上存在差异的原因。
> 2. 从家庭养老到社会养老需要哪些社会条件？
> 3. 浅谈我国渔农村养老中存在的主要问题和破解路径。

本节参考文献

关于加快推进海洋捕捞渔民养老保障工作指导意见政策问答[OL], http://www.zhoushan.gov.cn/art/2016/10/8/art_1276222_5647366.html

刘芷含. 舟山市智慧社区居家养老系统的设计与探究[J]. 农村经济与科技，027(15):218-220.

佘红艳，何涛. 海岛特色养老服务模式创新研究——以舟山"美丽群岛.幸福养老"为例[J]. 政策瞭望，2018

张晴. 舟山群岛新区城乡社会保险服务均等化研究[D]. 浙江海洋大学，2018

张义浩，宋富军. 舟山渔区海洋捕捞渔民养老保障体系研究[J]. 渔业经济研究，2008(01):42-47.

舟山发展"海岛养老"服务 解决老人养老问题 [OL], http://wemedia.ifeng.com/33566105/wemedia.shtml

舟山市 2017 年老龄事业统计公报[OL], http://www.sohu.com/a/240074371_742654

第三节　海岛居民养老模式

> 本案例原题为《居家养老还是社会养老？——海岛居民养老模式选择及决策驱动因素调查分析》，2017 年获得浙江省统计调查方案设计大赛三等奖。案例作者：王建芳、周晓利、潘璐萍，指导教师：王晓慧。

在全省乃至全国范围内，舟山市的老龄化问题都比较突出。据浙江老龄办发布《浙江省 2016 年老年人口和老龄事业统计公报》显示，舟山市老龄化程度已达到 25.2%，老龄化程度达到全省第一，可以说几乎每四个市民中就有一个是老年人，老龄化问题迫在眉睫。

一、调查方案设计

（一）调查目的及意义

1. 调查目的

通过对影响舟山老年人养老模式选择因素的调查分析，从心理、经济、现实生活、环境等因素出发，对目前舟山市海岛老人的生活模式进行总结及分析选择这种模式的原因，研究归纳老人选择该养老模式的理论依据，表达老人对老年生活的诉求，具体归纳为以下几点。

第一，通过调查，了解海岛老年居民目前的生活状态和舟山整体养老服务供给水平；了解他们的主要需求以及对目前养老模式的满意程度。

第二，掌握海岛老年居民对养老问题的各种诉求；提出海岛老年居民养老模式选择行为规律及影响因素；利用马斯诺需求理论，将需求具有较大差异性的老年人口分层，探讨不同阶层老年人口的特殊需求。

第三，探究社区居家养老等新型养老模式的合理性，以及 PPP 模式应用于海岛养老机构建设的发展趋势；提出适应于海岛养老服务的对策建议。

第四，思考以舟山海岛为例的偏远经济欠发达地区养老模式的共性，探讨其推广的可行性。

2. 调查意义

（1）理论意义

研究影响老年人选择养老模式的原因和对自身养老模式的满意度，构建海岛居民养老模式选择意愿模型和满意度模型，探寻海岛居民对养老模式的选择规律，揭示海岛特殊环境下老年居民养老的心理和行为偏好。

同时根据不同类型老年群体对于养老服务的需求状况，建立海岛老年人养老模式选择的决策树模型，预测海岛养老模式的未来发展趋势。

（2）实践意义

养老模式的多层次发展对于满足不断增长的海岛老年服务需求具有重要意义。受文化的影响及舟山经济的变化，空巢家庭日益增多，老年人在家庭中主导地位逐渐丧失、年轻一代养老观念逐渐淡漠，传统养老模式面临严峻的挑战。在这样一个社会变迁、经济发展的大背景下，探索出多层次的养老模式便成为当下海岛发展的重要选择。同时，我国是一个沿海国家,海岛城市的养老问题有其同一性,我们的调查研究在帮助解决舟山市养老问题时,也能在全国范围内树立模范,解决全国性的海岛城市养老问题。

(二)调查范围及对象

1. 调查范围

舟山市的两区两县,即定海区、普陀区、嵊泗县、岱山县。

2. 调查对象

主要为老年人群,即 60 周岁以上的老年人群。

根据我国的实际情况,规定 45～59 岁为初老期,60～79 岁为老年期,80 岁以上为长寿期。我国历来称 60 岁为"花甲",同时由于我国一般规定 60 岁以上为老年人,因此,我国现阶段以 60 岁以上为划分老年人的通用标准。

(三)调查内容及方法

1. 调查内容

本次调查主要围绕老年人的基本信息、养老现状、养老决策、养老态度等内容展开。

2. 调查方法

本次调研工作采用文案调研、问卷调研、访谈调研三种调查方式。

调研数据的分析反馈以文案调研为基石,在充分参考已有资料的前提下,进行问卷调研为主,辅以访谈调研的成果,最终进行综合反馈。

调研数据以问卷数据为核心,根据老年人群特点,以问卷形式和访谈形式,收集老年人基本情况、家庭情况、经济状况、健康状况、文化娱乐和社会服务六个方面相关数据,为数据分析提供前提。

以访谈调查为辅助,访谈是深入实际、认识实际、反映实际的过程,能帮助我们更深入的了解舟山老年人目前的养老状况,存在的问题,以及他们的期望。

二、调查数据统计

(一)数据统计描述

1. 被调查者基本信息

(1)性别特征

问卷结果显示:参与问卷的男性有 635 名,占样本比例 48.8%;女性有 665 名,占样本比例 51.2%,样本中男女性别比例较平衡。

（2）年龄分布特征

问卷结果显示：老年人在 60~70 岁居多，占 48.5%；其次是 71~80 岁的老年人，占 37.5%；81 岁以上的较少，只有 14%，符合老年人口年龄分布特征。

（3）收入来源分布特征

问卷结果显示：老年人的收入主要来源于子女赡养和养老金，分别占了 63.8%和 59.0%，退休金占比 30.1%，可见养老保险的普及率还是较高的。

（4）居住状态

问卷结果显示：老年人居住状态中，和子女居住的占比 47%，纯老家庭占比 53%。

2. 属性特征

（1）健康状况

健康状况良好的最多，占比 41.7%，一般的 28.5%，健康的 26.8%，生活自理能力较差的以及不能的自理的占比 3%左右（见表 3-10）。

表 3-10 健康状况描述

		次数	百分比（%）	有效的百分比（%）	累积百分比（%）
有效	健康	349	26.8	26.8	26.8
	良好	542	41.7	41.7	68.5
	一般	371	28.5	28.5	97.1
	半失能	29	2.2	2.2	99.3
	失能	9	0.7	0.7	100.0
	总计	1300	100.0	100.0	

（2）老年人与子女关系评价

受中国传统孝道影响，老年人与子女关系基本上是较好的，认为自己与子女关系好或者很好的占比 72.77%，认为不好的占比 12.21%。当然也许会受到家丑不可外扬思想的影响，老年人不愿意透露真实情况。

（3）性格特点

老人的性格特点是多样性的，但是更多的选择是介于开朗和内向之间的一般，占比 52.23%。而选择开朗的老年人占比 34.15%，选择内向的老年人占比 9.23%。不同的人不同的性格，潜移默化地影响了他们对于养老模式的选择。

3. 养老认知

（1）对养老模式的了解

老年人对于养老模式的了解主要集中在居家养老，机构养老，社区养老方面。接受采访的老年人有 95.8%对居家养老有了解，有 99.2%的老年人对机构养老有了解，75.6%

的老年人对社区养老有了解。而对于医养结合,旅游养老,合居养老,基地养老等新型养老模式了解不多。

(2)了解渠道

老年人了解养老模式的途径还是较多的(多选题),其中选择邻里告知有1011,说明在宣传养老模式中起了主导作用,其次选择政府宣传837,也起了较大作用。

(3)养老风险意识

担心养老的老年人占8.2%,27.3%的老年人比较担心,26.5%的老年人不担心,38.1%的老年人选择走一步算一步。

4. 选择决策

(1)目前养老模式的选择

居家养老在目前的养老方式中占据着重要地位,选择居家养老方式占70.5%,选择社区养老方式占16.3%,选择社会机构养老方式占12.9%,选择其他的占0.2%。

(2)选择目前养老模式的理由

经济条件是影响养老模式选择的重要原因,有74.2%的老年人认为子女忙影响养老模式选择,67.3%的老年人认为亲情关怀需求影响了养老模式选择,66.4%的老年人认为自由发展需求影响了养老模式选择,62.1%的老年人认为生活便利影响了养老模式选择,42.8%的老年人认为健康和照料需求影响了养老模式选择。

5. 态度评价

(1)养老模式的满意度

如图3-8所示,43.8%的老年人对目前的养老模式感到满意,43.7%的老年人感到一般,12.5%的老年人感到不满意。

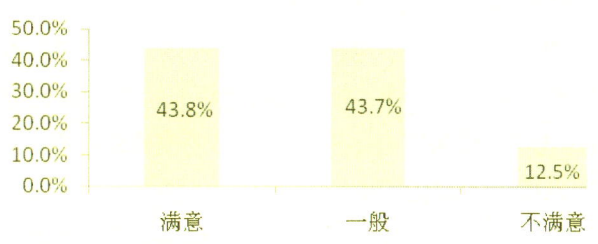

图3-8 对目前养老模式的满意度

(2)目前养老模式的价格

问卷调查显示:有70.5%的老年人选择居家养老,所以不用回答这个问题。在选择居家养老以外的养老模式的老年人中,5.5%的老年人认为养老价格过高,17.3%的老年人认为价格正常,2.9%的老年人认为价格偏低。

（3）目前养老服务的方便性

如图 3-9 所示，24.1%的老年人认为目前养老服务很方便，33.5%的老年人认为目前养老服务较方便，19.2%的老年人认为一般，19.4%的老年人认为不方便，3.8%的老年人认为非常不便。

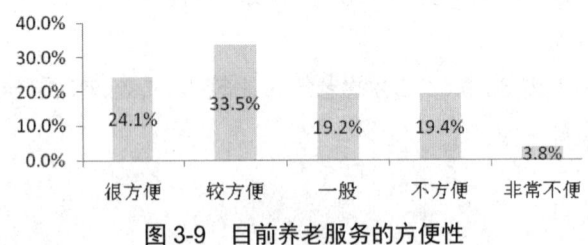

图 3-9　目前养老服务的方便性

6. 行为意向

（1）将来可能选择的养老模式

如图 3-10 所示，对于未来养老模式的选择，49.3%的老年人选择了社区养老，16.9%的老年人选择了社会机构养老，29.8%的老年人选择了居家养老，4%的老年人选择了不清楚。

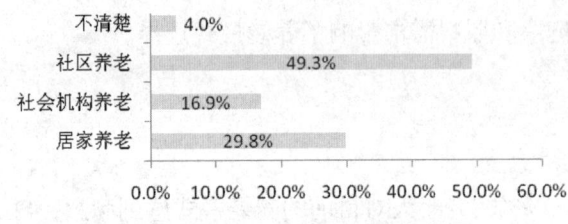

图 3-10　将来可能选择的养老模式

（2）可能导致其改变养老模式的原因

如图 3-11 所示，对于可能导致养老模式改变的原因，有 77.2%的老年人认为养老模式多元化发展会影响养老模式的选择，有 77%的老年人认为家庭经济条件会影响养老模式的选择，有 36%的老年人认为家庭结构会影响养老模式的选择，62.1%的老年人则认为养老政策会导致养老模式的改变。

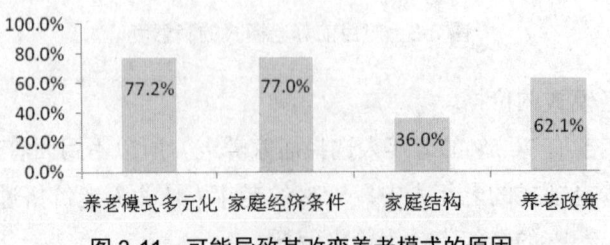

图 3-11　可能导致其改变养老模式的原因

（二）实证分析

1. 因子分析

针对问卷中的 19 个项目进行信度检测，结果显示信度系数为 0.731 说明样本的可信度较好（见表 3-11）。

表 3-11　可靠性统计量

Cronbach's Alpha	基于标准化项的 Cronbachs Alpha	项数
0.731	0.760	19

本次调查分析中 Bartlett's 球型检验统计量为 171，KMO 值为 0.762>0.5，相应的概率 Sig 为 0.000，这说明本次调查的变量适合进行因子分析（见表 3-12）。

表 3-12　KMO 和 Bartlett 的检验

取样足够度的 Kaiser-Meyer-Olkin 度量		0.762
Bartlett 的球形度检验	近似卡方	9527.784
	df	171
	Sig.	0.000

（1）提取因子

依据统计学原理，在因子分析法中所取的特征值大于 1，并且累计解释变量达到 40% 以上就可以作为显著因子。所以提取这六个因子，将这六个因子作为显著性因子进行分析（见表 3-13）。

表 3-13　解释的总方差

成分	初始特征值			提取平方和载入			旋转平方和载入		
	合计	方差（%）	累积（%）	合计	方差（%）	累积（%）	合计	方差（%）	累积（%）
1	3.622	19.065	19.065	3.622	19.065	19.065	3.560	18.737	18.737
2	2.130	11.212	30.278	2.130	11.212	30.278	2.017	10.613	29.350
3	1.987	10.460	40.737	1.987	10.460	40.737	1.821	9.586	38.936
4	1.666	8.768	49.506	1.666	8.768	49.506	1.803	9.489	48.424
5	1.127	5.933	55.439	1.127	5.933	55.439	1.238	6.515	54.940
6	1.009	5.308	60.747	1.009	5.308	60.747	1.103	5.807	60.747
…	…	…	…						

（2）因子解释

根据旋转成分矩阵，对提取的因子进行解释（见表 3-14）。

因子一：养老模式特点，选取养老周到和养老方便性这两个变量，主要描述的是不同养老模式的特点对于老年人养老模式的选择影响是最大的。

因子二：个人基本情况，选取的年龄、居住状态和健康状况这三个变量，主要描述的是老年人的个人基本情况对养老模式的选择影响也较大。

因子三：子女因素，选取的子女压力，与子女的关系以及子女忙不愿给子女压力这三个变量，主要描述的都是子女对老年人养老模式的选择影响。

因子四：经济情况，选取的自己收入和子女收入，主要描述的是经济情况对养老模式的选择影响。

因子五：养老认知程度，选取的风险意识和养老了解度，主要描述的是老年人的养老认知程度对养老模式选择的影响。

表 3-14 旋转成分矩阵图

	成分					
	1	2	3	4	5	6
养老价格	-0.969	-0.014	-0.035	0.047	-0.048	0.029
养老周到	0.964	-0.012	0.099	-0.016	0.063	-0.006
养老方便性	0.960	-0.029	0.025	-0.015	0.044	-0.042
年龄	0.029	0.765	-0.073	-0.116	0.035	-0.033
居住状态	-0.028	0.613	-0.030	0.014	-0.012	0.151
健康状况	-0.038	0.611	0.268	0.112	0.206	0.182
性别	-0.021	0.598	0.059	0.191	0.083	-0.282
婚姻	0.074	0.484	-0.147	-0.036	-0.285	-0.075
子女压力	-0.066	0.072	0.738	0.021	0.138	0.168
与子女关系	0.011	0.011	0.629	0.299	-0.152	0.037
子女忙	0.007	-0.072	0.623	-0.055	0.030	-0.148
子女收入	0.067	0.064	0.180	0.692	-0.345	0.021
自己收入	0.218	-0.088	-0.137	0.669	0.217	-0.111
性格	0.030	0.065	0.242	0.486	0.085	-0.147
就业经历	0.093	-0.185	0.289	0.462	-0.192	0.348
风险意识	0.048	0.088	0.003	0.007	0.795	0.067
养老了解度	-0.053	0.055	-0.011	-0.014	0.114	0.864

提取方法：主成分。
旋转法：具有 Kaiser 标准化的正交旋转法。
a. 旋转在 9 次迭代后收敛

2. 逐步回归

运用 SPSS 统计软件对构建的多元线性回归模型进行实证分析以测度各种因素对舟山海岛老年人选择养老模式影响程度，并检验居住地区、健康状况、性格特点、年龄层次和文化程度等不同情况下对舟山海岛老年人选择养老模式的影响，从而得出各因素对其养老模式选择的影响强弱，确定影响其意愿的关键因素。为得到更为精确的模型，采用逐步回归的方法，得到结果见表 3-15。

表 3-15 变量进入顺序的情况

模型		变量进入	方法
维度	1	居家养老给孩子的压力 X_{23}	分段（标准：概率 f 进入≤0.050，概率的 f 删除≥0.100）
	2	目前养老服务的态度 X_{22}	
	3	养老风险意识 X_{17}	
	4	就业经历 X_{12}	
	5	年龄 X_2	
	6	性别 X_{13}	

逐步回归中将 X_{23}、X_{22}、X_{17}、X_{12}、X_2、X_{13} 依次作为输入变量，说明这几个因素对现在养老模式的选择影响比较显著。且排列位置最靠前的变量对现在养老模式的选择影响最为显著。

从表 3-16 中可以看出，随着引入变量的增多，第四列的数据——调整后的 R^2 也在不断地增大，说明模型能解释的比率也增大了。这样逐步回归输出的结果表明了各个自变量，居家养老对子女的压力 X_{23}，目前养老服务的态度 X_{22}，养老风险意识 X_{17}，就业经历 X_{12}，年龄 X_2，性别 X_{13} 对因变量 Y_1 目前舟山老年人选择的养老模式的影响度越高，模型的准确性越高。

表 3-16 模型摘要 1

模型	R	R^2	调整后 R^2	标准估计的误差
1	0.879[a]	0.773	0.773	0.366
2	0.887[b]	0.787	0.787	0.354
3	0.890[c]	0.793	0.792	0.350
4	0.893[e]	0.797	0.797	0.346
5	0.893[f]	0.798	0.797	0.346
6	0.894[g]	0.799	0.798	0.345

根据表 3-17，构建养老模式的回归模型为：

$$Y_1 = 0.14 + 2.35X_{22} + 3.258X_{23} - 0.044X_{13} + 0.240X_2 + 1.326X_{12} + 4.265X_{17}$$

表 3-17 系数 1

模型		非标准化系数		标准化系数	T	显著性
		B	标准错误	Beta		
1	（常数）	0.140	0.083		-.478	0.013
	目前养老服务的态度 X_{22}	2.350	0.006	0.161	8.529	0.000
	居家养老给孩子的压力 X_{23}	3.258	0.005	0.988	54.477	0.000
	性别 X_{13}	-0.044	0.020	-0.029	-2.157	0.031

模型	非标准化系数		标准化系数	T	显著性
	B	标准错误	Beta		
年龄 X_2	0.240	0.015	0.037	2.757	0.006
就业经历 X_{12}	1.326	0.006	0.054	4.132	0.000
养老风险意识 X_{17}	4.265	0.011	0.078	6.147	0.000

a. 应变数\: 现在的养老模式 Y_1

3. 海岛居民养老满意度模型构建

对因变量目前养老模式的满意度 Y_2 做回归分析，以目前养老服务的价格 X_{21}，目前养老服务的态度 X_{22}，居家养老家人对您的照顾周到否 X_{24}，目前养老服务的方便性 X_{25} 为自变量，构建满意度回归模型。

根据表 3-18 可知，可决系数 R^2 等于复相关系数的平方，这里等于 0.901，调整的 R^2 为 0.903，说明建立的模型拟合效果越好。

表 3-18 模型摘要 2

模型	R	R^2	调整后 R^2	标准估计的误差
1	0.949a	0.901	0.903	0.341

a. 预测值：(常数), 目前养老服务的方便性, 目前养老服务的价格, 目前养老服务的态度, 居家养老家人对您的照顾周到

根据表 3-19 回归分析的系数结果，建立的模型为：

$$Y_2 = 1.989 - 0.118X_{21} + 0.032X_{22} + 0.11X_{24} + 0.55X_{25}$$

养老服务的价格越高，老人对养老模式的满意度越低，所以系数为负数；养老服务的态度、服务人员照顾周到与否以及养老模式的方便性与老年人对养老模式的满意度的高低有着密切的联系。

表 3-19 系数 2

模型		非标准化系数		标准化系数	T	显著性
		B	标准错误	Beta		
1	（常数）	1.989	0.189		5.226	0.000
	目前养老服务的价格 X_{21}	-0.118	0.021	0.465	5.723	0.000
	目前养老服务的态度 X_{22}	0.032	0.012	-0.116	-2.724	0.007
	居家养老家人对您的照顾周到否 X_{24}	0.011	0.018	0.048	0.623	0.033
	目前养老服务的方便性 X_{25}	0.055	0.017	0.093	3.255	0.001

a. 应变数\: 对目前的养老方式的满意度

4. 海岛居民养老决策树分析

（1）构建决策树模型

影响将来养老模式选择的因子包括：年龄、收入、婚姻、居住状态、就业经历、户口、健康状况、与子女关系、性格、风险意识、现在的养老模式等，假设可供选择的养老模式包括：居家养老、社会机构养老、社区养老、不清楚。以四种类别为因变量，影响因子为自变量，构建决策树模型（见表3-20）。

表3-20　调查样本主要属性的描述性统计

项目	指标项	样本数	比例（%）
年龄	60~70岁	162	12.5
	71~80岁	109	8.4
	81岁以上	50	3.9
现在养老模式	居家养老	917	70.5
	社会机构养老	168	12.9
	社区养老	215	16.5
	其他	0	0
就业经历	普通企业	97	7.45
	务农	420	29.9
	渔民	239	15.2
	事业单位	107	8.28
	自由职业（打工）	107	8.28
	个体户	97	7.45
	自营企业	66	5.08
风险意识	担心	70	5.4
	比较担心	32	2.4
	走一步算一步	92	7.1
	不担心	136	10.5
与子女关系	好	184	14.2
	很好	92	7.1
	一般	70	5.4
	不好	43	3.3
婚姻	有	53	4.1
	无	53	4.1

由于SPSS导出的决策树不便于观看，所以将它转化为图3-12。

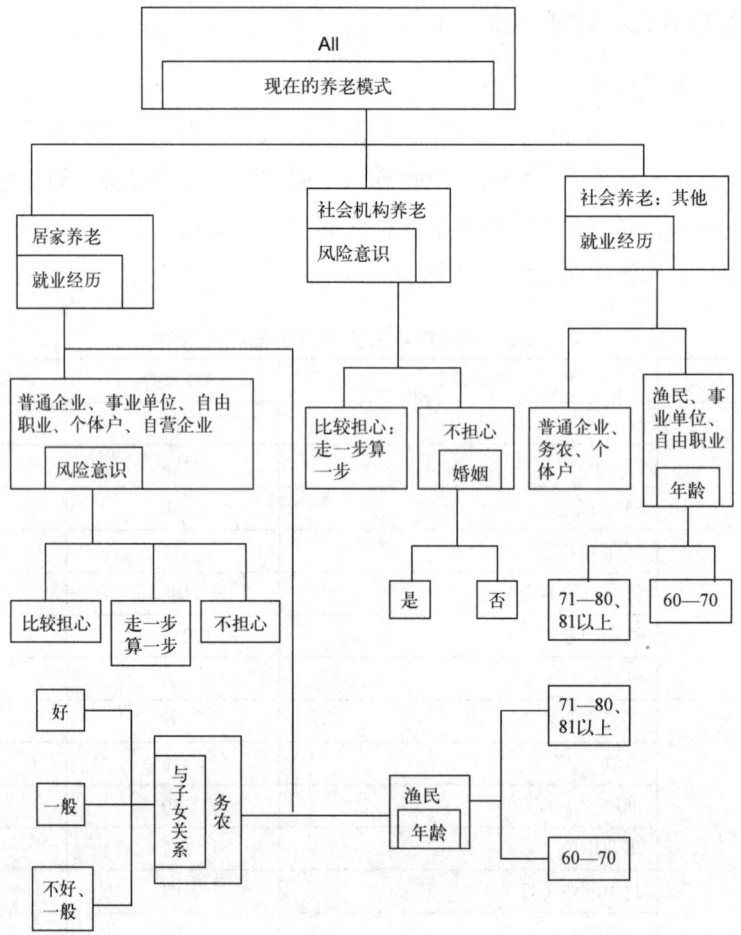

图 3-12 决策树

（2）决策树结果分析

风险表中估计值是分类准确性的一个评估值，其值表示错误率为 39.8%，说明该分类树的准确率是 60.2%，估计值越小说明该分类树越准确（见表 3-21）。

表 3-21 风险表

估　　计	标准误差
0.398	0.014

增长方法：CHAID
因变量列表：将来选择

表 3-22 中显示，本该是居家养老类的人分别划到居家养老类 182 人，社区养老类 205 人，社会机构养老和不清楚均 0 人，准确率是 47%；本该是社区养老类的分别划到居家养老类 41 人，社区养老类 600 人，社会机构养老和不清楚均 0 人，准确率是 93.6%。该结果表明该分类树中对于社区养老类的分类准确率是比较高的。

表 3-22 分类表

已观测	已预测				
	居家养老	社会机构养老	社区养老	不清楚	正确百分比
居家养老	182	0	205	0	47.0%
社会机构养老	65	0	155	0	0.0%
社区养老	41	0	600	0	93.6%
不清楚	12	0	40	0	0.0%
总计百分比	23.1%	0.0%	76.9%	0.0%	60.2%

增长方法：CHAID
因变量列表：将来选择

决策树分析结果表明，现在的养老方式、就业经历、养老风险意识等因素对决策产生了重要影响。性格、居住状态等因素没有成为影响预测的重要因素。

根据预测思路的不同，被调查的老年人分成4个类型，他们的养老模式选择具有显著差别。总体而言，该决策树预测老年人选择居家养老，社会机构养老，社区养老和其他的比例分别是：23.1%，0%，76.9%和0%。

居家养老（23.1%）：期望的养老模式是居家养老，特征集中在与子女关系好 and 目前是居家养老模式 and 务农 or 目前是社会机构养老 and 不担心养老 and 有配偶。

社会机构养老（0）：期望社会机构养老的老年人比例较低，特征集中在目前是机构养老 and 比较担心养老。

社区养老等（76.9%）：社区养老代表新型多元化养老模式，预测收到的期望比较大，老年人对社区养老认可度较高。特征集中在目前是社区养老，其他普通企业、务农、个体户、渔民现在是居家养老。

不清楚（0），该类别无路径选择。

三、调查结果分析

（一）问卷调查综述

调查数据结果显示，居家养老仍然在舟山占据主导地位，但却是建立在养老模式落后养老设施匮乏的基础上的，也就是根本没得选。同时居家养老的满意度也是最低的，影响因素包括家庭结构变化、子女关系和养老生活方便性等，较为复杂。社区养老是大多数老年人都很认可的新型养老模式，认为其大大方便了他们的日常生活，丰富了他们的情感世界，价格也能接受，非常适合生活能自理且子女不在家的空巢老人。但是社区养老在舟山尚处于起步阶段，服务功能不够健全，岛屿之间发展不平衡，养老服务基础性设施配置低，不能满足老年人的需求。机构养老的选择群体大都是高龄、生活自理困难、经济来源有保障的老年人，他们的满意度取决于养老服务质量和价格之比，性价比高，满意度随之上升。通过决策树预测可知，老年人对社区养老的期望最高，尤其是居住在交通不便的海岛乡村中的老年人。海岛上医疗设施缺乏，生活条件艰苦，这些老年人大多是农民渔民，没有退休养老金保障，也没有随子女离开小岛，他们很期望小岛上有这样一个惠民的社区居家养老照料中心。

（二）政府部门（老龄办）访谈综述

全市共有养老机构91家，总床位9302张，每百名老人拥有养老床位4张。其中公办养老机构44家，民办养老机构19家，社区养老服务中心（敬老院）28家。近年来政府越来越重视养老服务业发展，坚持"居家为基础、社区为依托、机构为支撑"三位一体的建设理念，初步建立起符合舟山市实际的新型城乡养老服务体系。针对海岛地区岛屿多、人居点分散等特点，投入数千万元改造、升级、新建一批社区养老服务中心，引导乡镇敬老院从寄养型向护理型过渡，五年来全市累计投入资金数亿元，新建、迁建、改造了一批公办、民办养老服务机构及乡镇基层敬老院，一定程度上解决边远海岛老年人养老问题。政府会确保人人享有基本养老服务，着力保障特殊困难老年人的养老服务需求，发挥好"托底"作用。

【案例解读】

（一）养老模式具有多样性

居家养老、社区养老、社会机构养老这三种养老模式是目前最主要的。居家养老即是由子女一代向父母提供经济开支，生活照料，精神慰藉等方面的资源供给，这种养老模式的基本特点是"子女养老"和"在家养老"的结合。社区养老模式，实质上是对家庭养老模式抵御上述风险失灵问题的一种回应，或者说是对子女一代供养父辈一代局部功能领域的一种补充。社区养老在空间上满足了老年人所需的日常生活的养老服务，满足其生活照料的需求，同时，社区可以通过社区活动来维系老年人的社会性，满足老年人的精神慰藉需求。社会机构养老，即具有老年人集中居住在同一机构，日常生活方式面临着高度集体性规制的特点。机构养老实质上意味着家庭养老的终结，或至少在养老的某个阶段（一般发生在高龄老人身上），宣告家庭养老职能的终止。机构养老的集约化居住方式和统一的管理模式还意味着进入养老机构就失去了对自我生活的自主、自控条件。

除了以上三种养老模式，目前还有旅游养老、合居养老、医养结合、智慧养老等新兴养老模式，它们将是未来养老模式发展的趋势。

（二）养老模式选择受内外因素影响

老年人养老模式选择受到内、外两方面的影响。内在因素又可以分成两个层次，分别是个体基本因素和家庭因素：个体因素中影响较大主要有年龄、身体健康状况、就业经历以及性格；家庭因素中主要包括家庭结构的变化、家庭的经济支撑能力以及家庭成员间情感联系，特别是现代的家庭结构的变化，三口之家的核心家庭占据主导，空巢家庭激增，导致家庭养老的功能严重退化。外在影响因素主要体现在养老模式自身特征，发展程度以及政府社会投入宣传程度。

（三）基于马斯诺需求理论的养老模式决策驱动

马斯洛在其 1943 年出版的《人类动机理论》一书中将人类的需求分为由低到高五个层次：生理需求、安全需求、社交和情感的需求、尊重需求以及自我实现的需求。在我国老年人的五层次需要均或多或少的受到威胁：老年人的生理需求要依靠金钱予以保障，这是养老的基础和前提，然而老年人收入的减少甚至缺失致使一些特殊人群的老年人养老问题突出；现代社会"空巢"家庭的激增，年龄的增长使生活能力下降，看病难、看病贵的现实困扰，导致老年人的普遍缺乏必要的安全感；另外，随着家庭在距离上的延伸，传统型的数代同堂的扩大式家庭不断减少，也导致老人们普遍缺乏精神慰藉；老年人的传统角色正在消失，其家庭及社会地位日渐边缘化，伦理道德观念也受到极大破坏，排斥在现代社会发展之外的老年人所感受到的来自外界的尊重不断减少；"老有所为、老有所学"就是对于老年人自我实现需求的强调，但是事实上，相比其他需求我国老年人的自我实现需求更容易受到忽视。

【案例启示】

发展适应舟山海岛分散的"迷你"型家庭养老院，多种养老模式相结合。舟山地形特殊，居民分散，交通极为不便，在每个小岛上建立养老机构或者居家养老照料中心目前还不现实，但是可以尝试这种"迷你"型家庭养老模式，"迷你"型家庭养老院是个人投资家庭型的养老院，主要的特点为养老院建立于居民家中，老年人和居民住在一起，老年人能感受到家庭般的温暖。

将舟山海岛旅游产业与养老服务产业结合。舟山群岛是个旅游城市，人文景观自然风光独特，环境优美，每年吸引了成百上千的游客。对于这些经济条件较好，需求层次更高的老年人，可以开发响应需求的生态养老。一方面可以促进当地海岛养老服务基础设施的建设，完善养老服务产业；另一方面也带动舟山旅游产业发展。

另外，从政府的角度来说，要着力保障特殊困难老年人的养老服务需求，发挥好"托底"作用。加快落实新农保政策，不能一次性缴清 15 年费用的困难老年人可以分期支付。提高老年人最低保障收入，提高集体捕捞渔民遗孀生活补贴以适应物价上涨。要加强规划引导、注重公共设施的合理设置、健全养老服务市场体系、培育养老服务市场主体，引进多元化养老服务产业，构建适合舟山养老服务业发展的政策体系。加强与社会其他组织的联系，引导社会提高对老年人的关注度。

案例思考
1. 居家养老、社区养老、机构养老各有哪些特点？
2. 对比其他国家和地区海岛老人养老模式还有哪些借鉴意义？
3. 从政府角度出发还应在哪些方面保障特殊人群的养老？

本节参考文献

陈东，张郁扬. 不同养老模式对我国农村老年群体幸福感的影响分析--基于 CHARLS 基线数据的实证检验[J]. 农业技术经济，2015(4):78-89.

陈芳，方长春. 家庭养老功能的弱化与出路：欠发达地区农村养老模式研究[J]. 人口与发展，2014, 20(1):99-106.

陈妤. 让海岛老人实现幸福养老梦--舟山养老服务打造"海岛样板"[N]. 舟山日报.2016-9-6(3).

蒋舟燕，吕琦. 完善海岛新型渔农村养老保险制度探究[J]. 管理实践，2010(1):21-24.

潘越峰. 典型海岛县养老服务模式探索[J]. 浙江经济，2015(04):63.

第四节 农民工养老保险的参与意愿

本案例原题为《农村外来务工人员对社会养老保险的参与意愿及其影响因素分析——基于浙江省 6 市 397 名农村外来务工人员》，2013 年获得浙江省统计调查方案设计大赛二等奖。案例作者：周志、郝长琴、叶玉梅、金晓黎、邹博文，指导教师：王晓慧、彭勃。

外来务工人员的概念与城镇居民相对应，是指以就业为目的由外地进入本地城市，不具有城市常住户口，但与本地城市用人单位建立劳动关系的劳动者，既可指个体，亦可指群体。外来务工人员中多数来自农村，持有农村户口，靠在城市就业、务工所得谋生，工作生活往往具有流动性，与农民工范畴相似，但又有所差别，还包括来自城镇、大中城市的劳动者，还有在外地工作的技术人员、管理人员等。

社会养老保险是国家依据相关法律法规规定,为解决劳动者在达到国家规定的解除劳动义务的劳动年龄界限或因年老丧失劳动能力而退出劳动岗位后的基本生活而建立的一种社会保险制度,目的是以社会保险为手段来保障老年人的基本生活需求,为其提供稳定可靠的生活来源。

一、调查方案设计

(一) 调查目的及意义

浙江省作为一个经济大省,也是主要的劳务输入省。农村外来务工人员已成为其经济和社会活动中的重要组成部分。国家为了保障农村外来务工人员的养老问题,出台了一系列社会养老保险制度,并特为解决农村外来务工人员社会养老保险接续的问题,出台了"两个办法"即《农民工参加基本养老保险办法》和《城镇企业职工基本养老保险关系转移接续暂行办法》,逐步解决农村外来务工人员的后顾之忧,实现其养老不犯愁的目标。

此次调查将理论和实际结合起来,将影响农村外来务工人员参保的因素加以归类整合,建立了一个比较全面的指标体系,深入了解了农村外来务工人员对社会养老保险的参与意愿及影响因素,并使用 logistic 二元回归模型对影响农村外来务工人员参保意愿的因素加以分析,得其主要因素,最终提出一个有效解决浙江省农村外来务工人员社会养老保险问题的实际可行建议办法,旨在为农村外来务工人员的社会养老保险的开展贡献一份力量。

(二) 调查范围及对象

问卷调查范围主要是在温州市、宁波市、杭州市(含余杭区和萧山区)、金华市、台州市、嘉兴市这六个市。调查对象为六市的农村外来务工人员(样本分配如表 3-23 所示)。

访谈调查的对象为:高校相关专业教授、企业主管、外来务工人员。

表 3-23 调查对象划分表

地区	农村外来务工人员人口(万人)	抽取人数
温州	272.5	115
宁波	198.3	84
杭州	174.3	73
金华	122.4	51
台州	122.1	51
嘉兴	112.3	48
合计	1001.9	422

注:农村外来务工人员人口是以 2010 年浙江省流入人口为样本得出

(三) 调查内容及方法

1. 问卷调研

问卷调研是分别在温州市、宁波市、杭州市（含余杭区和萧山区）、金华市、台州市、嘉兴市这六个外来人口比例较高的城市进行。

调查涉及农村外来务工人员的基本信息、国家宣传监督力度、社会养老保险政策的被认知信任度以及缴费合理性等内容（见表3-24）。

表3-24 调查内容

自身因素	个体因素	性别 X_1
		年龄 X_2
		婚姻状况 X_3
		受教育程度 X_4
		从事行业 X_5
		留城意愿 X_6
	经济情况	月收入 X_7
		供养家人压力 X_8
		土地积蓄能否保障养老 X_9
国家政策制度	国家的宣传监督力度	是否接触过国家前期宣传 X_{10}
		是否签订劳动合同 X_{11}
	社会养老保险政策被认知信任情况	是否了解参保途径 X_{12}
		是否了解缴费流程手续 X_{13}
		是否了解接续的"两个办法" X_{14}
		对国家养老政策是否信任 X_{15}
	缴费合理性	个人支付比例是否过高 X_{16}
		15年的缴费年限是否过长 X_{17}

2. 深度访谈

除了问卷调查外，本小组成员于调查期间与我校教授进行了面对面的访谈。访谈内容涉及农村外来务工人员的社会保障制度现状、造成这种状况的原因以及影响农村外来务工人员保障权益实现的因素等。教授结合以上谈话内容对影响农村外来务工人员参保的因素做了分析，为我们提供了宝贵的意见和建议。

在发放调查问卷过程中，小组成员也与企业主管进行沟通交流，了解其企业的员工购买社会养老保险的状况以及其企业是否积极主动地为员工购买社会养老保险。同时也对部分被调查者进行了自由访谈。并通过访谈方式捕捉到被调查者对社会养老保险的看法意见以及影响其是否参保的因素。

3. 文献查阅

参考大量国内专家学者的文献研究，将影响农村外来务工人员参保意愿的因素加以归类整合。发现影响农村外来务工人员参保意愿的因素主要表现在其自身因素和国家社会养老保险的制度与模式上。

（四）研究假设

研究分析表明影响农村外来务工人员参加社会养老保险的因素主要表现在农村外来务工人员的自身因素和政策制度上，具体可能受以下五类因素的影响。

第一，个体因素（人口学因素）。作为行动的主体，农村外来务工人员参加养老保险的意愿，可能会受到其主体特征方面的影响，如性别、年龄、受教育程度等。

第二，经济因素。农村外来务工人员收入高低对于其是否参加养老保险可能具有重要影响。就目前一般农村外来务工人员而言，其收入水平还是较低的，如果他们的收入水平仅够维持现阶段消费，可以预计到几十年后他们的养老是没有确切保障的。

第三，国家对养老保险的宣传监督力度。由于农村外来务工人员的教育程度一般不高，而且维权意识不强，如果仅仅依靠其自身来了解和享受复杂的国家政策是远远不够的，这就需要国家的宣传和监督。国家的宣传和监督力度，可能直接影响着农村外来务工人员的参保意愿。

第四，社会养老保险被认知信任情况。农村外来务工人员法律意识薄弱，文化水平低，对新事物的接受能力不高，加之，由于国家目前对社会养老保险的统筹力度不够，各省市的标准不一，并且农村外来务工人员流动性较大，这将会使其对国家政策的信任度以及认知度大打折扣。

第五，社会养老保险缴费合理性。由于农村外来务工人员大都收入较低，而且又要面临供养家庭的经济压力，社会养老保险缴费的时间和金额可能会对其参与意愿有很大的影响。

二、调查数据统计

温州、宁波、杭州（含余杭区和萧山区）、金华、台州、嘉兴六市共发放 422 份问卷，实际回收 407 份问卷，剔除遗漏个人基本信息的问卷后，获得有效问卷共 397 份。其中温州市实际发放 115 份问卷，收回 112 份，有效问卷 110 份；宁波市实际发放 84 份问卷，收回 82 份，有效问卷 80 份；杭州市实际发放 73 份问卷，收回 70 份，有效问卷 69 份；金华市实际发放 51 份问卷，回收 49 份，有效问卷 46 份，；台州市实际发放 51 份问卷，回收 48 份，有效问卷 46 份；嘉兴市实际发放 48 份问卷，收回 46 份，有效问卷 46 份。

（一）描述性统计分析

1. 参保意愿与参保率描述

根据图 3-13 显示，有部分农村外来务工人员虽然没有参加社会养老保险，但其却存在购买社会养老保险的意愿，还有极少数的农村外来务工人员虽然购买了社会养老保险，但却并无参保意愿。

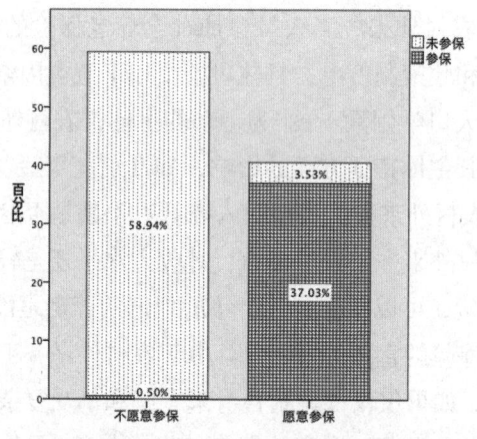

图 3-13　参保意愿与参保率关系图

2. 样本农村外来务工人员的自身因素描述

（1）农村外来务工人员的年龄

样本农村外来务工人员的年龄主要集中于 18～30 岁的年龄段，其次是 41～50 岁，然后是 31～40 岁，农村外来务工人员大多是青年人和中年人。根据图 3-14 所示，18～30 年龄中不愿意参保的人数众多，该年龄群的农民工相对年轻，打工挣钱可能只是为了养家，参保意识淡薄，这种短视行为可能是造成参保率低的原因之一。

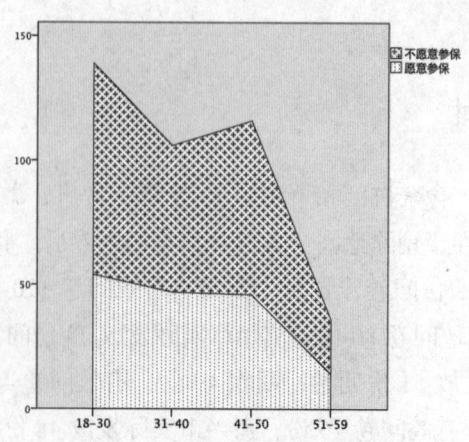

图 3-14　样本不同年龄层参保意愿图

第三章　老有所养

（2）农村外来务工人员的来源地

样本共有 22.17%的农村外来务工人员来自安徽，有 20.40%的人来自四川，18.64%的人来自河南，来自湖南的农村外来务工人员占 15.87%，另外，还有部分被调查外来务工人员来自贵州、广西等地（其他 22.92%）。

（3）农村外来务工人员的从事的行业

样本共有 77.1%的农村外来务工人员从事基础行业。其中，从事制造业的人数占 18.6%，纺织业的占 19.9%，建筑业的占 20.2%，服务业的占 18.4%，其中，还有 22.9%的人从事其他行业。可以看出农村外来务工人员的从事的行业种类繁多，但大多是城市的低端、基础性行业。根据图 3-15 所示，建筑业的参保意愿最低，从事其他行业的参保率相对较高。

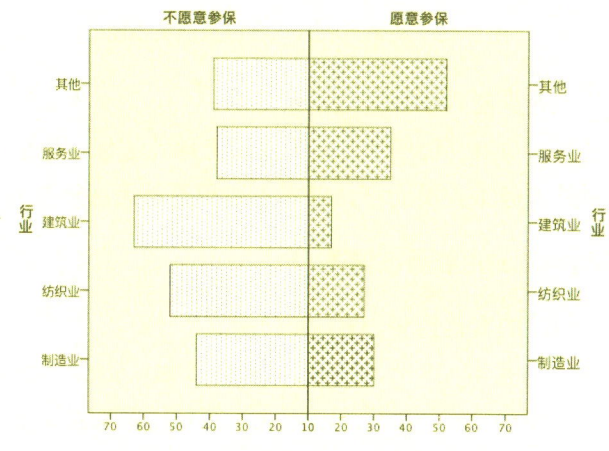

图 3-15　样本各行业参保意愿分析图

（4）农村外来务工人员的月收入

以农村外来务工人员的平均月收入作为经济状况的主要反映因素，月收入在 2000 元以下的只有 13 个人具有参保意愿，其他 38 个无参保意愿。月收入在 2000~4000 元的人群是最多的，其中具有参保意愿的为 76 个，无参保意愿的为 131 个，月收入 4001~6000 元的人群中有 56 个愿意参保，参保意愿接近 50%，月收入 6000 元及以上的人群大多具有参保意愿。可见月收入越高其参保意愿也是越高的。具体情况如图 3-16 所示。

（5）农村外来务工人员的供养家庭压力

农村外来人员中有 70.5%的人认为有供养压力，有供养压力的人可能会先满足生活需求，再考虑养老的事。

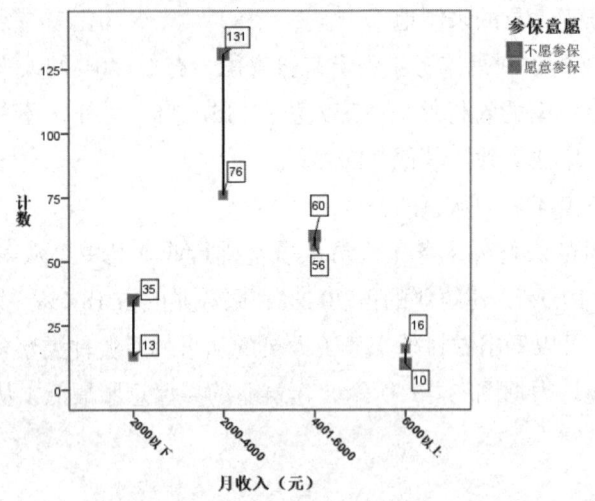

图 3-16　样本月收入与参保意愿关系图

（6）农村外来务工人员能否依靠土地积蓄养老

样本农村外来务工人员有 74.8%的人认为仅靠土地无法保证以后的养老问题，可以看出对于大多数农村外来务工人员而言，仅靠土地积蓄是无法解决养老负担。

3. 国家养老保险制度的主要特征描述

（1）国家对养老保险的宣传监督力度

样本农村外来务工人员有 38.8%的人表示未曾接触或很少接触关于养老保险的宣传，而接触宣传的人数占 61.2%。由图 3-17 可见，接触国家对社会养老保险的宣传，与参保率有很大的联系。

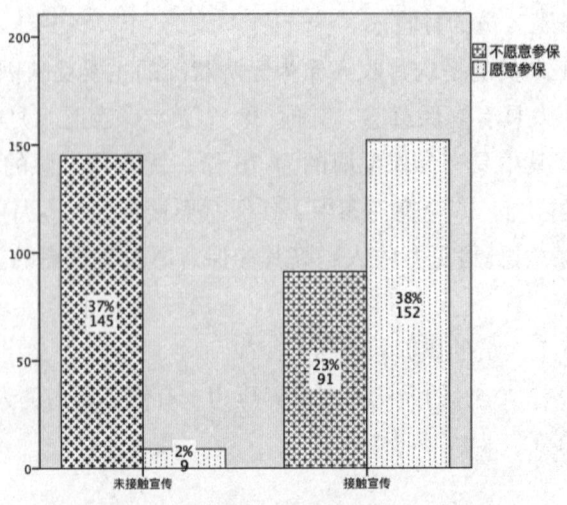

图 3-17　是否接触过宣传与参保意愿关系图

(2) 社会养老保险被认知信任情况

养老保险的参保途径的被认知情况。样本农村外来务工人员中有54.4%的人不了解养老保险参保途径，45.6%的人了解部分参保途径。可见，农村外来务工人员对于养老保险参保途径有一定的认知，但此类人数偏少。

养老保险缴费流程的被认知情况。调查显示，高达66.0%的被调查者并不了解参加社会养老保险的缴费流程。可见，众多农村外来务工人员对于养老保险制度的缴费流程不了解。

养老保险关系转移"两个办法"的被认知情况。样本农村外来务工人员对于养老保险关系接续转移办法的认知度，不了解"两个办法"的人数高达75.1%。这表明众多的流动农民工不知道怎么接续或转移养老保险关系。可以看出，一方面，农村外来务工人员的法律知识匮乏，另一方面，国家出台相应的规定政策时普及底层群众的力度还有待加强。

国家养老保险政策的被信任情况。调查显示信任国家政策的人数较不信任国家政策的人数相差甚微，信任国家政策的人占49.6%，而不信任国家政策的人占50.4%。

4. 国家所规定的养老保险缴费合理性

养老保险的支付比例。将养老保险支付比例分为3个档次（过高、一般、不高），样本农村外来务工人员的对养老保险支付比例感知的均值为1.74，样本分布区间为1~3，分数越高，表明越觉得支付比例合理。由该调查数据可以看出，农村外来务工人员认为国家养老保险的支付比例偏高。

养老保险的支付年限。样本农村外来务工人员中有48.9%的人认为其缴费年限过长，有42.1%的人认为缴费年限正常。其均值为1.740，样本分布区间为1~3，由此可以看出，对于大多数农村外来务工人员而言，15年的缴费年限偏高。

综上，养老保险支付比例和支付年限与参保意愿的关系如图3-18所示。

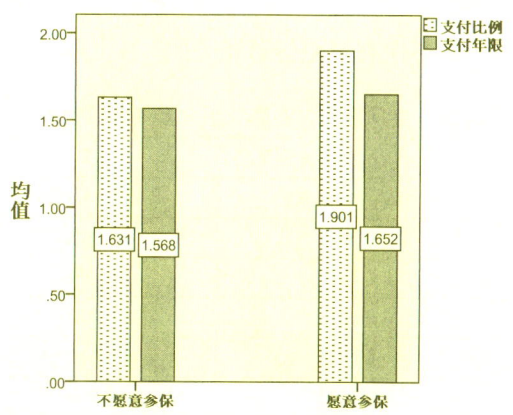

图3-18　社会养老保险缴费合理性与参保意愿关系图

根据以上统计图可以看出，未参保人数中，支付比例均值在 1.5～2.0 之间，而在参保人数当中，支付比例均值也在 1.5～2.0 之间。支付年限在未参保群体和参保群体的均值更加接近。这表明，农村外来务工人员对于支付比例和年限的看法普遍相同，这也片面的表明支付年限对于农民工的参保意愿影响不大。

（二）问卷质量分析

1. 信度分析

样本数据的克朗巴哈 α 系数为 0.513，标准化克朗巴哈 α 系数为 0.659 说明样本的可信度偏低，因此为了提高问卷的可信度，需要对问卷再进行基于删除相应项的信度分析，排除对问卷信度造成影响的因素（见表 3-25）。

表 3-25 克朗巴哈 α 系数检验表

克朗巴哈 α	基于标准化项的克朗巴哈 α	项数
0.513	0.659	18

最终逐步删除年龄 X_2、供养家人压力 X_8、受教育程度 X_4、婚姻状况 X_3、行业 X_5 五个导致问卷信度偏低的因素后其克朗巴哈 α 系数为 0.721（见表 3-26）。

表 3-26 删除相应项后克朗巴哈 α 系数检验表

克朗巴哈 α	基于标准化项的克朗巴哈 α	项数
0.721	0.740	13

2. 效度分析

（1）内容效度分析

目前确定内容效度的方法主要有两种即专家判断和相关分析。在此，对于内容效度的测量本文采用单项与总和相关分析法，根据相关是否显著判断是否有效。由表 3-27 可知，除了支付年限 X_{17} 没有通过显著性检验其他变量都通过了显著性检验，也说明本文所涉及的大多数影响因素对参保意愿是显著相关的。

表 3-27 参保意愿与各影响因素相关性检验表

影响因素	参保意愿		
	Pearson 相关性	显著性（双侧）	N
性别 X_1	0.099*	0.049	397
留城意 X_6	0.331**	0.000	397
月收入 X_7	0.177**	0.000	397
土地积蓄能否保证养老 X_9	0.292*	0.046	397
是否接触国家宣传 X_{10}	0.563**	0.000	397
是否签订劳动合同 X_{11}	0.558**	0.000	397

续表

	参保意愿		
影响因素	Pearson 相关性	显著性（双侧）	N
是否了解参保途径 X_{12}	0.593**	0.000	397
是否了解缴费流程 X_{13}	0.642**	0.000	397
是否了解转移办法 X_{14}	0.295**	0.000	397
是否信任国家政策 X_{15}	0.697**	0.000	397
支付比例是否过高 X_{16}	0.208**	0.000	397
支付年限是否过长 X_{17}	0.064	0.204	397

**在 .001 水平（双侧）上显著相关，*在 0.05 水平（双侧）上显著相关。

（2）构建效度

由表 3-28 可知，该样本数据的 KMO 检验值为 0.780，置信水平为 0.000<0.05 说明该样本数据是比较适合做因子分析的。

表 3-28　KMO 和 Bartlett 检验表

取样足够度的 Kaiser-Meyer-Olkin 度量		0.780
Bartlett 的球形度检验	近似卡方	868.578
	df	66
	Sig.	0.000

考虑到我们的样本容量较大，影响因素较多，在此我们将提取特征值降低为 0.8 以上（一般为 1）。公因子提取如表 3-29 所示。可知在特征值为 0.8 的情况下能提取 6 个公因子，其累计贡献率为 72.354%，说明这 6 个公因子能基本上包含样本数据的信息。

表 3-29　各因子解释总方差表

成分	初始特征值			提取平方和载入			旋转平方和载入		
	合计	方差（%）	累积（%）	合计	方差（%）	累积（%）	合计	方差（%）	累积（%）
1	3.176	26.464	26.464	3.176	26.464	26.464	2.488	20.731	20.731
2	1.608	13.397	39.860	1.608	13.397	39.860	1.437	11.978	32.708
3	1.151	9.592	49.453	1.151	9.592	49.453	1.382	11.519	44.227
4	1.062	8.847	58.299	1.062	8.847	58.299	1.162	9.683	53.910
5	0.884	7.363	65.663	0.884	7.363	65.663	1.160	9.664	63.574
6	0.803	6.691	72.354	0.803	6.691	72.354	1.054	8.780	72.354
7	0.697	5.806	78.160						
8	0.678	5.649	83.809						
9	0.601	5.005	88.814						
10	0.518	4.313	93.127						
11	0.467	3.892	97.019						
12	0.358	2.981	100.000						

根据旋转后的公因子荷载矩阵，可知第一个公因子 F_1：与是否接触国家宣传 X_{10}（0.779）、是否签订劳动合同 X_{11}（0.745）关系密切，这与前面的国家制度中的国家宣传监督力度是十分吻合的，因此把第一个公因子命名为国家宣传监督力度。

第二个公因子 F_2：与支付金额是否过高 X_{16}（0.763）、支付年限是否过长 X_{15}（0.834）关系密切，这与前面的缴费的合理性是完全吻合的，因此把第二个公因子命名为缴费的合理性。

第三个公因子 F_3：主要与是否了解转移办法 X_{14}（0.889）密切相关，其次也与是否了解参保途径 X_{12}（0.554），是否了解缴费流程 X_{13}（0.404）也有一定关系，因此把第三个公因子理解为对社会养老保险的认知程度。

第四、第五、第六个公因子分别只与留城意愿 X_6（0.908）、性别 X_1（0.919）、土地积蓄能否保证其养老 X_9(0.977)的单个因素显著相关，考虑到前面的信度分析中删除了大量的个人因素中的问题，这也导致了其剩下因素无法归类到某一类公因子。因此将第四、五、六三个公因子归为一类，即个人因素。

（三）实证分析

运用 SPSS19.0 统计软件对构建的二元 logistic 回归模型进行实证分析以测度各种因素对农村外来务工人员参加社会养老保险意愿影响程度，并检验是否签订劳动合同、是否信任国家政策、是否了解缴费流程、年龄层次和保险金支付比例等不同情况下对农村外来务工人员参加社会养老保险意愿的敏感性，从而得出各因素对其参保意愿的影响强弱，确定影响其参保意愿关键因素。

1. 模型拟合度检测

由表 3-30 可知，以 Cox & Snell R^2 和 Nagelkerke R^2 两个统计量去掉了线性回归中的 R^2 统计量，其值分别为 0.627 和 0.847 说明模型的拟合度是非常理想的。

表 3-30　模型拟合度检验表

步骤	-2 对数似然值	Cox & Snell R^2	Nagelkerke R^2
1	144.323a	0.627	0.847

a. 因为参数估计的更改范围小于 .001，所以估计在迭代次数 7 处终止。

2. 模型结果数据分析

根据表 3-31 回归分析的结果，最终只有土地积蓄是否能保障养老 X_9，是否接触前期宣传 X_{10}，是否签订劳动合同 X_{11}，是否了解缴费流程 X_{12}，是否信任国家政策 X_{15} 以及常量通过了 0.05% 的置信水平检验，因此根据上表建立模型为：

$$Y = -1.180X_9 + 2.435X_{10} + 2.653X_{11} + 1.714X_{13} + 3.390X_{15} - 10.597$$

表 3-31　模型回归结果表

	B	S.E	Wals	Sig.	Exp (B)
性别 X_1	0.771	0.502	2.357	0.125	2.161
留城意愿 X_6	0.694	0.489	2.013	0.156	2.003
月收入 X_7	0.295	0.344	.739	0.390	1.344
土地积蓄能否保证养老 X_9	-1.180	0.563	4.390	0.036	0.307
是否接触国家宣传 X_{10}	2.435	0.554	19.341	0.000	11.418
是否签订劳动合同 X_{11}	2.653	0.508	27.218	0.000	14.190
是否了解保险转移办法 X_{12}	0.936	0.515	3.305	0.069	2.550
是否了解缴费流程 X_{13}	1.714	0.540	10.090	0.001	5.549
是否了解参保途径 X_{14}	0.374	0.530	0.498	0.480	1.454
是否信任国家政策 X_{15}	3.390	0.540	39.359	0.000	29.658
支付比例是否过高 X_{16}	0.558	0.416	1.793	0.181	1.746
支付年限是否过长 X_{17}	00.469	0.387	1.469	0.225	1.598
常量	-10.597	1.770	35.825	0.000	0.000

通过上述回归分析模型可以看出主要自变量因素对 Y 的解释强度顺序为:是否信任国家政策 X_{15}>是否签订劳动合同 X_{11}>是否接触国家宣传 X_{10}>是否了解缴费流程 X_{13}>土地积蓄能否保证养老 X_9。

优势比分析：在 5%的置信水平上显著，是否信任国家政策 X_{17} 对农村外来务工人员的参保意愿影响显著。在其他变量保持不变时，X_{15}=1（信任国家政策）时对提升农村外来务工人员参保意愿的优势是 X_{15}=0（不信任国家政策）时的 29.658 倍，显著高于其他变量的 EXp(B)值。是否签订劳动合同 X_{11} 对农村外来务工人员的参保意愿也存在很大的影响，在 5%的置信水平上显著，其 EXp(B)值为 14.19，这说明在其他变量保持不变时，如果当 X_{11}=0（即不签订劳动合同）变为 X_{11}=1 时，可以使参保意愿提高为原来的 14.19 倍。是否接触国家宣传 X_{10} 对其参保意愿也有很大的影响，在 0.05%的显著置信水上，EXp(B)值为 11.418；这表示如果当 X_{17} 的值由 0 变为 1 时，即他们由原来的没有接触过宣传变成为接触过宣传时他们的参保意愿将提高 11.418 倍；另外是否了解缴费流程 X_{13} 和土地积蓄能否保证养老 X_9 对农村外来务工人员的参保意愿也有一定的影响。

由此可见，农村外来务工人员对信任国家政策持信任态度，签订劳动合同，接触过社会养老保险的宣传并对对缴费流程都有一定的了解，同时国家养老保险的支付比例能适当降低，农村外来务工人员改变其传统的土地积蓄养老观念，这些将会大大提高农村外来务工人员的参保意愿。

三、调查结果分析

通过对样本数据的统计描述分析结果表明,农村外来务工人员大都以青壮年为主,受教育程度偏低,而且其未来计划主要以回农村为主,养老观念比较传统,对自身养老安全保障的担心程度和对养老保险政策的认知程度也不高,这是导致他们参保率低的一个重要原因;他们所从事的行业种类繁多,但大多数集中在低利润劳动密集型的小微企业,许多私营企业为降低其生产成本而不为其参保;由于大多数农村外来务工人员工资水平较低,且在供养家庭还存在着一定的经济压力,所以这也对其在购买社会养老保险上形成了阻碍。同时他们之中很多人没有签订过劳动合同,也没有接触过前期宣传,这说明国家的宣传监督力度是远远不够的,另外很多农村外来务工人员对国家社会养老保险政策还持怀疑态度,认为缴费还存在一定的不合理性,这对国家社会养老保险政策的普及是很不利的。

通过实证分析结果表明,是否信任国家政策成为影响其参保意愿的首要因素。目前,我国的社会保障制度还没有实现全国统筹,各省的养老保险政策均有所差别。不同的养老保险政策给转移后养老保险的衔接带来了难度,也降低了农民工对地方政府的信任度,成为农村外来务工人员选择不参保或者退保的原因之一。是否签订劳动合同对农村外来务工人员的参保意愿也有很大影响。根据我国法律规定,企业一旦与员工签订劳动合同就必须要为其购买社会保险,当然也就必须为农村外来务工人员购买社会养老保险。但是目前大多数企业为了节约生产成本,而没有与农村外来务工人员签订劳动合同,这样也直接导致目前农村外来务工人员与企业劳动合同签订率低,参保率低。

【案例解读】

(一)各地外来务工人员养老保险制度不统一

我国长期存在着二元经济结构和二元社会结构,我国的养老保险体系在此基础上产生并通过制度得以强化和巩固,也呈现二元性,即城镇养老保险体系和新农村居民养老保险体系独立运行,在缴费基数和缴费率设计上存在很大差异。为了解决外来务工人员的养老保险权益问题,我国一些地方政府因地制宜地出台适合各地发展特点的外来务工人员养老保险制度或办法,大体上分为"独立型"(即单独为外来务工人员建立参保制度)、"综合型"(即将外来务工人员的养老、医疗、工伤等险种综合考虑,打包制定一个综合性的保险制度)和"纳入型"(即纳入本地城镇职工养老保险体系)三类[1],从而导致省市之间存在差异,缺乏衔接点。

---

[1] 吕超. 山西省外来务工人员养老保险问题研究[D]. 山西财经大学,2014

（二）用人单位多处产业末端，逃避缴费责任

外来务工人员在城市中可选择的职业非常有限，雇佣外来务工人员的用人单位多是从事产品技术含量低、对技术要求较小的服务行业、建筑业以及矿业采掘业等，大都处于产业链的末端，获利方式比较单一，主要雇佣成本相对低廉的劳动力来降低生产成本，在为外来务工人员参加养老保险没有强制规定的环境里，企业大多采取不作为的方式。因此，一些单位为了降低成本，以各种借口推脱责任，不愿意为务工人员缴纳保费；一些单位不与务工人员签订正式的劳动合同或者在向有关部门申请养老保险时采取瞒报手段，从而减少缴纳养老保险的金额。

（三）外来务工人员保障意识差，缴费困难

外来务工人员自身缺乏保障意识，对社会保障的认识和信任程度不高，收入低且不稳定的情况使其更有宁愿把收入全部用于日常生活及各项应急储备支出上，也不愿投到自己看不见收益的养老保险上。另外，各级社会保险经办机构对现行的养老保险政策宣传、解释不到位，再加上一些比较模糊的规定，文化程度不高的外来务工群体是很难理解其真正内涵的，甚至有一部分外来务工人员都不知道他们可以参加养老保险。

（四）政府机制不健全，支持力度小

在社会养老保险制度的发展过程中，因社保资金有限，无法同时兼顾公平与效率，引发了很多问题，比如城乡养老保险制度呈现不均衡发展趋势，企业职工和行政事业单位职工缴费、给付不协调，仅靠个人缴纳和单位缴纳两个方面来维持，显然难以提高务工人员的养老金水平。在解决外来务工人员养老保险转移接续问题过程中，因外来务工人员社会保障资金转移机制不健全，养老保险只转移个人账户累积基金，对退休参保人员来说减少了养老金领取的数量，但外来务工人员所从事的职业大都流动性大，养老保险转移的成本过高。

【案例启示】

（一）加快统筹全国社会养老保险制度，提高农村外来务工人员对社会养老保险的信任度

由于我国社会保障制度还没有实现全国统筹，各省的养老保险政策均有所差别。农村外来务工人员担心养老保险关系跨省转移后会受到差别待遇，无法正常领取退休金，这直接导致了其对国家社会养老保险政策的信任度偏低，因此要解决这一难题就必须加快对社会保障法规的进一步完善，逐步提高其对农村外来务工人员的保障作用；同时国家可以成立全国社会保险监督机构，奠定全国统筹的组织实行社会保险垂直管理。并加

快社会保障信息化管理和服务供给网络及水平的提高，为农村外来务工人员的社会养老保险全国范围内的统筹创造基本的技术支持。

（二）加强对用人单位的监管力度，要求企业必须与农村外来务工人员签订劳动合同

是否签订劳动合同是影响农村外来务工人员参保意愿的一个重要因素，所以要想提高其参保意愿就必须加强对企业的监管力度。因此，工商部门和社保部门可以进行有效的沟通合作，定期或不定期地抽查以农村外来务工人员为主的企业（特别是小微企业），同时，也要取得工会的支持和配合，由工会组织职工对劳动合同管理情况进行民主监督，从而使农村外来务工人员的合法权益在民主监督下得到维护。

（三）加强对社会养老保险的宣传力度，提高农村外来务工人员对社会养老保险的认知度

大多数农村外来务工人员对社会养老保险的参保途径，缴费方式以及流程都不了解或了解很少，这无疑会影响其参保的意愿。由于对缴费流程的不了解，而现在一般又都是由企业在为其代缴的，他们可能会存在公司会给他们少交或骗保的心理顾虑，这对他们参保意愿有着很大影响。因此这就需要我们国家政府的职能部门加大宣传对社会养老保险的力度，政府有关部门可以定期派人去农村外来务工人员聚集的地区为其讲解社会养老保险的一些政策法规和基本的缴费流程程序等，以加深其对社会养老保险的了解，打消心中的疑虑。同时也必须要求企业定期或不定期的展开宣传工作，并将缴费的流程公开化，让更多的人参与进来。

（四）加强对社会养老保险制度的完善，实现由传统养老到多元化养老的转变

农村外来务工人员老年后没有留城意愿，愿意回家务农，这也表明其以后的养老大都将主要依靠土地积蓄等进行养老。虽然目前大多数农村外来务工人员主要是依靠土地积蓄的传统养老模式，大多数的农村外来务工人员对以后土地积蓄的传统养老模式还存在不确定态度，因此这就需要国家和社会进一步完善社会养老保险制度，建立起农村外来务工人员的养老档案，为他们提供一种多元化的养老模式。

案例思考

1. 谈谈国家养老保险制度的主要特征。
2. 提升外来务工人员参加养老保险意愿有哪些对策？
3. 农民工退保说明什么？怎样解决？

本节参考文献

胡央娣. 农民工参加社会保险的影响因素研究[J]. 统计研究. 2009（4）

谭波. 如何破解外来务工人员社会养老保险参保瓶颈[J]. 山东劳动保障. 2010（1）

王向. 农民工社会养老保险的新模式[J].西安财经学院学报. 2009（2）

徐琴，鲍磊. 农民工养老保险参保行为及其影响因素分析[J]. 南京师大学报(社会科学版). 2009（5）

杨惠芳. 浙江省外来务工人员社会保障制度的发展思路[J]. 浙江统计. 2005（11）

赵坤. 农民工养老保险转移接续态势与政策效果评估[J].改革. 2010（5）

第四章 住有所居

第一节 理论概要

一、问题的提出

随着经济的不断发展，人们的生活水平得到了迅速提高，人们对物质生活的需求越来越高，对住房的需求量也越来越大，房屋的价格也水涨船高。关于住房问题的新理念明确了我国住房权保障的目标，并提出从制度建设上保障人民住有所居。

二、住有所居的关键

（一）削减房地产的投机投资属性

削减房地产的投机和投资属性，降低金融杠杆等，是增强系统韧性的长期之策。增加低收入者住房供给渠道、丰富调控主体工具手段等是应对不确定性风险基本途径；强化调控主体的灵活性、适应力和协调性，摆脱房地产投资和土地财政依赖症[①]。随着大城市规模继续扩张，人口的聚集效应在未来会更加明显，尽快建立住房市场监管体系，重点关注"房价泡沫城市"的风险防范和隔离。

（二）多渠道增加住房供给

流动人口是我国特别是特大城市中最大的住房困难群体。据统计，2016年我国流动人口的整体规模大概是2.4亿，约占城镇人口的30%，这是非常大的规模，而这些人主要集中在特大城市。租住城中村私人住房是特大城市流动人口住房的主要形式，然而传统城中村改造模式面临三大难题：一是排斥性改造，没有考虑农业转移人口市民化的居住和发展需要，不符合新型城镇化发展的需要；二是公共空间不足，特别是生活类和文化类公共空间缺乏，没有形成现代城市居住区相匹配的人居环境；三是交易成本高。随着一个个城中村的改造，流动人口只能不断向外搬迁扩散，越住越远。因此，构建住房

---

① 经济日报."住有所居"如何实现？ http://baijiahao.baidu.com/s?id=1584214318058077696, 2017.11.16

长效机制,要从城乡之间、地区之间、城市群之间这样更大的层面进行统筹。

(三)加速发展租赁市场

我国长期以来都有"重购轻租"的观念,然而随着大中城市新市民的增多,越来越高的房价促使更多人选择租房,但在一些人口净流入的大中城市,还存在着租赁房源总量不足、市场秩序不规范、政策支持体系不完善等问题。想安安心心做房客,也不是那么简单。2016年6月,国务院办公厅发布了《关于加快培育和发展住房租赁市场的若干意见》,提出要培育市场供应主体,鼓励住房租赁消费,完善公共租赁住房,支持租赁住房建设。

三、亟待解决的问题

第一,随着城镇化进程和人口流动加快、房价上涨等因素造成的住房问题已经扩大到流动人口,这无疑加大了住房保障的难度。人口流入后的住房问题,伴随房价的持续上涨,想要短期内依靠自身收入购买商品房对他们来说是很难实现的。

第二,随着我国城市化进程的持续加快和工业化进程的持续推进,建设用地的巨大需求和有限供应之间的矛盾日益突出,大规模的旧城改造和城市扩张使征地拆迁成为必然。我国的拆迁实际上是以土地所有权与房屋所有权权属分离的制度为背景、以施行建设开发为目的所产生的一种特殊的制度,拆迁安置补偿是征地拆迁中的核心内容,也是涉及拆迁户利益的核心问题。

第三,特色小镇建设的目的是为广大乡镇居民提供良好的人居环境,特色小镇是人类特殊的聚居形式。特色小镇具有面积小、人口少、产业支撑等优势,易实现城乡居民平等的享受就业、教育、医疗、交通等公共服务,平衡城乡居民的居住质量。特色小镇的建设发展,不仅仅是为经济发展,更重要的是为了追求更舒适的宜居环境。通过人文与空间的个性化设计,将当地的自然风光、历史文化、民俗风情等特色资源融入人居环境特质中,形成充满特色的生活空间,最终营造产业发展、区域特性、居民生活三位一体的,和谐相融的特色小镇人居空间。

第二节 安其居,方能乐其业

> 本案例原题为《安其居,方能乐其业——关于舟山群岛新区外来人口购房问题的调研》,2013年获得浙江省统计调查方案设计大赛三等奖。案例作者:吴梦瑶、于祥雨、徐培娟、金凌超、盛越晶,指导教师:刘洋。

一、调查方案设计

（一）调查背景

国家级舟山群岛新区建设给舟山带来了巨大的经济活力的同时，也吸引了大量的外来人员。然而外来人员在舟山比本地居民更感受到住房压力，"高房价"成为"罪魁祸首"。根据公开报道整理，2008—2011年舟山房价一直呈缓步上升阶段，而在2012年呈现下降，如图4-1所示：

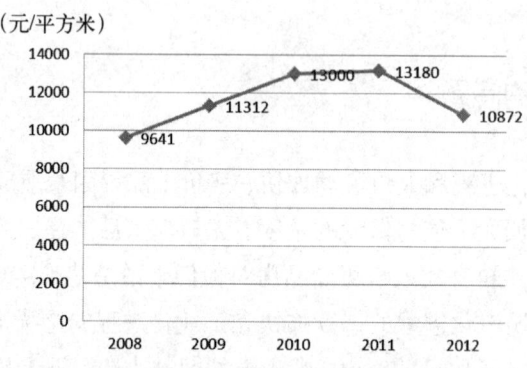

图4-1　2008—2012年舟山房价趋势图

由此，课题组对舟山外来人口购房问题进行调研分析，对当前外来人口的现状和特点、购房工作的主要特征、购房工作存在的主要问题、对经济社会发展作用等等进行探析，进而更好地帮助外来人口解决在舟山购房问题，为舟山新区建设留住人才，促进大舟山的海洋经济发展。

（二）调查目的及意义

了解当前舟山在全面发展下外来人口的购房问题，探析对外来人口购房问题的影响因素及特点，对外来人口进行流动型和稳定型区分，进而对不同收入的人群进行数据量化分析，进而更全面地分析舟山外来人口购房问题的情况。

分析比较不同收入人群的购房情况，探究、分析原因和存在的问题，并提出相应的对策及建议。

收集并了解当前舟山房产公司和政府对购房政策的信息，以更好地进行购房问题分析。并结合当前外来人口对舟山购房所求，更好地提出解决方案及对策，以促进大舟山海洋经济更好发展。

通过科学地参与统计调查的全过程，在一次又一次地努力下将专业理论知识应用于实践，与此同时锻炼了同学间的分工、合作能力，为今后的成功之路奠定基础。

（三）调查对象及范围

1. 调查对象

问卷调查对象：20 岁以上的原籍为非舟山市且在舟山工作的人群，根据舟山新闻资料统计得舟山市 2011 年迁入人口总数为 30.31 万人（见图 4-2）。

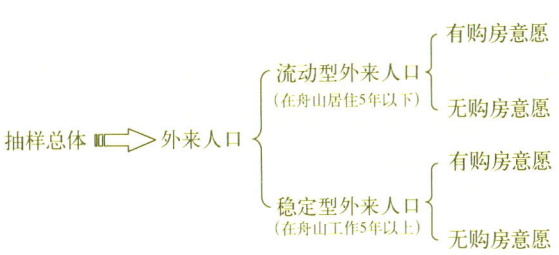

图 4-2　问卷调查对象

深度访谈：舟山房产公司主管及员工；政府内的相关负责人；学校内相关教授。

2. 调查范围

问卷调查范围为舟山市外来人口比较集中的定海区、普陀区、岱山县。

（四）调查内容

问卷调查的主要内容见表 4-1。

表 4-1　调查内容

对调查者的甄别内容（年龄、户籍）	个人基本特征（性别、文化程度、职业、月收入）	有购房意愿	宏观因素对购房的影响量表
			目前楼市的住宅特征对购房的影响量表
			消费者个体特征对购房的影响量表
		无购房意愿	家庭结构
			现有住房情况
			对房价的看法
			房价上涨的影响
			国家调控对购房意愿的影响

（五）样本量计算

由舟山新闻资料统计得舟山市 2011 年迁入人口总数为 30.31 万人（$N = 303\ 100$），在置信度为 95%（$Z_{\alpha/2} = 1.96$）、最大允许绝对误差为 5%（$\Delta = 0.05$）时，根据 $P = 0.5$ 达到极大值时对初始样本量进行计算：

$$n = \frac{N}{N-1} \frac{Z_{\alpha/2}^2}{\Delta^2} P(1-P)$$

$$n = 384.1613 \approx 384$$

由预调查得知,无效问卷率约为 15%,调整样本量:

$$n = 452$$

二、调查数据统计

发放问卷数为 452 份,回收问卷数为 444 份,有效问卷数为 401 份,其中:有购房意愿合格问卷为 69 份;没有购房意愿合格问卷为 332 份。

(一)有购房意愿的问卷分析

1. 层次分析

根据上述调查内容,对有购房意愿的调查主要围绕宏观因素、目前楼市的住宅特征和消费者个体特征三大因素构建对购房意愿的影响的李克特量表,采用五级评价,具体内容如图 4-3 所示。

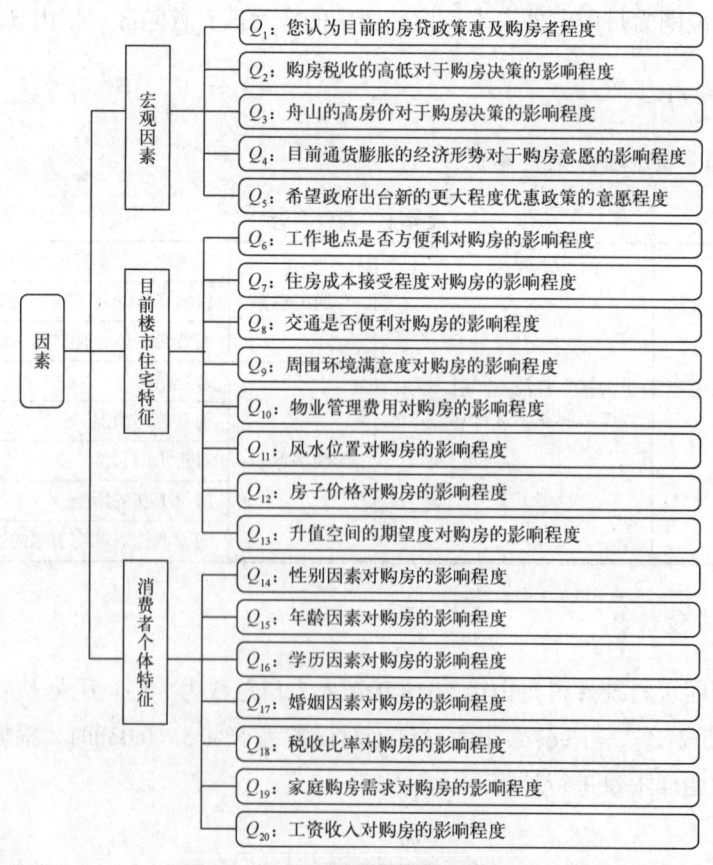

图 4-3 购房意愿影响评价量表内容

采用层次分析法确定购房影响程度评价指标权重，通过征询 5 位专家打分的方式，对上述同一层次指标，构建两两比较判断矩阵，通过 MATLAB 软件进行编程、处理、计算指标权重并通过了一致性检验，从运行结果很容易看出，最大特征值 $\lambda_{\max} = 3.0940$，$CR = 0.0904 < 0.1$，判断矩阵具有满意一致性，所以，(u_1, u_2, u_3) 的权重为 [0.1265 0.1865 0.6870]。

最终确定各级指标权重，详见表 4-2。

表 4-2 购房影响程度综合评价指标权重分配表

指标	u_1	u_2	u_3	u_{11}	u_{12}	u_{13}	u_{14}	u_{15}	u_{21}	u_{22}	u_{23}	u_{24}
权重	0.1265	0.1865	0.6870	0.2636	0.4773	0.0531	0.0988	0.1072	0.1124	0.1733	0.1521	0.0362
指标	u_{25}	u_{26}	u_{27}	u_{28}	u_{31}	u_{32}	u_{33}	u_{34}	u_{35}	u_{36}	u_{37}	
权重	0.0867	0.2092	0.1031	0.1271	0.1425	0.1737	0.1824	0.0431	0.1169	0.2244	0.1169	

由表 4-2 可知，在购房影响程度评价指标体系中，宏观因素（u_1）的权重为 0.1265，目前楼市的住房特征（u_2）的权重为 0.1865，消费者个体特征（u_3）的权重为 0.6870，依权重的大小可排出指标重要性的顺序：$u_3 > u_2 > u_1$，所以在购房影响因素程度中，消费者个体特征对购房影响最大，其次是目前当地楼市的住房特征，最后是宏观因素。这也反映出政府宏观调控的不明显，外来人口对住宅特征方面也较看重。

在宏观因素中，其中购房税收的高低（u_{12}）的权重为 0.4773，位居首位，即它对宏观因素的影响最大，其次是目前的房贷政策。消费者个体特征中，家庭购房需求的权重最大，为 0.2244；其次是学历因素，权重为 0.1824。总体而言，在购房影响程度上，消费者个体特征最为重要，而在消费者个体特征因素中，家庭购房需求的影响程度最为重要，第二是学历，第三为年龄因素。

2. 曲线拟合

通过层次分析法已确定不同因素之间的权重，为此在这里通过已调查数据的加权平均（见表 4-3）与其相对应的权重作曲线拟合，由于加权平均的数值远远大于其权重，为此把加权平均的数值进行一定比例的压缩（缩小 100 倍），其趋势并未改变，然后通过 PLOT 命令绘制图像进行定性分析。由图 4-4 可知，调查数据与层次分析法所确定权重的曲线拟合趋势基本一致，即具有正相关性。有几个点不一致，造成这种原因的因素呈多样性，比如，答卷人的态度，数据录入等等都可能导致错误，进而出现这种情况，但是从总体上而言，说明专家给予制定的权重与实际调查情况所展现的问题因素的比重具有一致性。

表 4-3　各因素加权平均计算表

因素		程度等级					加权和	加权平均	权重
		5（很高）	4（较高）	3（中）	2（较低）	1（很低）			
宏观因素：A_1	Q_1	24	20	7	12	6	251	50.2	0.2636
	Q_2	27	20	12	7	3	268	53.6	0.4773
	Q_3	18	17	10	15	9	227	45.4	0.0531
	Q_4	19	19	10	13	8	235	47	0.0988
	Q_5	23	17	8	17	4	245	49	0.1072
住宅特征：A_2	Q_6	23	25	8	7	6	259	51.8	0.1124
	Q_7	35	26	6	1	1	300	60	0.1733
	Q_8	29	24	12	0	4	281	56.2	0.1521
	Q_9	19	15	14	10	11	228	45.6	0.0362
	Q_{10}	11	23	23	5	7	233	46.6	0.0867
	Q_{11}	46	19	3	1	0	317	63.4	0.2092
	Q_{12}	16	21	18	9	5	241	48.2	0.1031
	Q_{13}	30	19	12	3	5	273	54.6	0.1271
个体特征：A_3	Q_{14}	38	9	5	12	5	270	54	0.1425
	Q_{15}	38	17	6	7	1	291	58.2	0.1737
	Q_{16}	41	11	11	4	2	292	58.4	0.1824
	Q_{17}	17	8	12	1	25	192	38.4	0.0431
	Q_{18}	25	15	12	13	4	251	50.2	0.1169
	Q_{19}	48	9	3	5	4	299	59.8	0.2244
	Q_{20}	45	14	8	1	1	308	61.6	0.1169

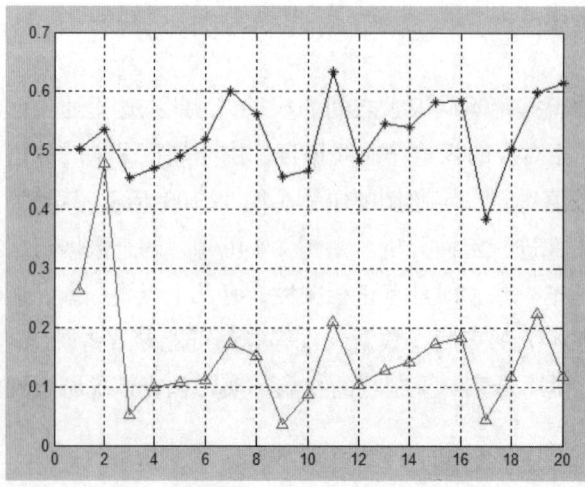

图 4-4　曲线拟合图

（二）没有购房意愿的数据分析

1. 基本信息分析

（1）性别

本次问卷男女比例大约为 137:100，本数据可以客观地反映出舟山外来人口中，男性数量比女性数量多。

（2）文化水平

大专及本科比例所占比例最大，高达 53.31%；其次是高中及中专以下，占 25.90%；研究生所占比例为 16.87%；高端人才所占比例只有 3.92%。从以上数据可以看出，舟山外来人口中高端人才数量偏少。

（3）收入

调查显示，绝大多数人的月薪集中在 2000～4000 元人民币范围内，占总调查人数的比例为 52.11%；其次是 2000 元以下，占 36.14%；月薪高达 4000 元以上的只有 11.75%。

2. 家庭结构

目前家庭人员为 4～6 人的比例最大，为 43.07%；其次是 2 或 3 人，为 40.06%；选择家庭成员为 1 人和 6 人以上的均为 8.43%。

3. 对舟山房价的预期

对于目前舟山房价，基本认为房价不会跌，比例高达 56.93%，没有考虑过的比例占 29.82%；仅有 13.25% 的人认为会跌（见图 4-5）。

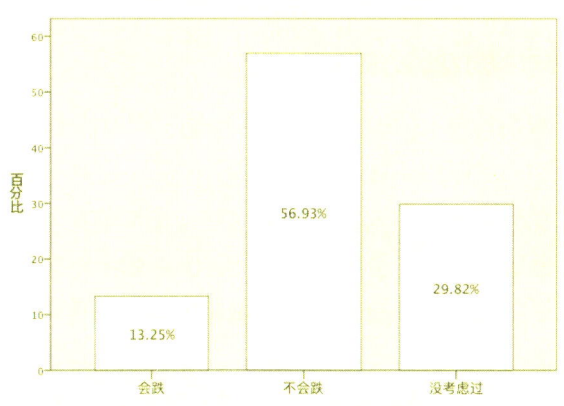

图 4-5 认为房价是否会跌

受调查人员普遍认为未来三年舟山房价会增长，有高达 38.25% 的人认为房价能达到 14 000～17 000 元/平方米，如图 4-6 所示。同时，根据舟山统计信息网，舟山 2013 年 1—6 月份的住宅销售价格累计环比指数为 103.9，位居浙江省第三。

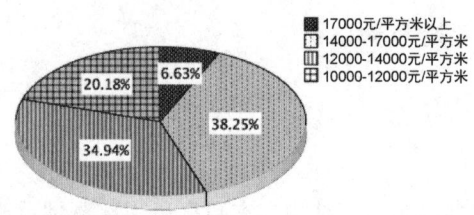

图 4-6　认为舟山房价在近三年内会达到的价格

被调查者认为推动房价持续上涨的因素主要是"房地产商的暗箱操作"与"地价上涨"所占数值旗鼓相当，紧接着的是"炒房行为"（见图 4-7）。当然舟山被规划为特区，在这样一个大环境下骤然间地价上涨这是不争的事实，其次就是普遍认为房价高与房地产商的暗箱操作有密切关联，可以从侧面反映出我国在这方面透明度不够。

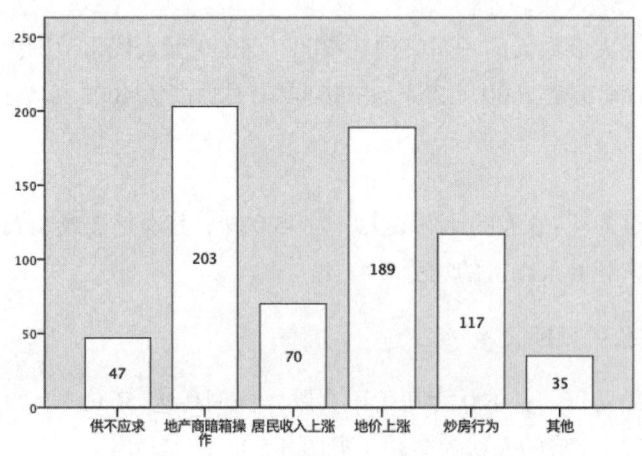

图 4-7　推动房价上涨因素

4. 国家未来调控对购房意愿的影响

在本次调研中，有高达 54.82% 的人认为有影响，但是计划基本不会变，可以看出国家的宏观调控能力在市民眼中不被看重或依赖，市民买房的能力并不能因为客观的原因而改变，其中也有相当高比例的人认为国家对房市的调控基本没有作用（见图 4-8）。造成这一现象的主要原因：市民买房的能力不会因为客观的因素而改变，但在舟山新区这个条件下，却仍然希望会有新的政策惠及，国家能够出台更强有力的房价政策。

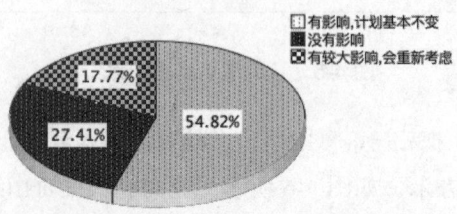

图 4-8　国家未来调控对购房意愿的影响

三、调查结果分析

通过调查走访发现大部分外来人口对于在舟山买房持消极态度，很多人表示会回自己家乡购置房产，在舟山不会考虑买房，即使有刚性需求租房一般也都能满足，反映出了高房价导致舟山对外来人口吸引力不够，或者说门槛太高。通过层次分析法对有购房意向的调查发现消费者个体特征对购房影响最大，其次是楼房的住房特征，最后才是宏观调控，也侧面反映出政府宏观调控的不明。

对无购房意愿调查者分析结果表明外来人口基本以男性为主，受教育程度以大专及本科为主。其中有高达 56.93% 认为舟山房价不会跌，大部分受访者认为房价上涨的原因主要为房地产商的暗箱操作与地价上涨，而面对舟山新区的大发展环境下，也有不少的一部分人认为炒房行为是推动房价持续上涨的重要原因之一，同时国家未来调控会很大程度影响其购房意愿。

【案例解读】

（一）房价上涨过快

对外来人口来说，流入城市最先要解决的就是住房问题，最终要解决的还是住房问题，所以对于外来人口来说他们的住房需求是刚性的，由此产生的购房需求和楼市压力也是显而易见的。而过快上涨的房价，对于没有本地户口和房产积累的外来人口来说成为难以承受之困，一定程度上对其居留意愿、引人政策都会产生不良影响，进而影响城市的发展和进步，这一点对处于三、四线城市的舟山来说尤为突出。

（二）政府宏观调控不明显

随着舟山跨海大桥建设、建成通车，舟山发展进入大桥时代；国家级舟山群岛新区建设，舟山发展更是进入了新区时代；同时受周边城市宁波、杭州、温州房价影响。近年来，舟山房价一直处在高位运行。然而，在 2011 年 2 月份出台《舟山市人民政府关于加快公共租赁住房发展的若干意见》这个文件之后，时隔两年多到 2013 年 10 月，政府就再没出台其他政策继续限制房价。调查的结果也显示宏观因素对外来人口购房的影响程度是最低的，一方面表明在当时惠及外来人口购房的政策基本没有，另一方面也表明外来人口渴望政府出台新的政策惠及他们，也从侧面反映政府宏观调控效果不明显。

（三）银行贷款的限制

2012 年 3 月起，我国部分大中城市就出现首套房贷利率下调。根据了解，舟山的部分商业银行对贷款期限 5 年以上的首套房贷利率,实行在 7.05%的基准基础上最低打八五折的优惠,但必须符合银行的相关要求。然而 2012 年明确表示已实行首套房贷利率八五折优惠的有交通银行和中国邮政储蓄银行,交通银行目前仅为有合作关系的房地产开发商客户提供房贷;而中国邮政储蓄银行则只接受首套二手房贷款客户,只要被认定为该行的优质客户,便可享受八五折优惠,其中优质客户大致要求为是公务员、事业单位员工以及国有企业员工等收入稳定的客户,或在该行有一定数额的存款且没有不良信用记录的客户,才可以列为优质客户。以上这些银行贷款及贷款优惠对于大部分外来人口来说都申请不到,购买需一次性付清,这对外来人口来说更是难上加难。

【案例启示】

(一)建设性扶持政策

放宽购房落户政策,提高公积金贷款能力。凡符合当地住房公积金贷款政策规定的外来购房人员,均可申请住房公积金贷款。并进一步鼓励普通商品住房消费,加大自住型和改善型住房消费信贷支持力度;逐步扩大住房公积金覆盖面,并适当提高住房公积金缴存比例和贷款额度,压缩审批时间,简化贷款手续,支持职工通过住房消费改善居住条件;在有条件城市放宽购房入户政策。外来人口在城市购房人员及其随迁家庭成员,到民营企业、股份制企业工作或领办、创办企业的,其档案和人事关系可按规定分别转入人才服务中心或劳动保障代理中心管理。外来人口在城市购房人员及其随迁家庭成员中,具有硕士、博士学位或具有特殊技能、特殊贡献的人才,人力资源与社会保障部门应积极帮助联系用人单位,优先向用人单位推荐。

(二)完善住房供应体系和住房保障体系

大部分的外来人口属于收入水平不高也不低的"夹心层",他们不得不背上过重的房贷,只因既负担不起昂贵的商品房,又不具备享受保障性住房的条件。然而,对于这部分群体也应该有相应的住房供应保障,在完善住房保障体系建设的过程中,加大廉租房和经济适用房建设力度的同时,一定要重视推进"限价商品房"的供应工作。

(三)增加房价透明度,建立房价预警机制

在推动房价上涨的众多原因中,"地价上涨""炒房行为"和"房产商的暗箱推动"首当其冲。因此,必须加大力度推行房地产开发企业诚信等级评定制度,在此基础上要不断建立企业信誉档案,将企业的身份登记、良好行为记录、不良的行为警示、优质产品介绍内容在网上公布。同时,房产公司应该执行新的商品房预售合同必须预先登记网上申报系统,所有的房地产信息必须在房地产交易中心网上公开的程序,所有的消费者

可以查询，从而解决买卖间的信息不对称、开发商隐瞒售价等一系列的行为。

另外，建立房价预警机制对于监测和控制房地产价格也尤为重要。一是对房地产市场运行状况进行预警，要监测市场房价、房地产供求状况、房地产市场的投资状况以及房地产市场的金融风险状况；二是对于房地产市场的未来需求趋势进行预警，要监测人口总量和结构变化趋势、经济增长和居民收入增长状况、金融政策的变化情况进行监测；三是对房地产市场的未来供给趋势进行预警，要对土地供给状况、房地产开发企业资金状况、金融政策和土地政策的变化情况进行监测。

> **案例思考**
> 1. 外来人口购房存在的问题有哪些？
> 2. 我国房价持续上涨的体制原因有哪些？
> 3. 谈谈其他国家和地区是如何解决外来人口的购房问题的？对我国有哪些借鉴意义？

本节参考文献

孔冬. 沿海发达地区流动人口居住现状及需求发展趋势——基于浙江省嘉兴市的个案研究[J]. 中国人口科学(01):106-112.

罗仁朝，王德. 上海流动人口聚居区类型及其特征研究[J]. 城市规划，2009(2):31-37.

马光红.大都市流动人口居住问题研究[J].江西社会科学，2008.(11):184- 188.

钱瑛瑛，浮延强. 城镇外来务工人员住房问题探讨[J].中国房地产，2006(5):66-69.

孙莹. 苏州市外来务工人员居住状况的调查研究[C]// 转型与重构——2011中国城市规划年会. 2011.

汪为民.对住房置业担保可持续发展的几点认识[J].住宅产业，2012(12):60-61

袁红叶. 新加坡的住房政策对解决我国城市农民工住房问题的启示[J]. 辽宁行政学院学报(11):31-33.

第三节 拆迁与安置之满意度

> 本案例原题为《征地拆迁户对拆迁与安置满意度及其影响因素的实证调查与分析——以嘉兴市五县二区为例》，2013年获得浙江省统计调查方案设计大赛三等奖。
> 案例作者：沈笑妍、韩宇涛、吴一婷，指导教师：张颌。

随着我国经济的快速发展，城市化、工业化的快速推进导致建设用地大幅度增加，农地转非俨然已成为新增建设用地的主要来源，这就导致因土地征收造成的失地农民规模不断扩大，失地农民的补偿安置问题成为焦点问题，但是由于拆迁安置的法律法规不完善，拆迁部门权力使用不当，围绕征地拆迁出现了不少社会问题。因此征地工作完成的效果，不仅直接影响到政府征地工作的效率效果及失地农民对政府形象的认识，而且对于对城乡一体化发展规划的顺利实施起到了关键作用。

一、调查方案设计

（一）调查目的及意义

农村拆迁已经是常见的现象，而从现实来看，被拆迁的农民往往有诸多的不满，甚至发生群体事件，那么其原因到底是什么值得关注，更值得研究。本调研课题旨在通过对嘉兴市五县二区的实际调查，获得第一手资料，通过对材料的整理和分析，揭示被拆迁农民不满意的真正原因是什么。

从被征地拆迁的农户视角出发，对征地补偿和拆迁安置进行实证分析，并加上对当地政府的走访，从政策和实际的效果进行对比为将来政府征地拆迁中农民满意度的提高提供理论依据。

从农民满意度的横向与纵向之间的对比，为政府在已经完成拆迁与安置工作的农民适当进行一些可行性的补偿或后期的建设，以缩小地区的差异性，提高农民的满意度。

增加被征地拆迁户文明上访的意识，缓解现存拆迁安置中政府与农民的矛盾，为构建和谐社会保驾护航。

（二）调查对象及范围

调查对象为嘉兴市五县二区的平湖市、海宁市、嘉善县、桐乡市、秀洲区和南湖区被征地拆迁与安置农民。课题组从上述五县二区的中各随机抽取两个镇，并在这些镇中共抽样调查854人进行上门式（一对一式）问卷调查，对于无能力填写者，我们队员给予协助。调查问卷共发放900份，回收854份，有效率为95%。

（三）调查内容及方法

1. 调查内容

问卷调查的内容主要包括以下三个方面的内容：被调查者的基本状况、征地拆迁的满意度、对现在居住及生活的评价（见表4-4）。

表 4-4 调查内容

个人基本情况	年龄
	教育程度
	职业
	月收入
征地拆迁评价	拆迁政策的了解情况
	政府对您家拆迁补偿措施评价
	拆迁与补偿的协议条款由哪方订立
	补偿标准的评价
	征地拆迁人员的工作态度的评价
	哪些行为是导致您对拆迁部门不满意
对现在居住及生活的评价	现在生活安置区及配套设施作出评价（9方面）
	拆迁前后您的业余生活的变化
	拆迁导致的日常生活支出的变化
	拆迁安置后保障基本生活的措施提供

2. 调查方法

（1）问卷调查

从嘉兴五县二区的被征地拆迁与安置农民中抽样调查，在每个市（县）或区中随机抽取两个镇，进行入户访问。

（2）访谈法

对嘉兴市涉及管理拆迁与补偿的部门人员与拆迁失地的农民进行深度访谈。

（3）资料收集法

通过收集前人研究成果并与我们的报告进行定性比较，收集社会上有征地拆迁导致矛盾的案例，为我们的调研提供基础资料。

二、调查数据统计

（一）征地拆迁评价

1. 被调查者对拆迁安置政策的了解情况

从表 4-5 中，可以看出只有 16.7%的人是对拆迁与安置政策很了解，一定程度与政府对于拆迁与安置政策的宣传不够到位有关，大部分的人拆迁也许只是"因为拆迁而拆迁"或者说是随大流。

表 4-5 对拆迁政策的了解情况

		频率	百分比（%）	有效百分比（%）	累积百分比（%）
有效	A.很了解	143	16.7	16.7	16.7
	B.比较了解　C.不太了解	473	55.4	55.4	72.1
	D.不了解	238	27.9	27.9	100.0
	合计	854	100.0	100.0	

2. 被调查者对补偿措施及标准的评价

表 4-6 反映了被征地拆迁户对于补偿措施及标准的满意的评价，可以清晰地看见仅有 9.7% 的人表示满意，相反有 59.3%（超过一半）表示不满意，而有 31% 的人或多或少在某些方面是不满意的。

表 4-6 对拆迁补偿措施及标准的满意度

		频率	百分比（%）	有效百分比（%）	累积百分比（%）
有效	A.很满意	83	9.7	9.7	9.7
	B.比较满意	265	31.0	31.0	40.7
	C.不满意	506	59.3	59.3	100.0
	合计	854	100.0	100.0	

3. 对拆迁人员的态度评价

表 4-7 展示了被征地拆迁与安置农民对拆迁征地人员工作态度、方法的满意度。其中不满意的达到了 38.4%，而满意的仅有 19.4%。还有 42.3% 的人也只是比较满意。

表 4-7 被征地拆迁与安置户对征地拆迁人员的工作态度、方法的评价

		频率	百分比（%）	有效百分比（%）	累积百分比（%）
有效	A.满意	166	19.4	19.4	19.4
	B.比较满意	360	42.2	42.2	61.6
	C.不满意	328	38.4	38.4	100.0
	合计	854	100.0	100.0	

基于上述问题，通过问卷收集到以下影响拆迁户对拆迁工作人员满意度的原因。从图 4-9 可以看出，拆迁政策宣传不到位和拆迁政策前后不一致是主要的影响因素。

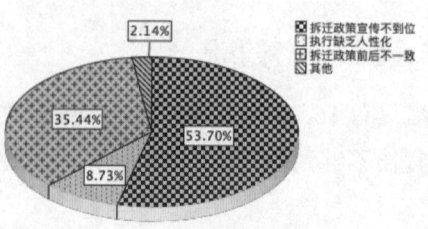

图 4-9 拆迁工作中引起不满的行为

（二）对现在居住及生活的评价

1. 被征地拆迁与安置户对现在生活安置区配套设施的评价

从图4-10中可以看出，拆迁户对购物便利性和周边学校相对满意（满意频率为446和473），对于交通、医疗站和绿化的满意度有比较大的提升空间。而对老年人活动设施、治安的满意度相对低（满意频率只有119和176）。

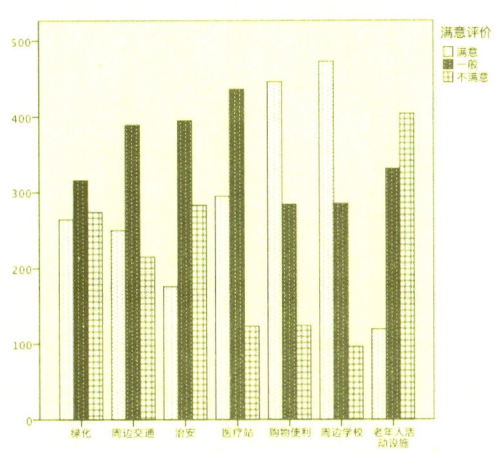

图4-10 对周边生活配套设施的满意度

2. 被征地拆迁与安置户对安置房的评价

表4-8和表4-9反映出，拆迁户对于安置房的结构、外观和采光的不满意的比例都比较高，分别达44.1%和39.7%。因此，在今后安置房的规划中，还需要政府付出更多的努力。

表4-8 房屋结构和外观的评价

		频率	百分比（%）	有效百分比（%）	累积百分比（%）
有效	满意	130	15.2	15.2	15.2
	比较满意	347	40.6	40.6	55.9
	不满意	377	44.1	44.1	100.0
	合计	854	100.0	100.0	

表4-9 采光的评价

		频率	百分比（%）	有效百分比（%）	累积百分比（%）
有效	满意	98	11.5	11.5	11.5
	比较满意	417	48.8	48.8	60.3
	不满意	339	39.7	39.7	100.0
	合计	854	100.0	100.0	

3. 拆迁后出现的问题

图4-11反映出人们普遍认为由于安置区人员布局导致了邻里关系冷漠,还有很多人认为拆迁后导致家庭矛盾的增多;同时,拆迁安置为了多赔钱也导致了假离婚的增加;还有人觉得赌博风气也逐渐增加。

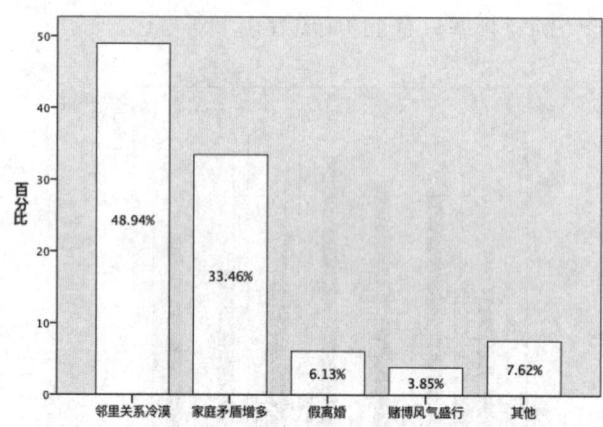

图4-11 被征地拆迁与安置户认为拆迁后出现的问题

4. 拆迁后的业余生活变化

从表4-10中可以清晰地看出,只有7.8%的人认为有增加或改变,还有92.2%的人认为没有。而7.8%的人认为增加也主要以跳广场舞为主,但是这个7.8%中也是以女性居多。

表4-10 业余生活的改变

		频率	百分比(%)	有效百分比(%)	累积百分比(%)
有效	A.有	67	7.8	7.8	7.8
	B.没有	787	92.2	92.2	100.0
	合计	854	100.0	100.0	

5. 基本生活的保障

嘉兴市五县二区被征地拆迁与安置户在拆迁安置后是否提供基本生活保障措施对于这个问题大家的选项基本集中在提供养老保险,而对于提供就业培训和提供就岗位几乎没有人选择,还有少数人认为有提供其他的生活补贴。

(三)拆迁与安置影响因素的实证分析

1. 构建回归模型

本研究把拆迁安置满意度定为因变量,将反映拆迁农民基本生活情况的项目设为自变量,如地区、受教育水平、月收入、职业、年龄等,同时将拆迁安置的情况项目也设为自变量,如政策了解情况、对拆迁人员的态度,引起对拆迁部门不满意的行为,安置小区配套设施(绿化、交通、医疗站、学校、老年人活动设施、治安、购物、采光、房屋结构外观)等(见表4-11)。构建拆迁安置满意度模型如下。

$$Y = \beta_0 + \sum_{i=1}^{n} \beta_i x_i + \varepsilon$$

(其中:Y 表示拆迁安置评价,β_i 表示回归系数,β_0 表示常数,x_i 表示拆迁与补偿满意度影响因子,ε 表示随机误差。)

表4-11 回归分析系数表

模型		非标准化系数		t	Sig.
		B	标准 误差		
1	(常量)	1.151	0.098	11.774	0.000
	政策了解情况	0.161	0.034	-4.763	0.000
	对拆迁人员的态度	0.236	0.041	5.712	0.000
	引起对拆迁部门不满的行为	-0.129	0.030	4.300	0.000
	交通	0.070	0.034	2.094	0.057
	绿化	0.058	0.030	1.929	0.054
	治安	0.075	0.032	-2.346	0.019
	医疗站	0.057	0.034	1.671	0.095
	学校	-0.036	0.036	-0.986	0.325
	购物	-0.018	0.037	-0.473	0.636
	老年人活动设施	0.040	0.033	1.215	0.225
	房屋结构和外观	0.102	0.035	2.933	0.003
	采光	0.099	0.037	2.676	0.008
	拆迁后出现的问题	-0.118	0.024	-4.980	0.000
	保障措施	0.096	0.033	-2.912	0.004

因变量:拆迁安置评价

2. 结果解释

从系数表中可以看出,对拆迁人员的态度、房屋结构和外观、采光对拆迁安置满意度、政策了解情况和治安对拆迁安置满意度具有正向作用;拆迁后出现问题、引起对拆迁不满行为有反向作用,满意度模型为:

Y=1.151+0.161×政策了解情况+0.236×对拆迁人员的态度-0.129×引起对拆迁部门不满意的行为+0.075×治安+0.102×房屋结构与外观+0.099×采光-0.118×拆迁后出现的问题+0.096×保障措施

三、调查结果分析

（一）问卷调查总结

总体上，嘉兴市五县二区的被征地拆迁与安置农民对于嘉兴市征地拆迁与安置的满意度整体呈现一个比较低的现状，比较突出的是政策了解程度低，拆迁政策前后不一致、拆迁执法不文明等现象也时有发生；另外，近年来由于拆迁与安置导致的矛盾在新闻中频频出现，再加上一些贪污腐败分子的存在使得拆迁安置工作的形象在拆迁户的心目中比较差。而实证分析的结果表明影响对政府拆迁工作评价的最主要影响因素是拆迁人员的态度，同时拆迁与安置中政策宣传及对拆迁部门不满的行为也是重要影响因素。

（二）与被征地拆迁深度访谈的总结

1. 关于自留地问题

拆迁户普遍认为生活支出上升的一部分原因是没有了自留地，无法进行蔬菜等的种植，再加上现在所在安置区的绿化也并不理想，因此，大部分拆迁户希望可以集中开辟一片原本用作绿化的土地作为大家集中的耕作区，并保证会打理好这片区域。

2. 关于老人养老保障问题

据了解到一般原是农村户口并在此次拆迁中涉及土地征收的农户，女的达到50周岁，男的达到60周岁每月可以领取300~500元的养老金。然而，很多无工作的拆迁户表示以前可以靠耕地来获取一定的经济收入，但是在土地被征收以后，而自己本身的年龄有没有达到政策规定，那么在一段时间中就没有了经济来源。另外，达到年龄已经在领取的拆迁户表示，近几年关于养老金的政策有过变动，像平湖地区可以出资在原本养老金的基础上再花一两万去买取一份保险去获得一份比原来每月下发金额大的养老金，导致原本就经济就拮据的家庭和别的家庭的差距扩大。

3. 赔偿细节问题

普遍拆迁户表示由政府确定细节，评估公司进行估价，而作为拆迁户自身对于这些的参与度过低，政府大部分的会议只是流于形式。对于如何赔偿，房屋样式，规划区域都无法进行良好的沟通。

【案例解读】

征地拆迁满意度即失地农民对政府征地活动是否满足自身需求的一种主观评价，这种评价是失地农民将征地前了解到的征地信息、征地中的实际感受及征地后居住、生活的对比，并根据自己的评价标准做出的对征地工作的评价。征地拆迁的满意度可以看作是失地农民对政府土地征收工作的评价，是征地行为是否成功的重要判断因素，也是将来进一步完善征地工作的重要依据，因此对于推进城市化发展、构建和谐社会、推动服务型政府建设意义重大。

征地拆迁的满意度评价应包括征地拆迁的全过程，应特别关注征地拆迁后的居住环境，调查表明会显著影响满意度水平，因此在征地拆迁满意度评价中应纳入这一要素。文献资料显示大多研究都将关注的焦点聚集在货币补偿上，而忽视了居住环境的重要性。实际上，随着农业税的减免、农业补贴的发放以及农业产量的稳定提高，大多数农户都已解决了温饱问题，开始追求生活质量。也就是说，农户不仅注重从拆迁中获得尽可能多的货币补偿，而且注重安置后的生活居住环境。同时，随着新农村建设的推进，"村容整洁"型的村貌建设也使农民意识到提升生活环境质量的重要性。因此，应将征地拆迁后对安置房的结构与质量、采光、居住环境及配套基础设施等因素均纳入了满意度的评价范围。

征地拆迁安置中的政策宣传落实较差，群众对政府的信任度相对较低，拆迁过程中公平性有待考证，征地补偿费用太低，房屋评估价格不透明，征地拆迁后安置房的质量及居住环境因素，家庭收入降低缺乏保障措施等原因，都是导致征地拆迁与安置的满意度普遍不高的主要原因。

【案例启示】

从政府政策的角度出发。首先，应当以公共利益为前提合理实施土地征用行为，加强对土地使用的监管，进一步建立健全征地拆迁补偿安置的法律和法规。其次，以合理补偿为原则，实现征地"完全补偿"的最终目标。按照市场价格向拆迁户和失地户支付补偿金，为其可持续安置和发展奠定物质基础。在明晰补偿价格和方式的基础上，确保补偿资金及时、足额兑现给农户。再次，建立科学的土地价格评估制度，确保"区片综合价"补偿的合理性。最后，在适度提高被征地农民基本生活保障水平的基础上，进一步提高征地拆迁的透明度，扩大政策的宣传力度。

合理规划，着眼城乡差距，统筹城乡发展，在拆迁安置的过程逐步缩小城乡间差异，朝着城乡一体化的目标前进。安置房规划选点时，充分照顾老百姓的生活习惯，按照"就近就好集中安置"的原则，努力做到靠城区、靠镇区、靠园区、靠商业区，以方便拆迁群众生产生活。同时，完善对安置区的基础设施建设，如交通、学校、超市、医院等基础设施。适当开展社区活动，增加邻里的沟通，改善邻里关系，使原本丧失的地缘关系得到改善。

从拆迁安置后的生活保障出发，应该提供更多的非农经营和发展机会，使更多的农民得到就业保障，以提高家庭收入。多数征地最终都被用作政府招商引资的工业用地，工业与工业园区的快速增长，带来了巨大的发展机遇。因此，应将工业工程建设与改善农村地区生产条件结合起来，提高农业生产能力；中观层面应将工业工程建设与受影响地区产业结构调整结合起来，发展地区特色产业和非农产业；微观层面应将工业工程建设与提高农户生产经营技能和积累人力资本结合起来，提升农民致富能力。

> **案例思考**
> 1. 如何防范破解征地拆迁中群体性事件的发生？
> 2. 被征地拆迁户安置满意度的影响因素有哪些？
> 3. 政府如何完善征地拆迁机制？

本节参考文献

刘淑春. 征地补偿和拆迁安置的影响因素分析. 江西农业大学学报（社会科学版）[J]，2010(9)

第四节 微城小镇，禅意田园

> 本案例原题为《微城小镇，禅意田园——朱家尖"禅意小镇"开发现状调查及均衡发展对策研究》，2017年获得浙江省统计调查方案设计大赛二等奖。案例作者：姚雅静、王亚丹、杨朴、刘永壬、刘晓倩，指导教师：王晓慧。

2014年，浙江省提出，要建设一批特色小镇，以企业为主体，进行资源整合和产业融合。这是我国特色小镇建设的开端。后来住房和城乡建设部、发展改革委、财政部等部委明确提出要在全国范围内建设特色小镇，这是农村发展的一个新的方向。特色小镇区别于普通的小镇，"镇"非建制镇，主要依托于市区、建制镇、区镇联动、行政村建立，具有信息经济、环保、健康、旅游、时尚、金融、高端装备等新兴产业，融合了产业、文化、旅游、社区功能。浙江省特色小镇建设重在"三大功能"：培育产业功能、生态居住功能、旅游休闲功能。

朱家尖禅意小镇是首个基于"佛系生活"的生态价值链特色小镇，2016年1月列入浙江省第二批特色小镇创建名单，以"文化+旅游"的核心基调，延展文化创意产业、文化旅游产业、特色现代服务业与相关配套产业。朱家尖禅意小镇选址在浙江普陀山南岸、朱家尖岛东北部，计划总投资约100亿元，目前处于开发的前期阶段。

一、调查方案设计

（一）调查目的及意义

1. 调查目的

通过对居民、游客进行问卷调查，了解他们对朱家尖特色禅意小镇的认知程度、认知途径；并通过数理统计分析，测度当地居民和外来游客对禅意小镇建设的满意度和关注度，构建影响因素结构模型。

通过对政府部门、相关企业进行访谈调查，了解朱家尖特色禅意小镇建设目标以及相关企业经营现状。

通过对调查数据的整理和统计，分析朱家尖特色禅意小镇建设过程中，居民、游客、政府、企业多方相关群体各自的利益诉求，并运用经济学理论阐释相关利益诉求的形成机理。

根据统计分析结果，针对朱家尖特色禅意小镇建设中存在的问题，提出着眼全局、确保朱家尖小镇生产、生活、生态全面、持续、均衡发展的对策建议。

2. 调查意义

理论意义：研究小组对朱家尖的研究构建了田园—产业—可持续发展三角形平衡模型，该模型对三个理论都进行了完美的阐述，并且将三个理论相互融合，充分发挥了三个理论的优势，非常符合城市化规律的创新。

现实意义：在经济新常态下，浙江创建朱家尖特色小镇，有利于解决经济结构转化和动力转换的现实难题，朱家尖特色小镇的建设可以提升朱家尖在旅游界的地位，提升朱家尖的经济地位。

（二）调查对象

本次调查范围为朱家尖街道，调查对象主要包括：朱家尖本地居民；朱家尖的游客；朱家尖政府相关部门；入驻禅意小镇的有关企业。

（三）调查内容及方法

1. 调查内容

有关游客的调查内容，主要是了解游客对特色小镇的满意度；有关居民的调查内容，主要是围绕特色小镇对居民的影响。对居民的主要调查内容见表4-12，对游客的主要调查内容见表4-13。

表 4-12　居民调查内容

结构	内容	
第一部分	性别	
	年龄	
	学历	
	职业	
	收入	
	宗教信仰	
第二部分	居民对禅意小镇的认知	
	居民对佛教文化的感受	
	居民对小镇建设的预期	
第三部分	居民对小镇建设的态度	

表 4-13　游客调查内容

结构	内容
第一部分	性别
	年龄
	学历
	职业
	收入
	宗教信仰
第二部分	游客对禅意小镇的认知
	游客对佛教文化的兴趣
	游客对朱家尖景区的旅游便利度评价
	游客对朱家尖景区的环境评价
第三部分	禅意小镇的意见和建议

2. 调查方法

为了全面，详细了解特色小镇建设过程的现状，此次调查采用问卷调查法、深度访谈法、实地观察法和文献调查法。问卷调查和深度访谈为主，文献调查和实地考察为辅。

（四）抽样设计

1. 样本容量

选取 95% 的置信度（$z=1.96$），p 为总体中具有某种属性的单位所占的比重（一般情况下，取样本变异程度最大时的值 0.5），考虑精度与成本选取适中允许误差范围 0.04。将已知量代入公式：

$$n = z^2 p(p-1)/d_2 = 1.96^2 \times 0.5 \times (1-0.5)/0.04^2 = 600.25 \approx 600$$

前期预调查的问卷回收率为 90%，计算可得样本容量为 667，为了数据统计的方便性，居民样本容量确定为 670。同理得游客样本容量也是 670。因此在本次调查中，总体样本数设置为 1340。

2. 样本的抽取

由各个社区居民的人数比例确定样本量，即通过占总体的数量按比例分配确定每个社区需要发放问卷的数量（见表 4-14）。

表4-14 居民问卷发放数量分配表

社区	户数（户）	人口数量（人）	问卷数量安排（人）
莲兴社区	789	2280	57
西岙社区	1391	3915	97
顺母社区	1479	4265	106
南沙社区	1848	5028	125
福兴社区	2762	7030	175
莲花社区	1598	4473	110

根据往年各个景区年平均客流量的大小，按比例确定各个景区需要分发问卷的量（见表4-15）。

表4-15 朱家尖游客问卷发放数量分配表

南沙	白山	乌石塘	大青山	普陀山
145	61	98	100	266

二、调查数据统计

（一）数据统计描述

1. 居民基本信息描述

被调查的居民中男性所占比重是62.1%，女性所占比重是37.9%，年龄在25岁以下的所占比重为22.1%，26～35岁所占的比重为26.0%，36～50岁所占的比重为31.9%，在51岁以上所占比重为20.0%。

从表4-16可以看出，被调查的居民中信仰佛教的占74%，不信仰的占26%，总体情况来看，大部分居民是信仰佛教的，禅意对于小镇的建设是有利的。

表4-16 是否信仰佛教

居民	基数	百分比（%）	有效百分比（%）	累积百分比（%）
信仰佛教（有效）	496	74.0	74.0	74.0
不信仰佛教（有效）	174	26.0	26.0	100.0
总计	670	100.0	100.0	

2. 游客基本信息描述

从被调查游客的性别来看，男性所占比重是33.8%，女性所占比重66.2%，男性比重低于女性比重。年龄在25岁以下的所占比重为17.9%，26～35岁所占的比重为30.0%，36～50岁所占的比重为44.0%，在51岁以上所占比重为8.1%。

由表 4-17 可以看出，游客信仰佛教的占 36.3%，不信仰佛教的占 63.7%，大部分游客不信仰佛教。说明很多游客来到朱家尖还是以游玩为目的，以佛文化为主题的禅意小镇应抓住游客的旅游动机，全方位打造禅意小镇。

表 4-17　是否信仰佛教

游客	基数	百分比（%）	有效百分比（%）	累积百分比（%）
信仰佛教（有效）	243	36.3	36.3	36.3
不信仰佛教（有效）	427	63.7	63.7	100.0
总计	670	100.0	100.0	

3. 居民对小镇认知和评价的统计描述

（1）特色小镇了解度

在朱家尖小镇，居民对于特色小镇的了解比例很高，知道特色小镇的居民占 64%，不知道特色小镇的居民只有 36%。可见朱家尖居民对朱家尖禅意小镇大多有或多或少的了解，但依然有少数居民不知道特色小镇，朱家尖还应加强特色小镇的宣传。

（2）佛教对生活的影响

如图 4-12 所示，佛教对生活没有影响的占 26%，总的来说，特色小镇对佛文化的宣扬有或多或少的影响。

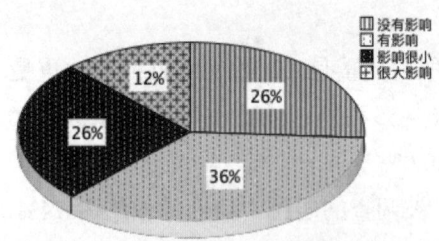

图 4-12　佛教对生活的影响

（3）禅意小镇对环境的影响

如图 4-13 所示，在建造禅意小镇对环境的影响方面，居民认为能使环境更好的占 51%，总体上，居民大都看好禅意小镇对环境造成的良好影响，小镇的建设将会改善朱家尖禅意小镇的周围环境，有利于小镇的持续发展。

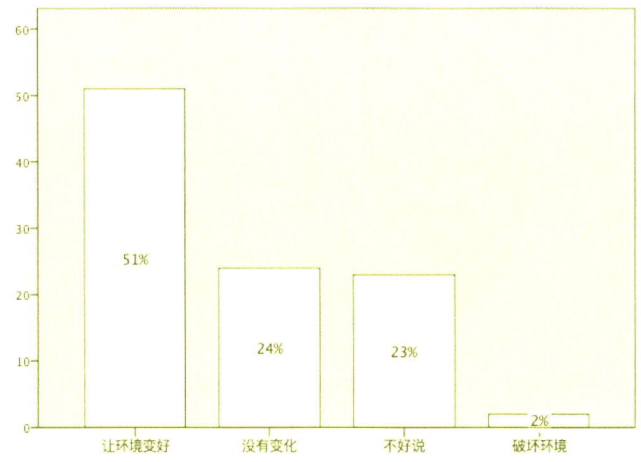

图 4-13 居民关于特色小镇对环境影响的态度

（4）特色小镇建设的受益者

如图 4-14 所示，居民认为最受益的是政府，其次是游客，再次是居民，最后是企业。

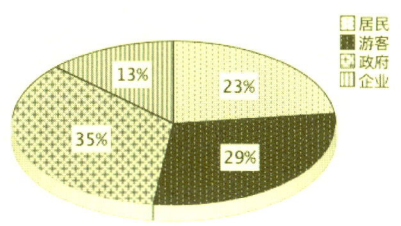

图 4-14 特色小镇的受益者

（5）居民对特色小镇建设的态度

居民对特色小镇持支持态度的占 76%，持反对态度的占 4%，而不关心小镇建设的占 20%，好的一方面是对于特色小镇的建设大多数居民是支持的，但是也存在一部分反对和不关心小镇建设的居民。

4. 游客对小镇认知和评价的统计描述

（1）游客对禅意小镇的知晓情况

在接受调查的游客中，对于禅意小镇有所了解的占 45%，不知道禅意小镇的占 55%，不知道禅意小镇的多于知道禅意小镇的，在后期加强对禅意小镇的宣传是很有必要的。

（2）游客对当地居民的印象

如图 4-15 所示，多数游客认为当地居民是热情的，当地居民对游客是否会二次旅游有着巨大的作用，政府应尽量引导居民热情待客，拉住更多的回头客。

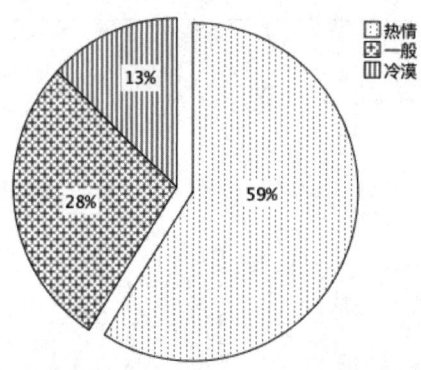

图 4-15 游客对于居民友好程度的评价

（3）游客对当地佛教文化特色的感受

佛教文化特色的游客调查中，57%的游客认为佛教文化特色明显，27%的游客认为佛教文化特色一般，16%佛教文化特色不明显。在朱家尖的佛教文化特色还是比较明显，在特色小镇发展中奠定了良好的基础。

（二）居民满意度模型的构建及分析

1. 居民问卷质量分析

针对居民问卷中的 11 个项目进行信度检测，结果显示信度系数为 0.731 说明问卷的可信度较好（见表 4-18）。

表 4-18 可靠性检验 1

基于标准化项的 Cronbachs Alpha	项数
0.744	11

同时，KMO 检验值为 0.733，置信水平为 0.000<0.05，说明该样本数据是比较适合做因子分析的（见表 4-19）。

表 4-19 KMO 和 Bartlett 的检验 1

取样足够度的 Kaiser-Meyer-Olkin 度量		0.733
Bartlett 的球形度检验	近似卡方	987.498
	df	78
	Sig.	0.000

2. 主成分分析

将居民影响作为单独的一项，剩下的有关于居民的 10 项作为它的测度因子（见表 4-20）。

表 4-20　旋转成分矩阵 1

	1	2	3	4
佛教信仰	0.054	-0.213	0.275	0.749
认知程度	0.018	0.036	0.877	-0.112
佛教文化	0.077	0.118	0.437	0.739
收入	0.242	0.776	-0.176	-0.111
医疗条件	0.770	0.088	0.013	0.043
交通状况	0.641	0.384	-0.080	0.115
购物环境	0.653	0.477	0.009	0.013
教育水平	0.710	0.198	0.003	-0.053
环境影响	0.688	0.060	0.030	-0.228
小镇魅力值	0.057	0.237	-0.325	0.742
支持度	0.810	-0.048	0.026	0.121

从居民旋转成分矩阵表可将 11 个变量降维为 4 个贡献率较大的因子，因此命名为 $Z_{居1}$、$Z_{居2}$、$Z_{居3}$、$Z_{居4}$。

第一个公因子 $Z_{居1}$：主要与医疗条件 (0.770)、教育水平(0.710)、支持度 (0.810)关系密切，还与交通状况(0.641)、购物环境(0.653)、环境影响 (0.688)有一定的关系，可以把第一个公因子理解为居民对配套设施的满意度。

第二个公因子 $Z_{居2}$：主要与收入（0.776）关系密切，可以把第二个公因子理解为自身收入的影响程度。

第三个公因子 $Z_{居3}$：主要与认知程度(0.877)关系密切，可以把第三个公因子理解为认知程度。

第四个公因子 $Z_{居4}$：主要与佛教信仰、佛教文化(0.739)、小镇魅力值(0.742)关系密切，可以把第四个公因子理解为宗教文化的影响力。

3. 居民满意度回归模型构建

为了得到小镇建设对居民的影响与各项指标之间的关系，采用多元回归分析方法，以因子 $Z_{居1}$、$Z_{居2}$、$Z_{居3}$、$Z_{居4}$ 作为自变量，将居民满意度（Y_1）作为因变量进行线性回归分析（见表 4-21）。

表 4-21　回归系数 1

模型		非标准化系数		标准化系数	T	显著性
		B	标准误差	Beta		
1	（常数）	1.280	0.025		50.813	0.000
	$Z_{居1}$ 配套设施的满意度	0.731	0.025	0.810	17.055	0.000
	$Z_{居2}$ 自身收入	0.426	0.025	0.048	1.020	0.009
	$Z_{居3}$ 认知程度	0.614	0.025	0.026	0.554	0.005
	$Z_{居4}$ 宗教文化	0.665	0.075	0.121	2.557	0.012

$$Y_1 = 1.280 + 0.731Z_{居1} + 0.426Z_{居2} + 0.641Z_{居3} + 0.665Z_{居4}$$

通过回归分析可以得出，居民对特色禅意小镇配套设施、宗教文化影响、认知程度和自身收入因子对特色禅意小镇建设现状满意度有显著影响，满意度影响因子的排序为 $Z_{居1} > Z_{居4} > Z_{居3} > Z_{居2}$。

（三）游客满意度模型构建及分析

1. 游客问卷质量分析

针对游客问卷中的 11 个项目进行信度检测，结果显示信度系数为 0.710，说明问卷的可信度较好（见表 4-22）。

表 4-22　可靠性检验 2

基于标准化项的 Cronbachs Alpha	项数
0.710	16

同时，KMO 检验值为 0.727，置信水平为 0.000<0.05，说明该样本数据是比较合适做因子分析的（见表 4-23）。

表 4-23　KMO 和 Bartlett 的检验 2

取样足够度的 Kaiser-Meyer-Olkin 度量。		0.727
Bartlett 的球形度检验	近似卡方	433.999
	df	55
	Sig.	0.000

2. 主成分分析

将游客满意度影响作为单独的一项，剩下的有关于游客的 16 项作为它的测度因子（见表 4-24）。

表 4-24　旋转成分矩阵 2

	1	2	3	4	5
佛教信仰	0.890	-0.313	-0.045	-0.069	0.017
认知程度	-0.344	-0.498	0.348	-0.344	0.329
居民友好度	-0.062	0.072	0.143	-0.198	-0.675
基础设施	0.005	0.087	-0.217	0.722	0.412
佛教文化特色	0.902	-0.447	0.165	0.073	0.377
对佛教文化的兴趣	0.785	0.169	-0.082	-0.180	-0.018
禅意纪念品好感度	0.834	0.233	0.186	0.144	0.117
禅意纪念品种类	0.882	0.071	-0.080	-0.030	-0.161
旅游交通	-0.127	-0.112	-0.196	0.564	0.151

续表

	1	2	3	4	5
预定旅馆	0.032	-0.342	0.247	0.825	-0.225
指示标志	0.115	0.172	0.117	0.716	0.058
餐饮特色	-0.129	0.112	-0.675	-0.492	-0.160
餐饮状况	-0.205	-0.071	0.722	0.243	0.141
景区噪声	0.098	0.729	-0.168	-0.238	-0.033
景区市容环境	-0.491	0.741	0.041	0.113	-0.124
小镇魅力值	-0.014	0.835	0.087	0.145	0.352

从游客旋转矩阵表可以看出我们将 16 个变量降维为 5 个贡献率较大的因子,因此命名为 $Z_{游1}$、$Z_{游2}$、$Z_{游3}$、$Z_{游4}$、$Z_{游5}$。

第一个公因子 $Z_{游1}$:主要与佛教信仰(0.890)、佛教文化特色(0.902)、对佛教文化的兴趣(0.785)、禅意纪念品好感度(0.834)、禅意纪念品种类(0.882)关系密切,可以把第一个公因子理解为佛教文化的影响程度。

第二个公因子 $Z_{游2}$:主要与景区噪声(0.729)、景区市容环境(0.741)、小镇魅力值(0.835)关系密切,可以把第二个公因子理解为景区环境。

第三个公因子 $Z_{游3}$:主要与餐饮状况(0.722)、餐饮特色(0.675)有关系,可以把第三个公因子理解为餐饮情况。

第四个公因子 $Z_{游4}$:主要与预定旅馆(0.825)、指示标志(0.716)、基础设施(0.722)、旅游交通(0.564)有关系,可以把第四个公因子理解为基础设施的完备程度。

第五个公因子 $Z_{游5}$:主要与居民友好度(0.675)有一定的关系,可以把第五个公因子理解为当地居民的友好度。

3. 游客满意度回归模型构建

为了得到朱家尖游客对特色禅意小镇基础设施的满意度,采用多元回归分析方法,以佛教文化影响 $Z_{游1}$、景区环境 $Z_{游2}$、餐饮 $Z_{游3}$、基础设施 $Z_{游4}$、居民友好 $Z_{游5}$ 为自变量,游客的满意度为因变量进行线性回归分析(见表4-25)。

表4-25 回归系数2

模型	非标准化系数		标准化系数	T	显著性
	B	标准误差	Beta		
(常数)	0.298	0.134		2.219	0.008
$Z_{游4}$	0.433	0.095	0.521	1.395	0.005
$Z_{游2}$	0.686	0.096	0.766	2.991	0.003
$Z_{游1}$	0.362	0.089	0.405	2.558	0.012
$Z_{游3}$	0.587	0.036	0.682	5.228	0.000
$Z_{游5}$	0.528	0.032	0.530	1.957	0.050

$$Y_2 = 0.298 + 0.433Z_{游4} + 0.686Z_{游2} + 0.528Z_{游5} + 0.587Z_{游3} + 0.362Z_{游1}$$

由此可以得出游客满意度与佛教文化影响、景区环境、餐饮、基础设施、居民友好存在正相关，满意度影响因子排序为：$Z_{游2景区环境} > Z_{游3餐饮} > Z_{游5居民友好} > Z_{游4基础设施} > Z_{游1佛教文化}$

（四）禅意小镇对居民影响的散射的空间范围及演变规律

结合居民问卷中的调查情况，可以推出禅意小镇建设现状对居民影响程度蔓延的空间范围与演变规律。家庭住址距离通过高德地图的测距功能得出，每个社区的满意度用各个社区样本均值代表，结果表明对居民的影响由禅意小镇中心向四周呈现递减规律（见表4-26）。

表4-26 禅意小镇项目满意度与距离表

社区	人数	与禅意小镇的距离（公里）	项目总体满意度（均值）
莲兴社区	29	7.2	2.11
西岙社区	49	11.3	3.12
顺母社区	53	6.7	1.82
南沙社区	62	11.1	2.93
福兴社区	87	7.6	2.45
莲花社区	55	6.8	1.96

三、调查结果分析

（一）居民调查综述

问卷结果表明朱家尖居民对特色禅意小镇建设现状并不满意，朱家尖特色小镇的建设施工对居民和游客都有很大影响，居民希望政府可以进行干预，改变现状，大幅减少朱家尖特色小镇建设对居民造成不利影响。

通过回归分析可以发现，医疗条件、交通状况、购物环境、教育水平这四个因子对居民满意度有显著影响。同时居民希望特色小镇可以改善朱家尖的交通状况，出行方便是经济发展的重要条件。随着居民生活水平的提高，居民的日常需要大量的购物，而原来的朱家尖购物条件并不是特别好，居民并不满意，希望特色小镇改善这一现状。另外，朱家尖教育条件并不十分乐观，居民希望自己的孩子得到更好的教育条件和水平，所以居民期望朱家尖特色小镇的建设可以带来这样的改善。由此可见，朱家尖特色禅意小镇建设应保证居民利益的最大化，多为居民考虑。通过问卷我们发现居民信仰佛教的占大多数，其中青年者少，因此特色小镇不能只发展佛文化，也要发展多元文化。

（二）游客调查综述

通过游客问卷中小镇感受这部分的分析发现佛教文化影响、景区环境、餐饮、基础设施、居民友好正向影响游客对朱家尖禅意小镇的满意程度。游客对于禅意小镇的了解大都通过网上平台，有部分游客甚至对特色禅意小镇毫无了解。随着互联网技术的发展，游客通过网络了解景区，给游客带来了很大方便，但是网络也存在传递信息真实度降低的问题。因此，在借助网络大力宣传的同时，还应增加其他宣传手段，在特色禅意小镇完工之前，保证宣传到位，吸引更多游客。

【案例解读】

（一）人文氛围特色打造不够

要创造有地方文化底蕴、有地方文化文脉传统的特色小镇，这是特色小镇建设必须强调的一个重要原则和前提，只有这样才能走出一条符合本地实际的特色小镇建设之路。虽然朱家尖的特色小镇强调突出禅意，意将观音文化为主的佛教文化融入小镇的各个角落，但在具体落实实施过程中却还未形成吸引点，禅意小镇中与"佛"有关吃、住、行、游等项目有限，与"佛"有关的文创、艺术开发不足。另外，目前禅意小镇的建设和发展尚停留在一般政策要求和号召上，缺乏具体引导与管理，居民对于禅意小镇的认识度不高，对禅意小镇规划管理的相关政策无法完全理解，对禅意小镇建设的参与度不高，这些都造成当地居民对禅意小镇建设归属感和文化认同感有限，"处处有禅意"的浓厚人文氛围难以营造。

（二）文化与经济的价值观冲突

文化价值观强调对小城镇文化最大限度地保护和对旅游发展的文化制约，经济价值观强调小城镇旅游利润的最大化，为消除"旅游发展造成的破坏"与"贫穷造成的破落"过程中的对立冲突。在禅意小镇发展过程中，很多居民对于预期发展抱有积极的态度，如会带来收入的增加，但是在带动收入增长，游客增多，也会带来物价上涨，同时大多游客认为当地居民是非常友好的，但是也存在游客认为居民是冷漠的，这也就意味着旅游经济的发展可能会带来居民的淳朴民风民俗淹没。另一方面，游客来朱家尖旅游最主要的目的还是观光、度假，这就脱离了禅意小镇旅游文化核心——佛教禅文化，让小镇发展容易偏离方向，旅游与文化相结合才是小镇发展的正确之道。

（三）基础设施落后导致形态建设不精

基础设施落后对朱家尖的发展有滞后作用。该问题是"产业发展—制度供给复合化发展模式"小镇和"产业发展—功能叠加复合化发展模式"小镇的症结所在。当代大众是审美挑剔的大众，通过建设形态的改善吸引更多的人流进入小镇，从而带动小镇经济、文化等各方面的提升是一个大突破口。而目前较为完善的基础设施和公共服务都主要集中城市中心，小镇规划区的服务和设施还比较缺乏，导致其在社区功能、文化功能等方面严重滞后，成为未来发展阻力。

【案例启示】

（一）企业、居民、政府合力共创特色

禅意小镇建设过程中涉及企业、居民、政府三者的利益。在短期建设过程中，生活是居民最关心的一部分，企业则着重于生产这一方面，政府抓紧生态，三者既有共同的利益关系，也存在冲突。企业一味追求生产的效益，忽视生态，在获得较大的经济效益的同时，生态环境付出惨痛代价；居民关心与自己息息相关的生活，禅意小镇建设过程中需要一部分居民迁出原住房，居民怀有乡土情怀，会遇到部分居民不愿意迁出原住房的情况，这样就给当地的政府、企业造成难题；政府不能过多干预，但又要三者兼顾，尽到自己的责任。在小镇的建设过程中，居民、企业、政府的长期利益一致，希望生产、生活、生态三者均衡发展。

从根本上讲，特色应该是由人们的生活水平、生活方式（包括其物质的、制度的、精神的形态）自然融合而成的独具性格的小镇生活形态。从这一视角而言特色禅意小镇之魂不可能在短时间内缔造，需要朱家尖禅意小镇当地政府、小镇投资者和小镇生活者从开始就将禅意小镇建设纳入精准治理的范畴，在建设和营运过程中不断思索、回望和追寻，才能发现并共同呵护禅意小镇之魂。政府应时刻关注禅意小镇民生，提出合理的应对方法；小镇投资者应着眼小镇的长远发展，盈利的同时不能破坏小镇生态环境；小镇居民应对不足之处提出意见和建议，方便政府进行改善。三方面共同合作才能更好地建设禅意小镇，政府和投资者以及生活者应该时刻关注小镇的发展并提出合理的意见和建议，并适当加以实施，选择好的方法改善小镇，如此将小镇带入良性循环中，使特色小镇越发展越好。

（二）发展特色产业，提升旅游吸引力

在产业上有所取舍、有所侧重，特色禅意小镇建设应依托普陀山深厚的观音文化和朱家尖良好的生态自然环境，重点发展鲜明特色的禅文化博览与体验、海洋旅游文化产业、健康休闲度假旅游产业。而旅游企业的转型升级是整个旅游产业转型升级的关键和核心，企业的转型升级要以游客的需求为核心，调整企业发展方向和发展目标，突出个性化服务，提高旅游供给水平，实现企业效益的提升。同时，要积极推进和强化旅游企业管理和旅游服务的创新，通过引进和推广现代经营管理模式，推进品牌。旅游企业是产业结构组成要素的重要部分，在朱家尖产业升级过程中扮演重要角色，产业结构各个环节有效整合与衔接，消除自然型经济、粗放型经济和非市场经济的制约，实现产业静态协调与动态发展的平衡，促进朱家尖旅游产业整体水平的升级。

（三）完善基础设施，加大宣传力度

按照凸显特色、科学合理、综合配套的原则，完成建筑风貌更新、海洋特色民居改造等工作。在坚持不破坏环境的前提下，完善基础设施，改善人居环境，进而提升游客体验。通过主办或者承办一些特色活动，扩大朱家尖产业特色小镇的知名度，增加特色小镇的吸引力。同时，丰富旅游发展的宣传手段，提高游客的体验感，利用 AR 技术增强实景更生动地展示禅意小镇的独特魅力，通过互联网推送至各个公共平台，让更多的人了解和关注特色小镇。

> **案例思考**
> 1. 我国特色小镇发展的模式有哪些？
> 2. 如何提升特色小镇的人居环境？
> 3. 特色小镇未来发展的方向如何？

本节参考文献

陈立旭. 论特色小镇建设的文化支撑[J]. 中共浙江省委党校学报，2016(5):14-20.

李强. 特色小镇是浙江创新发展的战略选择[J]. 今日浙江，2015(24):10-20.

马黎明. 英国小城镇建设对我国小城镇城镇化的启示[J]. 青岛农业大学学报（社会科学版），2015(4): 16-20.

唐勇. 浙江小城镇发展模式启示[J]. 国家行政学院学报，2014(6):86-90.

卫龙宝，史新杰. 浙江特色小镇建设的若干思考与建议[J]. 浙江社会科学，2016(3):19-31.

翁建荣. 高质量推进特色小镇建设[J]. 浙江经济，2016(8):6-10.

于立. 英国城乡发展政策对中国小城镇发展的一些启示与思考[J]. 城市发展研究，2013(11):27-31.

第五章　管理创新

第一节　理论概要

一、管理创新的本质

理论界"创新"一词最早由经济学家约瑟夫·熊彼特在其1912年出版的著作《经济发展理论》中首次提到，众多学者在后续研究中从不同的角度对"创新"进行了定义，"创新"的概念经历了从广义到狭义再到广义的发展过程，对"创新"的认识也从科技创新逐渐推广到理念创新、制度创新、管理创新、文化创新等各方面。

管理创新是指组织形成创造性思想并将其转换为有用的产品、服务或作业方法的过程。管理创新是加快发展、提升效益的着力点和突破口，是全面创新的关键一环。近年来，我国各地各部门以改革的思维推动工作，在思想观念、管理体制、运行机制和工作方式上进行了一系列创造性实践，涌现出具有创新性、示范性、实效性的管理创新成果，社会鼓励、支持参与管理创新的氛围日益浓厚。

二、新时期的政府管理创新

政府在我国社会各项事业发展过程中，发挥着不可替代的作用。改革开放以来，各地政府管理创新越来越受到广泛关注，并逐渐成为推进国家制度构建、满足差异化治理需求、促进城市持续发展的重要路径，取得了显著成效[1]。政府管理创新就是政府采纳一个对于其自身来说是新的项目或政策。创新的产生一方面受到外部要素的影响，包括强制性要素和诱致性要素，同时，也有地方政府自身的成本收益考量[2]。

当前新的历史时期是我国全面发展的关键阶段，是深化各项改革的攻坚阶段，政府在行政管理过程中更加需要强调创新和优化。为了切实推进小康社会的全面建设，促进社会主义和谐社会战略目标的有效构建，需要强化政府管理工作的创新，不断提升自身

---

[1] 郁建兴，黄飚. 地方政府创新扩散的适用性[J]. 经济社会体制比较，2015(1).
[2] 郁建兴，黄亮. 当代中国地方政府创新的动力:基于制度变迁理论的分析框架[J]. 学术月刊，2017(02):98-107.

的责任意识,真正为人民幸福、社会和谐、城市发展服务。

三、亟待解决的问题

新时代要发挥好管理创新在创新驱动中的独特作用,总结经验做法,补齐短板弱项,自觉培育创新品牌,打造管理创新亮点,以管理创新的提升推动地方经济高质量发展。

(一)公共服务模式创新问题

近年来,"服务型政府"的理念已被各级政府所接受。浙江省推行的"最多跑一次"服务模式作为全国改革样本,自 2016 年底实施以来,已然显现出成效。"最多跑一次"改革是通过"一窗受理、集成服务、一次办结"的服务模式创新,使政府实现了高效率服务企业和群众的行政目标,但其在运行过程中也有诸如改革宣传不到位、信息公开不透明、电子政务推行效果不佳等亟待解决的问题。

(二)培育机制建设创新问题

全国掀起了"大众创业""草根创业"的新浪潮,各地大量的创客平台应运而生。创客平台模式无疑为地方创新能力的提升带来了活力,但依然存在平台运行效率低、相关政策支持不足等问题,需要深入实际、调查研究。

(三)环境治理措施改进问题

新时代新经济发展特征决定了地方政府面临越来越多的新矛盾、新问题,主要表现在经济发展与生态环境、自然资源保护的矛盾比较突出,特别是城市水资源污染问题日益严重,各地政府通过"五水共治"的治理模式,使水资源污染得到一定控制。但是,政府在推行"五水共治"战略的过程中也存在着一些不可忽视的问题,而这些问题决定着"五水共治"是否能成为长效管理机制。

第二节 千岛同行,共创最多跑零次

> 本案例原题为《"千岛同行,共创最多跑零次"——关于舟山新区"最多跑一次"改革的推行现状及在海岛实施的特色举措调查》,2019 年获得浙江省统计调查方案设计大赛奖项。案例作者:斯琦琪、何映雪、周媛、苏艳玲、方恬甜,指导教师:赵珍。

2017年浙江实施"最多跑一次"改革,陆续公布了《加快推进"最多跑一次"改革实施方案》《浙江省公共数据和电子政务管理办法》,对改革进行整体部署和实施;2018年,各地涌现出"最多跑一次"改革、"不见面审批"服务、"一次办妥"和"移动办事之城"等改革创新举措。截至2018年2月底,浙江省、市、县三级开通网上申请的比率分别达到86.8%、73.7%、73.1%,统一公共支付平台累计缴费量达4905万笔。从浙江经验走向全国,"最多跑一次"改革书写了深化放管服改革的新篇章,迈入"互联网+政务服务"发展的新阶段。

舟山海岛情况颇为特殊,有1300多个岛屿,住人岛屿近百个,因为地理区位,交通以及网络覆盖,还有使用者知识水平的因素,造成了办事效率存在显著差异性,可能会出现办事效率较低、耗时长、问题解决不到位、跨岛办事等现象,群众问题解决贻误,还有的办理窗口审批程序复杂,也导致问题解决时间过长,往返出岛办事费钱、费时、费心。因此,舟山市在"最多跑一次"深化改革方面,还有很多现实问题需要解决。

一、调查方案设计

(一)调查目的及意义

通过对群众进行问卷调查,了解他们对舟山"最多跑一次"改革的认知程度、认知途径;并通过数理统计分析,评价当地群众对目前"最多跑一次"制度的关注度和满意度,构建影响因素结构模型;通过对行政服务部门管理人员进行访谈调查,探究该政策在海岛地区的特色举措,了解该政策实施现状和现存困难;通过对调查数据的整理和统计,分析"最多跑一次"政策实行过程中,群众、政府等多方相关群体各自的利益诉求,针对"最多跑一次"政策实行中存在的问题,提出惠民利民的对策完善建议。

在现实意义上,"最多跑一次"政策在地域分异下,浙江创建"最多跑一次"有利于破解交通的局限和知识水平限制的现实难题,是政策创新建设中的重大战略选择。这一改革对准发展所需、基层所盼、民心所向,是浙江落实中央全面深化改革部署的重要创新实践,也是浙江将改革向纵深推进的一块金字招牌。

"最多跑一次"改革具有鲜明的时代特征和丰富的理论内涵,"最多跑一次"改革涉及政府治理、公共管理、地方政府创新等各领域工作,应群众需求而生、为解决问题而变,既植根于浙江行政审批制度改革形成的体制机制优势,又在价值取向、流程优化、信息共享、力量整合等方面有了新的超越,是省委、省政府向全省人民做出的承诺,体现的是以人为本,蕴含的是观念革新,推动的是转型发展,是一场从理念、制度到作风的全方位深层次变革。

（二）研究思路及方法

1. 研究思路

首先，以"千岛同行，共创最多跑零次"为主题，以舟山海岛"最多跑一次"政策的推行现状为线索，调查该制度在海岛实施过程中的特色举措。舟山岛屿众多，需要收集舟山"最多跑一次"特色举措的提出、实施、现状及未来的发展趋势等资料；其次，预计通过线上、线下两个渠道，对群众和政府相关部门角度进行问卷调查和访谈，了解他们对于"最多跑一次"改革的看法，利用数据信息，分析舟山"最多跑一次"建设对当地人民、政府机关的影响；最后测度被调查者对"最多跑一次"改革的满意程度，从而对存在的问题进入深入研究并提出相应的建议措施。研究小组主要对政府人员和群众进行了调查，对调查结果进行整理和统计分析，结合相关文献研究，分析得出被调查者对"最多跑一次"制度评价结论，并提出改善建议，希望研究结论和建议可以更好地为舟山管理创新提供参考。

2. 研究方法

本研究分两个阶段进行，第一阶段主要是通过资料与文献检索，了解国内外相关领域的研究，确定研究的主体框架；第二阶段是在第一阶段研究的基础上进行"最多跑一次"政策的问卷调研与实地访谈，将调研所得资料汇总、处理与分析，形成文字、图表，通过实证分析，对"最多跑一次"政策改革不足提出完善和改进思路。

（1）文献分析法

主要通过浙江政务服务网、中国知网、维普等数据库进行"最多跑一次"制度、信息资料的搜集，了解2016年以来"最多跑一次"政策在舟山市的实施进程。

（2）比较分析法

对比分析舟山市不同县区"最多跑一次"实施效果以及创新成果，找出舟山市"最多跑一次"改革尚未完善之处，并提出应对问题的新方法。

（3）实证分析法

对舟山市定海区、普陀区、岱山县和嵊泗县四个行政服务中心的群众和管理人员进行问卷和实地访谈，通过实证分析研究舟山市"最多跑一次"改革现状及群众满意度、海岛改革过程中的特色举措等。

（三）调查内容及组织实施

1.调查内容

调查内容见表5-1～表5-3。

表 5-1 线上问卷调查内容

调研模块		题目设计
群众对"最多跑一次"政策的认知程度	公众基本信息	性别
		年龄
		工作
		所在地
	对政策的认知	了解渠道
群众对"最多跑一次"政策在舟山实施效果满意度		账号的注册速度
		浏览/连接速度
		审批等待时长
		客服咨询
		页面设计美观度
		操作的难易程度
		页面导航服务及办事指南
		按钮通道有无缺失
		服务通道数
		政务信息公开程度
		审批过程公开透明度
群众对"最多跑一次"政策的建议		办事效率
		改革前后期望的符合程度
		希望获取信息的渠道
		对政策实施的建议

表 5-2 线下问卷调查内容

调研模块		题目设计
群众对"最多跑一次"政策的认知程度	公众基本信息	性别
		年龄
		工作
		所在地
	对政策的认知	了解渠道
群众对"最多跑一次"政策在舟山实施效果满意度		等候时间
		服务人员指引工作
		窗口对接流畅性
		办事时间
		业务能力
		服务态度
		解决问题的效率
		服务环境舒适度
		等候区的设计
		是否有过抱怨
		是否投诉过
		后期回访

续表

调研模块	题目设计
群众对"最多跑一次"政策的建议	办事效率
	改革前后期望的符合程度
	希望获取信息的渠道
	对政策实施的建议

表5-3 实地访谈内容

调研模块	题目设计
政务人员对"最多跑一次"政策的认知程度	姓名、职称、地区
	"最多跑一次"改革的发展路程
	便民措施
	工作开展情况
"最多跑一次"政策在舟山实施过程中遇到的困难	问题及困难
	下一步工作计划
"最多跑一次"政策在舟山实施过程中的海岛特色措施	创新举措

2. 组织实施

（1）抽样过程

第一阶段：抽取区县。舟山市行政区域分为两区两县，即定海区、普陀区、岱山县、嵊泗县，需要对每一区县进行调研。

第二阶段：抽取行政服务中心。从抽中区域随机抽取一个行政服务中心。

第三阶段：抽取居民。在上阶段所抽取的行政服务中心中，采用随机抽样发放问卷。

（2）问卷回收情况

具体的问卷发放、收回情况见表5-4。

表5-4 问卷发放、收回、有效情况表

地点	定海区	普陀区	岱山县	嵊泗县	合计
发放数目	210	175	100	45	530
回收数目	195	168	93	42	498
有效数目	195	168	92	38	493
回收率	93%	96%	93%	93%	95%
有效率	93%	96%	92%	84%	93%

二、调查数据统计

（一）"最多跑一次"改革群众满意度现状

1. 被调查群众特征

（1）性别

从调查样本的性别分布状况来看，线上男性人数占 37.9%，女性占 62.1%；线下男性人数占 41.99%，女性人数占 58.01%，性别比例基本持平，比较符合现实情况。本调研在调查中，样本足够分散，可信性高。

（2）年龄

从调查样本的年龄分布状况来看，线上被调查者中 20 岁以下和 41~60 岁人数较少，60 岁以上为零；21~30 岁和 31~40 岁的人数较多，分别占 56.9%和 32.7%，这是因为这两个年龄段的人群对于网络接触较多，可以接触到更多网上办事的信息。而线下调查样本中，20 岁以下人数较少；21~30 岁和 60 岁以上分别占 18.5%和 18%；31~40 岁和 41~50 岁分别占 29.8%和 29%。说明调查对象年龄分布较为分散，这也说明"最多跑一次"改革的推广较为分散。

（3）职业

从调查样本的职业分布状况来看，线上被调查者主要以个体经营者、合伙经营者、企业工作者为主，分别占 42%、21.3%、24.1%；线下调查对象职业分布分散，但个体经营者和农民较多。这种现象主要是由于知识水平较高且平时无空余时间的群众大多会选择线上办理，而线下主要是知识水平较低或者时间充裕的群众。

（4）地区

从调查样本的地区分布状况来看，线上线下被调查对象来自定海区、普陀区较多，而岱山县和嵊泗县较少，这是由于人口基数导致，也说明问卷数量分配的合理性高（见表 5-5）。

表 5-5 地区分布占比

地区	线上基数	线上占比（%）	线下基数	线下占比（%）
定海区	67	38.5	195	39.6
普陀区	59	33.9	168	34.1
岱山县	23	13.2	92	18.7
嵊泗县	25	14.4	38	7.6
总计	174	100	493	100

2. 被调查群众认知状况

由图 5-1 可知，线上和线下受访者了解"最多跑一次"改革信息的渠道众多，说明改革现有的宣传渠道宽，群众可以通过各种渠道了解改革信息，但是通过网络方式了解改革的群众占比较大，这不仅表明当前网络宣传方式对群众影响最大、成果明显，也可以为"跑改办"下一步开展宣传工作提供可靠建议。

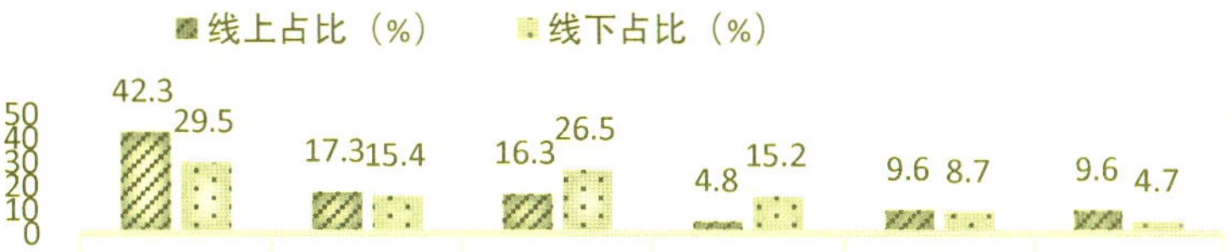

	网络	报纸杂志	电视	村委会宣传	行政服务中心处宣传	其他
线上占比（%）	42.3	17.3	16.3	4.8	9.6	9.6
线下占比（%）	29.5	15.4	26.5	15.2	8.7	4.7

图 5-1 被调查者了解改革信息的渠道

线上群众主要想通过网络和电视渠道了解这项改革，这两部分分别占比 52.6%、18.9%；而线下群众更多的想通过电视和村委会宣传了解改革信息，这两部分分别占比 32.1%、25.4%；这与被调查者的职业、年龄等因素关系密切，该结论说明"跑改办"应大力通过网络展开宣传，同时也不能忽视电视、村委会等其他宣传途径的作用。

3. 被调查群众改革前后期望符合度

调查发现，对比改革前后，线上被调查者对"最多跑一次"期望的符合程度总体较高，其中表示满意的占比 36%，表示非常满意的占比 28%；线下被调查者对"最多跑一次"改革的看法不一，说明线下改革在一些方面没有得到群众的肯定，还有待改进。

不同地区群众对改革前后的期望值符合程度有所不同，定海认为符合预期的占比 90.1%，普陀认为符合预期的占比 94.8%，岱山认为符合预期的占比 82.6%，嵊泗认为符合预期的占比 68%，程度不同说明各地区"最多跑一次"改革的推进情况各不相同。岱山县和嵊泗县不满意的比重比其他地区高，这可能与海岛地区改革推进落后有关，说明海岛地区各区县需要加快改革的步伐。

（二）"最多跑一次"改革群众满意度实证分析

1. 因子分析

因子分析旨在利用降维的思想，把众多指标转化为少数几个综合指标。在满意度实证研究中，为了全面、系统地分析问题，必须考虑众多影响因子。

(1) 线上问卷因子分析

将线上群众满意度作为单独的一项，对应的 11 项变量作为它的测度因子。将 11 个变量降维为 4 个贡献率较大的因子（贡献率 72.36%），并命名为 $Z_{上1}$、$Z_{上2}$、$Z_{上3}$、$Z_{上4}$。

第一个公因子 $Z_{上1}$：主要与账号的注册速度 X_1（0.833）、浏览/连接速度 X_4（0.652）、审批等待时长 X_2（0.638）、客服咨询 X_3（0.606）关系密切，因此第一个公因子理解为及时性的影响程度。

第二个公因子 $Z_{上2}$：主要与页面设计美观度 X_6（0.869）、操作的难易程度 X_5（0.858）、页面导航服务及办事指南 X_7（0.861）关系密切，因此第二个公因子理解为设计合理性的影响程度。

第三个公因子 $Z_{上3}$：主要与按钮通道有无缺失 X_9（0.601）、服务通道数 X_8（0.476）关系密切，因此第三个公因子理解为种类丰富性的影响程度。

第四个公因子 $Z_{上4}$：主要与政务信息公开程度 X_{10}（0.933）、审批过程公开透明度 X_{11}（0.406）有关，因此第四个公因子理解为公开性的影响程度。

(2) 线下问卷因子分析

将线下群众满意度作为单独的一项，对应的 11 项变量作为它的测度因子，将 12 个变量降维为 4 个贡献率较大的因子，并命名为 $Z_{下1}$、$Z_{下2}$、$Z_{下3}$、$Z_{下4}$。

第一个公因子 $Z_{下1}$：主要与对接流畅性 X_3（0.717）、办事等候时间 X_1（0.716）、办事时间 X_4（0.632）、指引工作 X_2（0.612）关系密切，因此可以把第一个公因子理解为流畅性的影响程度。

第二个公因子 $Z_{下2}$：主要与解决困难与疑问的效率 X_7（0.760）、业务能力 X_5（-0.741）、服务态度热情主动程度 X_6（0.719）关系密切，因此把第二个公因子理解为专业性的影响程度。

第三个公因子 $Z_{下3}$：主要与服务环境舒适度 X_8（-0.746）、等候区设计 X_9（0.741）关系密切，因此第三个公因子可理解为舒适性的影响程度。

第四个公因子 $Z_{下4}$：主要与投诉 X_{11}（0.874）、后期回访 X_{12}（0.828）、办事过程抱怨 X_{10}（0.478）有关，因此把第四个公因子理解为反馈性的影响程度。

2. 多元线性回归分析

在回归分析中，如果有两个或两个以上的自变量，就称为多元回归。实际中，一种现象常常是与多个因素相联系的，由多个自变量的最优组合共同来预测或估计因变量，比只用一个自变量进行预测或估计更有效。

(1) 线上满意度回归模型构建

线上问卷因子分析已经得到四个贡献率较大的变量因子 $Z_{上1}$、$Z_{上2}$、$Z_{上3}$、$Z_{上4}$，作为自变量，将线上群众满意度 Y_1 作为因变量，构建多元回归分析模型，来分析群众对改革满意度与各项指标之间的关系（见表5-6）。

表5-6 线上线性回归系数

模型		非标准化系数		标准化系数	T	显著性	共线性统计资料	
		B	标准错误	Beta			允差	VIF
1	（常数）	2.345	0.001		739.881	0.000		
	REGR $Z_{上1}$ for analysis 1	0.483	0.001	0.590	369.998	0.000	1.000	1.000
	REGR $Z_{上2}$ for analysis 1	0.453	0.001	0.553	346.823	0.000	1.000	1.000
	REGR $Z_{上3}$ for analysis 1	0.341	0.001	0.416	260.998	0.000	1.000	1.000
	REGR $Z_{上4}$ for analysis 1	0.339	0.001	0.415	260.026	0.000	1.000	1.000

由图可知，回归结果为：

$$Y_1 = 2.345 + 0.483 Z_{上1} + 0.453 Z_{上2} + 0.341 Z_{上3} + 0.339 Z_{上4}$$

通过回归分析可以得出，及时性（$Z_{上1}$）、设计合理性（$Z_{上2}$）、种类丰富性（$Z_{上3}$）、公开性（$Z_{上4}$）都与线上群众的满意度有着显著影响。

$Z_{上1}$的系数为0.483，包括X_1、X_2、X_3、X_4；$Z_{上2}$的系数为0.453，包括X_5、X_6、X_7；$Z_{上3}$的系数为0.341，包括X_8和X_9；$Z_{上4}$的系数为0.339，包括X_{10}和X_{11}。

通过分析可知，$Z_{上1}$最能影响群众的满意度，其次是$Z_{上2}$、$Z_{上3}$、$Z_{上4}$。计算得出，群众对"最多跑一次"改革的满意度为3.961，由于平均值为3，所以群众对于"最多跑一次"改革的现状满意度较高，即"最多跑一次"改革现状还是得到了群众的支持。

（2）线下满意度回归模型构建

线上问卷因子分析已经得到四个贡献率较大的变量因子$Z_{下1}$、$Z_{下2}$、$Z_{下3}$、$Z_{下4}$，作为自变量，将线下群众满意度Y_2作为因变量，采用多元回归分析方法，分析"最多跑一次"改革的群众满意度与各项指标之间的关系（见表5-7）。

表5-7 线下线性回归系数

模型		非标准化系数		标准化系数	T	显著性	共线性统计资料	
		B	标准错误	Beta			允差	VIF
1	（常数）	2.741	0.016		198.964	0.000		
	REGR $Z_{下1}$ for analysis 1	0.090	0.016	0.367	5.519	0.000	1.000	1.000
	REGR $Z_{下2}$ for analysis 1	0.100	0.016	0.405	6.090	0.000	1.000	1.000
	REGR $Z_{下3}$ for analysis 1	0.049	0.016	0.199	2.995	0.003	1.000	1.000
	REGR $Z_{下4}$ for analysis 1	0.085	0.016	0.347	5.216	0.000	1.000	1.000

回归结果为：

$$Y_2 = 2.741 + 0.09 Z_{下1} + 0.1 Z_{下2} + 0.049 Z_{下3} + 0.085 Z_{下4}$$

通过回归分析可以得出，流畅性（$Z_{下1}$）、专业性（$Z_{下2}$）、舒适性（$Z_{下3}$）、反馈性

($Z_{下4}$)都对线下群众的满意度有着显著影响。

通过分析可以得出，$Z_{下2}$最能影响群众的满意度，其次是$Z_{下1}$、$Z_{下4}$、$Z_{下2}$。计算得到群众对"最多跑一次"改革的满意度为3.065，由于平均值为3，因此群众对于"最多跑一次"改革的现状满意度还算乐观，即"最多跑一次"改革还是得到了群众的认可。

3. 满意度对比分析

（1）线上满意度对比分析

由表5-8可以看出，线上岱山县、嵊泗县的群众满意度高于定海区、普陀区，说明"最多跑一次"改革对岱山县、嵊泗县这类海岛地区的影响较大，这很大程度上是由于海岛地区交通不便导致的办事困难，线上办理很好地解决了地域交通问题，缩短了办事流程，提高了办事效率。

表5-8 线上性别、地区满意度对比

项目			满意度平均数
地区	定海区	男	3.09
		女	3.18
	普陀区	男	3.22
		女	3.36
	岱山县	男	3.49
		女	4.07
	嵊泗县	男	3.65
		女	3.91

由表5-9可以看出，21~40岁的人群满意度较高，这是由于该年龄段的人接受能力强，普遍接受网上办理业务，且网上办理可以解决他们工作日无法抽身去行政服务中心现场办理业务的问题，使得他们对网上办事的满意度高。而40岁以上的人由于接触网络较少，尤其是海岛地区中老年人知识水平不高，学习如何进行网上办事较为困难，因此满意度不高。

表5-9 线上性别、年龄满意度对比表

项目			满意度平均数
年龄	20岁以下	男	3.65
		女	3.36
	21~30岁	男	4.15
		女	3.89
	31~40岁	男	3.79
		女	3.91
	41~60岁	男	3.14
		女	3.36

(2)线下满意度对比分析

由表 5-10 可以看出,线下不同年龄段的人群对"最多跑一次"改革的满意度普遍较高,而 40 岁以上人群的满意度尤为高,与线上形成鲜明对比,说明线下改革也有很好的成效,中老年人文化程度低,办事较为不便,而"最多跑一次"改革能够提高他们的办事效率,尤其是各地的上门服务、下乡服务等措施,给海岛地区带来极大的便利。

表 5-10 线下性别、年龄满意度对比表

项目			满意度平均数
年龄	20 岁以下	男	3.84
		女	3.89
	21～30 岁	男	3.76
		女	3.70
	31～40 岁	男	3.82
		女	3.78
	41～60 岁	男	3.86
		女	4.03
	60 岁以上	男	4.14
		女	3.90

由表 5-11 可以看出,线下地区的群众满意度中,岱山县和嵊泗县尤为高,说明了改革在海岛地区的实施现状更为显著,与传统的办事模式相比有很大的改进,海岛居民更深刻地体验到改革带来的成效。

表 5-11 线下性别、地区满意度对比表

项目			满意度平均数
地区	定海区	男	3.71
		女	3.93
	普陀区	男	3.96
		女	3.89
	岱山县	男	4.19
		女	4.02
	嵊泗县	男	4.15
		女	3.85

(三)舟山"最后跑一次"改革的海岛特色举措

1. 定海区特色

(1)"区长座谈"制

定海区是最先施行"区长座谈"行政制度的行政区之一,从 2017 年始已实施至今。

为了更好地服务群众，区长、副区长等行政官员会于特定的时间段在定海行政中心接待群众。群众办事时可能会遇到材料短缺，异议疑问，按规难治等棘手的情况，这就需要政府部门基于群众个体不同的困难需求，因人而异地给予对症下药。"区长座谈"制度从人民群众的内部需求出发，在政策合理、情况正当的情形下适时适当地为人民群众开"绿灯"。

（2）自由贸易实验区模式创新

中国（浙江）自由贸易试验区综合服务中心推出"前台统一受理、后台分类审批、统一窗口出件"的模式，在该模式下，市民一窗即能全科受理，享受集成服务，便捷省力。作为上半年"最多跑一次"改革工作亮点，定海区政府为了让群众少跑路，服务大厅推出了电子化申报，实行容缺受理，按照"先受理、后补缺"的原则，对基本条件具备、主要申报材料齐全且符合法定条件，但次要条件或手续有欠缺的行政审批事项，先行进入办理程序，避免群众白跑一次，还在全省率先推出免费快递业务，工作人员把证照送上门，这在很大程度上方便了群众，减少跑腿次数。

2. 普陀区特色

随着经济发展，普陀小岛上的大部分青壮年因就业、务工、子女陪读等原因迁居普陀本岛，岛上留守的常住人口大多是60周岁以上老年人，交通不便，信息闭塞。因此，普陀推出了"漂流瓶"代办业务，在通往本岛的交通航船上都增设了漂流便民箱，写清详细的操作流程以及联系电话，岛内岛外群众只需在码头将资料投入箱里，打个联系电话，两地都有专人负责领取帮忙办理，代办完成后再投入箱中，群众在码头领取，从而实现"岛内群众办事不出岛，岛外群众办事不回岛"。

3. 岱山县特色

2018年岱山县实现了事项无差别办理，2019年上半年实现了板块办理，将所有民生事项、税务事项、商业事项、不动产事项等等详细划分板块，优化升级。同时，岱山县也开启"一窗受理"综合证照办理，争取时时刻刻响应"跑零次是常态、跑一次是底线，跑多次是例外"的口号。2019上半年，岱山县"最多跑一次"改革也已取得显著绩效，网上办理事项实现率达到100%，掌上办理事项实现率达到98.74%，跑零次事项实现率达到94.44%，即办件比例、承诺期限压缩比例及网上办结率分别达到52.31%、76.47%、73.43%。

4. 嵊泗县特色

（1）出入境办理

嵊泗县努力打破地域范围狭小限制，成为舟山市首个引进公安部门办理出入境窗口的行政服务中心，同时由于公安部门实行按需申请因私护照制度，使得市民自费出国旅游变得越来越方便。与此同时嵊泗县行政服务中心也引入车管所车辆登记和管理，全面升级和覆盖行政审批事项办理，使之更为一体化、系统化，日渐成为"竞跑舟山"的领跑者，为全市"跑改"树标导向。

（2）民宿三日办

随着海岛旅游旺季到来，渔家民宿旅游十分火热。针对以往民宿开办申请，存在群众多次跑、多头跑的烦琐。舟山市嵊泗县通过乡镇便民服务中心，"一口式"受理、全过程服务。由中心协调相关验收单位，通过前置开展民宿证照审批的现场踏勘，将竣工验收和证照审批联合踏勘工作相结合，将原先串联分散的各个验收环节转变为一次性并联集中的整体协同。在民宿取得不动产证后，群众可通过网上申报或委托代办的方式，由中心全程跟踪负责营业执照、卫生许可证、特种行业许可证等证件，实现三日办。

（3）电动自行车租赁闪电申办

嵊泗县巧妙将地域限制与旅游特色相结合，由相关政府部门整合事项办理环节，进行流程再造，通过减事项、减环节、减材料、减时间，探索实现大幅缩短电动自行车租赁申办审批时间的新举措，在进行跑改的同时促进地区经济发展。

三、调查结果分析

（一）线上群众调查综述

线上问卷结果显示线上调查对象对"最多跑一次"改革的满意度为3.161，超过平均值，说明线上群众对改革的现状比较满意，但还存在一定的改进空间。线上办事方式的及时性、对外公开性、设计合理性、浏览速度等因素对线上群众满意度有很大影响。部分数据结果显示当前线上办事方式即"浙江政务服务网"和"浙里办"APP还存在一些问题，账号注册过于麻烦、审批等待时间较长、客服回复不及时、网络连接速度慢都会影响网上办事的及时性，群众希望更好地完善网上办事的网站或软件，提高办事效率。同时群众也希望网上办事平台可以提高对外公开性，包括政务信息的公开和审批过程的公开，这不仅能够使群众更好地了解"最多跑一次"改革的实施，也能够增强群众对网上平台的信任度。

（二）线下群众调查综述

线下问卷结果显示线下调查对象对"最多跑一次"改革的满意度为3.565，线下群众对改革现状的满意度较高。办事流畅性决定着群众办事的时间，越短时间解决问题流畅性越高，群众越满意。目前办事窗口服务人员的流畅性较好，说明服务人员的办事水平较高，但是群众中对前台指引工作不满意人数较多，说明四个行政服务中心的指引工作还需完善，指引人员的工作素养、专业性水平有待提高。从调查结果可以看出，群众对"最多跑一次"理解还存在误区，对于办事指南查询通道不了解，对改革工作的知晓度、参与度还不够。宣传形式不够丰富，传播效果不够理想，影响了群众及时获取信息。

（三）政府调查综述

舟山各县、市、区"跑改办"坚持问题导向，紧盯阻碍群众企业办事的堵点、痛点、难点，将"最多跑一次"改革与群众企业办事"少跑路、不跑路、跑近路"相结合，重点攻坚，对症下药，大力推进"最多跑一次"改革。基层政府不仅实施移动办掌上办、即件办和网上办理等线上提速增效的举措，还推行综合窗口向乡镇延伸、推进基层服务站所向便民服务中心进驻等线下基层服务。

【案例解读】

通过深入调查发现，舟山的"最多跑一次"改革总体上是比较成功的，但在实施过程中还存在以下问题。

（一）不同地区数据存在壁垒

由于目前各区县运行的综合受理平台与部分省级自建系统间的数据共享未全面打通，数据和信息无法通过平台实现前台受理环节和后台审批环节的数据互通以及部门间的数据流转。此外，营业执照、结婚证、户口信息等一些数据可以通过数据库、证照库调用实现数据共享，但由于数据共享的申请和调用存在一定的滞后性，经常出现调用的数据和群众表述的不一致，实际办理中仍然存在需要申请人提供纸质材料的现象，离完全实现让"数据跑起来"的目标还有差距。

（二）乡村便民服务中心设施落后

除岱山县洋山镇外，其他乡镇便民服务中心因面积偏小，与市"五大会战"要求(公安、市场监管、不动产登记、税务、城管等基层场所人员、事项需全部进驻)有一定距离，岱山县嵊山镇便民服务中心建筑因涉及危房改造，需再加固后方能施工，暂无法竣工使用。此外，舟山市海岛现状，留守中老年人居多，大部分基层群众对自助网上申报办事较难接受，还是喜欢选择在线下办事大厅窗口办事，完成基层政务服务网实际应用率年底达 30%的目标有一定难度。社保医保、公安等涉及面广、办件量大的事项还是主要在各自自建系统上办理，要大幅度提升区县基层政务服务网办事比例还是存在一定困难。

（三）窗口人员业务能力不足

在无差别受理改革要求下，前台受理人员需从"专科受理"向"全科受理"转变，目前各区县行政服务中心各窗口前台受理人员中编外人员比例超过了 60%，编外人员收入水平、稳定性、业务能力等都直接影响着窗口受理的实效。同时在中心窗口的在编人员中，不少窗口派驻人员年龄偏大，存在系统操作不熟、业务不熟，受理办理均回局里的现象，政府需要督促各窗口将即办件受理办理放到中心，非即办件受理出件在中心，办理可在局里。

（四）群众普及范围有限

群众对"最多跑一次"理解还存在误区，对于办事指南查询通道不了解，对改革工作的知晓度、参与度还不够。宣传形式不够丰富，传播效果不够理想，影响了群众在"最多跑一次"改革中的及时获取相关政策信息。

【案例启示】

（一）通过材料电子化攻克数据壁垒

通过线下认证和线上认证等方式，将存量证照转化为电子证照，推进办事材料目录化、标准化、电子化以及网络共享复用；完善公共基础信息库，配合市级做好共享平台对接，推动电子证照、电子文书、电子签章等应用，逐步减少纸质材料现场提交和办事次数，继续攻克数据壁垒，早日实现数据全面共享。

（二）改善服务中心设施建设

为营造更舒适的服务环境，提高服务水平，方便市民更高效地办理事务，通过全面的统筹规划，加大落后地区的资金投入力度，不断改进、完善、升级设施建设，同时加大政务服务中心网络系统的更新改造，及时升级，提高办事效率。

（三）强化窗口人员业务培训

加强对县、乡镇、社区三级窗口工作人员的业务培训，通过集中学习、岗位交流、实操帮带等形式，提升窗口工作人员的业务能力，增强工作实效。

（四）加大群众宣传力度

拓展宣传渠道，重点对"最多跑一次"办理事项、办理方式、规范流程、办事指南等通过简单易懂的方式进行宣传解读，让更多的老百姓知道去哪里办理、怎么办理，提高群众对"最多跑一次"改革的认可度和满意度。

案例思考
1. "最多跑一次"改革以来浙江省在服务一体化方面取得了哪些成就？
2. 偏远地区"最多跑一次"改革成功的关键是什么？
3. 如何解决行政服务中心部分窗口人员压力过大的问题？

本节参考文献

李一. 浙江"最多跑一次"改革的实践探索和发展意蕴[A]. 中共浙江省党校学报，2017(6):70-75.

缪铨生. 概率与数理统计[M], 上海：华东师范大学出版社，2007.

邵志强. 抽样调查中样本容量的确定方法[J]. 统计与决策，2012.（22）；12-14.

张文彤. SPSS统计分析基础教程[M]，北京：高等教育出版社，2011.

第三节 固智慧之创业，扶时代以创新

> 本案例原题为《固智慧之创业，扶时代以创新——舟山市智慧创客平台发展现状调查》，2018年获得浙江省统计调查方案设计大赛三等奖。案例作者：葛近近、吴远、陈秋漪、褚心馀、黄钱娜，指导教师：王晓慧、彭勃。

建设"智慧社会"的路径逐渐清晰，社会发展的方方面面都在向智慧靠拢，"智慧经济"也成了"智慧社会"建设的重要推动力，而创客平台作为智慧经济的主体之一，也自然而然地受到了广泛关注。创客平台是一个集创业咨询、创业培训、创业融资、创业项目推广于一体的、通过政策扶持、政府引导、规范运作等方式支持创新创业的综合服务平台，如北大创业孵化营、东方嘉诚、极地国际创新中心等。

舟山"创客平台"出现在人们的视野里是从普陀湾众创空间开始的。普陀湾众创空间自2014年启动，普陀区人力社保局等部门按照"创新引领创业，创业带动就业"的思路，双管齐下助力创业。到2016年，普陀湾众创码头的入驻企业达到90家，带动就业2000多人。近几年，舟山市创客平台为创客提供了交流创意思路、拓展产品线下和线上交易渠道的社区平台，给无数创客创造了发展机会，自身也得到了发展。

一、调查方案设计

（一）调查目的及意义

近年以来，智慧经济潜移默化地影响创业平台的服务方式，增值服务、智能系统的产生，可以更好地提升对入驻企业的服务管理。舟山目前处于智慧经济发展初期，通过对舟山创客平台和入驻企业的调查，了解他们目前发展需求和现阶段创客平台存在的问题，以期引起社会和政府的更多关注，为创业创新人才提供支持和保障。

通过对入驻的创客企业问卷调查，了解他们对创客平台的认知程度、需求要点；并且通过数理统计分析，测度入驻的创客企业对于智慧创客平台建设的满意度和关注度，构建影响因素结构模型。

通过对入驻的创客企业访谈调查，了解智慧创客平台的建设进程以及创客企业入驻的原因、产业类型等基本信息。

通过对调查数据的整理和统计，分析智慧创客平台建设过程中，对政府、入驻企业、创客平台本身以及相关多方面群体影响要素，运用发展理论阐释各种现象的形成机理。

根据统计分析结果，针对智慧创客平台建设中所存在的问题，提出着眼全局、确保智慧创客平台运行效率、提升对入驻企业服务质量的对策建议。

舟山市创业平台正值发展阶段，优惠政策和优质服务吸引了大量企业入住其中。通过本次对舟山创客平台中企业的问卷调查，了解企业对所在创客平台运营水平的满意度以及创客平台的政策、资金、功能、服务水平，有利于揭示舟山创客平台运行中存在的问题，有针对性地提出解决方案，提升创客平台的运营水平，为入驻企业提供更好的服务。同时让创客平台成为创业创新人才就业的引擎，以此作为创业的孵化器，吸引人才，用自己的智慧和创造力，创造财富，带动自主就业，为舟山经济提质增效做出贡献。

（二）调查范围及对象

1. 调查范围

根据舟山创客平台空间布局，主要分布定海、临城、普陀三个地区，因此可将三个地区纳入调查范围，并参考各个区域创客企业数量按照 2∶6∶7 的比例在定海区、临城区、普陀区进行抽样调查。

2. 调查对象

问卷对象的选取：对创客平台三大聚集地（定海区、临城区、普陀区）入驻企业员工进行问卷调查。

访谈对象的选取：为了与本次调查主题相契合，结合舟山创客平台地理位置分布情况，选取定海区伍玖文化创意中心、中国舟山海洋科学城、普陀众创码头、浙江成功之路网络科技有限公司、舟山八爪鱼文化发展有限公司等创客中心负责人以及舟山政府创新创业管理部门负责人作为访谈对象。

（三）研究思路及方法

1. 研究思路

首先，将研究主题明确为"舟山市智慧创客平台发展现状调查"。为了调查以创意—创新—创造—创业为核心的智慧经济平台建设状况，收集各种相关资料，比如智慧创客平台的提出、实施、现状以及未来的发展趋势等；其次，从入驻的创客企业、创客平台运行以及政府角度进行问卷调查和访谈，了解创客平台相关各方对创客平台运行状况的看法，利用数据分析，梳理智慧创客平台对创客企业、创客平台本身、社会三方面的影响；最后测度相关各方对智慧创客平台建设的满意程度，从而对存在的问题进行深入剖析，并提出相应的建议措施。

2. 研究方法

本次研究采用三种方法来剖析智慧创客平台运营状况：利用文献调查法进行前期研究；利用抽样调查、专题访谈等方法了解平台运营满意度现状和现存问题；利用多元回归分析等统计方法，归纳整理相关影响因素和交叉分析，并做出建议。

（1）文献调查法

文献调查法主要用于前期准备阶段，调研人员均在网上及图书馆查找并阅读关于"创客平台""创客""智慧经济""智慧创客"等与本课题有关的文献，将新得到的概念、范畴进行编码，以便准确解读智慧创客平台的信息，并进一步梳理创客平台运行机理及内在规律。

（2）抽样调查

为保证调查的相对有效性、实用性和科学性，通过前期的文献资料准备，采用分层抽样的方法进行调查，根据各个地区的企业比例发放问卷，问卷由封闭式题目构成。

为了使调查结果更具可靠性，要求对企业工作人员的调查结果最大绝对误差Δ不超过 4%，要求可靠度（置信度）1-α 为 95%，置信水平 $Z_{\alpha/2}$ 为 1.96，应取的样本容量估计为：

$$\Delta = 0.475, \quad \alpha = 0.5, \quad Z_{\alpha/2} = 1.96$$

$$n_1 \geq \frac{Z_{\frac{\alpha}{2}}^2 p(1-p)}{\Delta^2} = \frac{1.96^2 \times 0.5 \times 0.5}{0.04^2} = 600.25$$

故取 n_1=601。

从全局考虑，根据舟山当前发展状况，预计于舟山创客平台创业的企业员工数 N 约为 14680，故对样本量进行修正，根据分层随机抽样要求，问卷设计效果 $B \leq 1.00$，故取 B=1，预估回答率 r 为 80%，故确定样本容量 n 为 723 份。

（3）统计分析

利用 spss 软件对创客人员性别、年龄、学历、入驻时间、企业项目类型、投资渠道以及对创客平台需求、存在问题、发展建议等基本情况进行描述性分析；运用因子分析方法从全部自变量中提取出公因子，代表量表的基本结构，减少变量数量并降低因子间的相关性；运用多元线性回归分析方法对创客平台总体满意度及影响因素进行分析。

二、调查数据统计

（一）数据统计描述

1. 单项数据频数分布

通过对单项数据进行描述性统计分析可得被调查创客的基本情况统计量分布。本次调查发放问卷 723 份，实际收回有效问卷 683 份，统计总数 683 份。

（1）创客性别

从调查对象的性别比例看，男性有 364 名，占 53.3%，女性有 319 名，占 46.7%。男女比例相差不大，男性创客略多于女性创客，有足够的样本来研究创客人员对创客平台的满意度。

（2）创客年龄

调查表明，在 683 名被访者中，25 岁以下 89 名，占总体的 13%；26～30 岁 235 名，占总体的 34.4%；31～35 岁 236 名，占总体的 34.6%；35 岁以上 123 名，占总体的 18%。由此可见，26～35 岁的人数居多，25 岁以下的人数最少，说明创客平台中青年人居多。

（3）创客学历

调查表明，在 683 名被访者中，初中及以下 34 名，占总体的 5%；高中及中专 208 名，占总体的 30.5%；本科及大专 268 名，占总体的 39.2%；硕士及以上 173 名，占总体的 25.3%。由此可见，本科及大专的人数最多，初中及以下的人数最少，硕士及以上的人数较少，说明创客平台的创客人群多为本科及大专的学历，较高学历的人数较少。

（4）创客入驻时间

调查表明，入驻时间为三个月内的有 25 家，占总体的 3.66%；三个月以上、半年以内的有 66 家，占总体的 9.66%；半年以上、一年以内的有 207 家，占总体的 30.31%；一年以上的有 385 家，占总体的 56.37%。由此可见，入驻时间为一年以上的人数最多，入驻时间为三个月内的人数最少。

（5）企业项目类型

调查表明，在统计的 683 名创客中，参与项目类型为海洋文化的有 103 家，占 15.1%；参与项目类型为食品方面的有 105 家，占 15.4%；参与项目类型为旅游服务的有 112 家，占 16.4%；参与项目类型为健康养生的有 93 家，占 13.6%；参与项目类型为科技研发的有 84 家，占 12.3%；参与项目类型为创意创新的有 70 家，占 10.2%；参与项目类型为电子商务的有 95 家，占 13.9%，参与项目类型为其他的有 21 家，占 3.1%。由此可见，旅游服务、海洋文化、食品经营的项目居大多数，电子商务的项目相对较少。

（6）投资渠道

调查表明，在获取投资渠道的方式上，自身投资的有 106 家，占 15.5%；通过行业渠道的有 109 家，占 12.0%；寻求融资顾问的帮助、联系投资人的有 167 家，占 18.5%；创客平台提供资金服务的有 185 家，占 20.4%；在路演现场（活动沙龙等）寻找投资人、交换名片和项目信息的有 64 家，占 7.1%；银行贷款的有 231 家，占 25.5%；其他 43 家，占 4.8%。由此可见，通过银行贷款获取投资的人数最多，说明银行贷款是主要融资渠道，最有保障，对于创客而言，最方便可行。

（7）创客平台盈利模式

调查表明，通过会员费和赞助盈利的有 76 家，占 8.6%；通过系列收费课程盈利的有 47 家，占 5.3%；通过代售收入盈利的有 134 家，占 15.1%；通过活动和工作坊收入盈利的有 178 家，占 20.0%；通过孵化项目，获取项目分红的有 156 家，占 17.6%；通过政府扶持项目盈利的有 252 家，占 28.4%；通过其他方式盈利的有 45 家，占 5.1%。由此可见，政府扶持项目是创客主要利润来源。

2. 复项数据频数分析

通过对复选数据即复选项目进行描述性统计分析，可得被调查创客对创客平台的态度及评价统计量分布。

（1）平台最需服务

如图 5-2 所示，在统计的 683 名创客中，在对于创客平台今后的期望上，绝大部分创客认为加强项目交流、推广和政策咨询是创客平台还可以完善的工作；大部分创客同时认为创客平台在财务、法律、专利商标咨询服务、技术指导和创业培训等方面应当进一步提升；少部分人认为创客平台在融资服务上可以提升。说明现阶段创客平台融资服务基本满足了大部分创客需求，而在项目交流、推广上还可以加大力度。

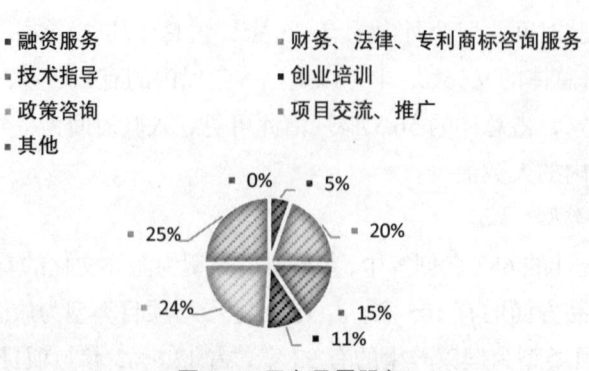

图 5-2 平台最需服务

（2）影响公司未来发展因素

如图 5-3 所示，几乎被调查的所有创客们都认为资源支持是影响他们公司发展的最大因素；创客平台的政策与创客公司实际需求存在的差距也是很大的影响因素；部分创客认为公司的自我推广、风险成本和服务体制也在一定程度上影响公司发展。说明创客平台可以为创客公司引进更多资源支持、完善政策上的漏洞，逐步提升创客平台本身价值，创客公司也会得到质的飞跃。

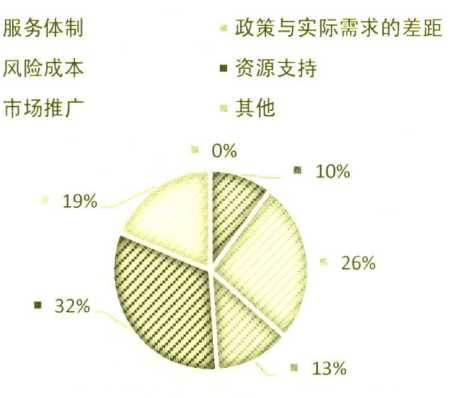

图 5-3　影响公司未来发展因素

（3）创客平台智慧化建设不足

调查表明，在创客平台进行智慧化建设的过程中，大部分创客认为信息基础设施的落后（占比 37.5%）和绿色节能设施（占比 34.3%）的应用性不强，拖累创客平台发展；部分创客认为媒体传播力度（占比 25.1%）小也影响创客平台智能化；少部分创客认为数据管理不完善（占比 1.2%）和电子政务处理（占比 1.8%）不当会对创客平台造成一定影响。说明为创客平台智慧化建设的不足，需要进一步更新信息基础设施，加大智能化设备设施建设力度。

（4）优化创客平台方法

调查发现，绝大部分创客认为优化创客平台应该先强化移动互联网（占比 26%），并加强平台产业互动发展；部分创客认为应提升云计算（占比 24.3%）、融合平台管理与城市管理（占比 14.4%）、实现支付（占比 14.3%）、管理和服务一体化（占比 10.8%）和管理工作生活智慧化（占比 10.2%）来优化创客平台。说明创客平台运用方需要将智慧经济融入平台自身管理中，打造"智慧创客平台"，从而实现"智慧创客"。

（二）数据统计分析

1. 因子分析

（1）自变量评价指标

自变量评价指标如表 5-12 所示。

表 5-12　自变量评价指标

变量代码	变量名称
X_1	信息基础设施
X_2	基础费用（房租\水电\宽带费用）补贴
X_3	物业管理智能化服务
X_4	智能办公（客服\信息公开\通信）
X_5	放宽限制后的登记制度
X_6	税收优惠政策
X_7	贷款风险补偿政策
X_8	引荐高科技人才渠道
X_9	公共服务（法律咨询\知识产权等）
X_{10}	财务资金支持引导服务
X_{11}	电子技术服务（设备研发工具）
X_{12}	创业教育和培训辅导活动
X_{13}	数字化通信服务

（2）因子综合评价得分与解释

因子分析将相同本质的变量归入一个因子，可减少变量的数目，实现自变量降维，方便进行总体满意度分析。具体如表 5-13 所示。

表 5-13　因子分析模型结果汇总表

序号	因子名称	满意度因素	因子载荷				
			F_1	F_2	F_3	F_4	F_5
F_1	服务信息	公共服务（法律咨询 知识产权等）	0.737				
		电子技术服务（设备研发工具）	0.803				
		创业教育和培训辅导活动	0.756				
F_2	优惠政策	放宽限制后的登记制度		0.704			
		税收优惠政策		0.644			
		贷款风险补偿政策		0.580			
		引荐高科技人才渠道		0.644			
F_3	资金支持	财务资金支持引导服务			0.737		
		基础费用（房租、水电、宽带费用）补贴			0.806		
F_4	信息通信	信息基础设施				0.748	
		数字化通信服务				0.784	
F_5	智能服务	物业管理智能化服务					0.571
		智能办公（客服、信息公开、通信）					0.829
方差贡献率（%）			36.28	15.78	13.35	11.37	7.86
累计方差贡献率（%）			36.28	52.06	65.41	76.78	84.63

从表 5-13 可看出，5 个因子在各自解释因素上的得分较高，解释了企业满意度的 84.63%，充分说明各因子的独立性。其中服务信息（F_1）解释了 36.284%的原因，表明创客平台为企业提供的公共服务（法律咨询、知识产权等）、电子技术服务（设备研发工具）、创业教育和培训辅导活动这三个因素是影响创客平台满意度的第一重要因素；优惠政策（F_2）解释了 15.78%的原因，表明创客平台放宽限制后的登记制度、税收优惠政策、贷款风险补偿政策、引荐高科技人才渠道四个优惠政策是第二大影响因素；资金支持（F_3）解释了 13.35%的原因，表明创客平台提供的财务资金支持引导服务和基础费用（房租、水电、宽带费用）补贴是对创客平台满意度第三大影响因素。信息通讯（F_4）解释了 11.37%的原因，表明创客平台的信息基础设施和数字化通讯服务对创客平台满意度也有影响，影响力排名第四；智能服务（F_5）解释了 7.857%的原因，影响力排名第五，起到了补充作用。

函数模型中各因子权重系数仅从单纯的数量关系上考虑，以各因子的方差贡献率为权重，此函数模型可作为舟山市企业对创客平台满意度的基础测评公式。

$$Y = \alpha + \beta_1 F_1 + \beta_2 F_2 + \beta_3 F_3 + \beta_4 F_4 + \beta_5 F_5$$

2. 回归分析

在因子分析中得到五个贡献率较大的变量因子，为得到总体满意度与各项指标之间的关系，采用多元线性回归分析方法，以因子 F_1、F_2、F_3、F_4、F_5 作为自变量，将企业总体满意度作为因变量进行线性回归。

（1）模型拟合度检测

表 5-14 给出了衡量该模型优劣的统计量，R^2 和调整 R^2 为重点关注的统计量，统计值越大，说明模型拟合效果越好；最后给出的标准偏斜度误差，它是残差的标准差，其大小反映了模型预测因变量的精度，标准偏斜度误差越小，说明建立的模型效果越好。表中可决系数 R^2 为 0.857，调整的 R^2 为 0.856，标准误差 0.288，说明该模型拟合度良好，可用来进行因变量预测。

表 5-14 模型汇总

模型	R	R^2	调整 R^2	标准估计的误差
1	0.926	0.857	0.856	0.288

（2）模型结果方差分析

表 5-15 所示为回归模型方差分析的检验结果。可以看到方差分析结果中 F 统计量等于 813.784，概率值 P 值 0.000 小于显著性水平 0.05，因此该模型具有统计学意义，即以上自变量和因变量之间的线性关系是显著的。

表 5-15　方差分析

模型		平方和	df	均方	F	Sig.
1	回归	337.159	5	67.432	813.784	0.000
	残差	56.098	677	0.083		
	总计	393.256	682			

（3）模型结果数学分析

由表 5-16 可知，回归结果为：

$$Y = 3.810 + 0.147F_1 + 0.415F_2 + 0.281F_3 + 0.255F_4 + 0.341F_5$$

表 5-16　线性回归分析系数表

模型		非标准化系数		标准系数	t	Sig.
		B	标准误差	试用版		
1	(常量)	3.810	0.011		345.875	0.000
	服务信息	0.147	0.011	0.457	31.490	0.000
	优惠政策	0.415	0.011	0.546	37.649	0.000
	资金支持	0.281	0.011	0.370	25.473	0.000
	信息通讯	0.255	0.011	0.335	23.098	0.000
	智能服务	0.341	0.011	0.317	21.852	0.000

由此得到一个具有 5 个变量的多元回归模型。当显著性值小于 0.05 时，变量对整体满意度具有显著影响。因此该模型中对创客平台满意度有显著性影响的因子有服务信息、优惠政策、资金支持、信息通讯以及智能服务等因子。

服务信息 F_1 的系数为 0.347，包括 X_9、X_{11}、X_{12} 的影响值；优惠政策 F_2 的系数为 0.415，包括 X_5、X_6、X_7、X_8 的影响值；资金支持　的系数为 0.281，包括 X_2、X_{10} 的影响值；信息通讯 F_4 的系数为 0.255，包括 X_1、X_{13} 的影响值；智能服务 F_5 的系数为 0.241，包括 X_3、X_4 影响值。通过分析结果可知，优惠政策 F_2 是创客平台满意度最大影响因子，其他影响因子的排序为智能服务 F_5、资金支持 F_3、信息通讯 F_4、服务信息 F_1，说明创客最希望获得政府创业优惠政策，其次对资金支持和智能化服务比较在意。

3. 满意度评价

问卷中设计了 Likert 满意度量表，测量了企业对创客平台提供的服务、政策、资金、通讯、智能化等方面的满意程度，其中 6 分表示非常满意，5 分表示满意，4 分表示大致满意，3 分表示不太满意，2 分表示为不满意，1 分表示非常不满意。

根据调查数据，满意度分析报告如表 5-17 所示。

表 5-17　分类因子满意度分析报告

类别	因子名称	变量符号	自变量名称	均值	众数	标准差	方差	G-S 指数	熵值
一类	服务信息	X_9	公共服务	4.12	5	1.250	1.562	0.770	1.577
		X_{11}	电子技术服务	3.46	3	1.190	1.416	0.765	1.571
		X_{12}	创业教育和培训辅导活动	3.63	4	1.279	1.636	0.776	1.627
二类	优惠政策	X_5	放宽限制后的登记制度	4.13	4	1.326	1.759	0.787	1.624
		X_6	税收优惠政策	3.75	4	1.235	1.525	0.765	1.592
		X_7	贷款风险补偿政策	4.06	5	1.496	2.239	0.811	1.715
		X_8	引荐高科技人才渠道	3.83	4	1.428	2.040	0.795	1.683
三类	资金支持	X_{10}	财务资金支持引导服务	3.77	4	1.326	1.758	0.787	1.658
		X_2	基础费用补贴	3.84	3	1.361	1.852	0.792	1.659
四类	信息通讯	X_1	信息基础设施	3.82	3	1.208	1.458	0.762	1.560
		X_{13}	数字化通讯服务	3.62	3	1.276	1.629	0.781	1.632
五类	智能服务	X_3	物业管理智能服务	3.69	3	1.230	1.513	0.770	1.585
		X_4	智能办公	3.75	3	1.312	1.722	0.764	1.594

已知 $k = 6$，样本平均分配时，

$$P_1 = P_2 = P_3 = P_4 = P_5 = P_6 = 0.167, G - S_{max} = 0.833$$

均分水平下，熵值最大为 1.791，说明满意度测度值很分散，并且信息效用值很小。由表 5-17 可知，创客平台提供的贷款风险补偿政策 G-S 指数为 0.811，熵值为 1.715，说明对于贷款风险补偿政策满意度分布较为分散；其他因子满意度指数都与 G-S 指数最大值 0.833 有较大差距，说明在其他因子满意度分布较为集中。

以满意度均值 3.8 为基准分两段，公共服务、放宽限制后的登记制度、贷款风险补偿政策、引荐高科技人才渠道、基础费用补贴、信息基础设施等六项因素满意度均值大于 3.8，说明创客对平台提供的这些服务是相对满意的；电子技术服务、创业教育和培训辅导活动、税收优惠政策、财务资金支持引导服务、数字化通讯服务、物业管理智能服务、智能办公等七项因素满意度均值低于 3.8，说明创客对平台提供的这些服务有一定不满意，相对满意的占 53%、不满意因素占总体的 46%。

4. 满意度交叉分析

利用 SPSS 对创客入驻时间、创客项目类型与创客平台基础费用补贴、创业教育和培训辅导活动、提供财务资金支持引导等服务及创客平台税收优惠政策的满意度进行双变量交叉分析，绘制成交叉表和图，进行直观诠释。

（1）入驻时间与基础费用补贴满意度的交叉分析

将项目创客入驻时间和平台基础费用补贴的满意度进行交叉分析，进行卡方检验，得到皮尔逊卡方值为 23.627，自由度为 15，显著性概率值 p=0.038<0.05，说明入住时间不同的创客对于平台基础费用补贴的满意度有显著差异。调查表明，对创客平台提供的基础费用补贴服务较为满意的是入驻三个月以上、半年以内的创客，入驻时间越长对基础费用补贴的满意度越低，说明创客平台对新创客会给予比较高的补贴，来吸引企业入驻，但是随着时间的增长对老创客可能会给予比较少的费用补贴，虽然这增加了创客平台的活力，但却不利于创客平台的持久发展。因此创客平台还需结合创客入驻的不同时间，给予更加合适的基础费用补贴。

（2）入驻时间与创业教育和培训辅导活动满意度的交叉分析

在项目创客入驻时间和平台提供的创业教育和培训辅导活动的满意度交叉分析中，进行卡方检验，得到皮尔逊卡方值为 21.233，自由度为 15，显著性概率 p=0.035<0.05，表示入驻时间不同的创客对于平台提供的创业教育和培训辅导活动满意度有显著差异。调查表明，入驻三个月以上的创客项目对于平台提供的创业教育和培训辅导活动总体上趋向一般，其中，"不太满意"和"大致满意"占大部分。对于入驻三个月以内的大多数创客认为平台在这方面还需要提升改造，希望创客平台以多种方式开展创业教育、培训辅导活动，提高入驻创客的学习兴趣。

（3）创客项目类型与平台税收优惠政策满意度的交叉分析

通过不同类型项目的创客对平台税收优惠政策满意度交叉分析，得到皮尔逊卡方检验值为 55.912，自由度为 35，显著性概率值为 p=0.014<0.05，表明不同类型项目创客对平台税收优惠政策的满意度存在显著差异。调查表明，对创客平台的税收优惠政策较为满意的是旅游服务类创客、健康养生类创客和科技研发类创客；食品安全类创客和其他类创客对于平台税收优惠政策满意度相比较来说，不如其他几类创业项目的创客。希望创客平台今后可以多考虑食品开发类型创客群体的需要，针对不同类型创客，提供更为完善的税收优惠政策，为创客群体减轻负担。

（4）创客项目类型与平台资金支持的满意度交叉分析

不同类型项目的创客与平台提供的财务资金支持引导服务满意度进行交叉分析，得到皮尔逊卡方检验值为 56.071，自由度为 35，显著性概率值为 p=0.013<0.05，表明不同类型的创客项目对于平台提供的财务资金支持引导服务满意度有显著差异。调查表明，对创客平台提供的财产资金支持引导服务较为满意的是其他类型创客，说明对于少部分小众的新颖创客，平台提供的财产资金支持引导服务基本解决了他们可能存在的一些财务问题。而对于电子商务类的创客，创客平台提供财产资金服务的满意度不如其他类的创客，有较多电子商务类的创客选择了"不满意"及"不太满意"。因此，希望创客平台可以多为电子商务类型创客考虑，提供满足各种项目类型创客需求的资金支持服务。

三、调查结果分析

本次调研就智慧创客平台满意度这一主题、对舟山市入驻创客平台负责人、企业员工进行了问卷调查,问卷设计采用五分李克特量表形式。问卷结果表明入驻企业对目前平台现状并不完全满意,存在部分的消极情绪。通过多元线性回归模型分析可以发现,服务信息、优惠政策、资金支持、信息通讯、智能服务等五大因子共同对创客平台满意度施加显著影响。其中政府政策、智能服务、资金支持这三个因子对满意度影响最大,也是入驻企业最想表达的三个诉求。因此将这三个方面作为重点,改善创客平台相关政策、完善平台智能服务、加大财务资金支持力度,将有利于较快提高入驻企业满意度,促进创客平台良性运行。

【案例解读】

(一)创客满意度演变规律

调查问卷表明,创客满意度随着创客平台提供的智能化服务增加完善而递增,较高满意度的因素聚集在创客平台提供的智能化优质服务中,充分显示出平台智能化服务质量与创客满意度的关系。不同类型创客对平台智能化需求不同,表现出不同类型创客对平台满意度的差异,清晰地表达了创客满意度演变规律。

创客满意度的演化规律基于心理预期,是创客对于平台服务的一个态度,即期望值。创客通过对智慧平台的认知及其影响在主观上形成一种意识,在这个过程中,创客的"心理预期"对主观意识几乎起到决定性的作用,是建立在自身的认知水平和创业项目的客观需要上、最终投射在客观现实中的一种概念,而创客认知水平和项目需求受到政策、经济、文化、环境等因素综合影响。

(二)创客平台影响因素分析

由前述模型分析数据可知,创客对于政府提供的优惠政策力度是所有因素中对创客平台满意度影响最为显著的,而且为正相关。这说明政府所提供的优惠政策力度越大,创客对于平台的满意度也就越高。这一实证结果解释了:创客平台提供三年免租、大学生创业扶持政策,有利于减少初创企业的经济压力,降低初创企业的创业风险。创客平台所提供的优惠政策大大提高创客的热情和创业精神,成为提高创客对平台满意度重要手段。

创客平台提供的职能服务是影响创客对平台满意度的第二大影响因素,且呈显著正相关。实证结果表明:对于一个初创企业来说,创客平台可以提供的职能服务对于初创企业今后的发展起着重要作用，能够提升企业自身竞争能力，因而大多数创客极为重视这一因素。

创客平台提供的资金支持是影响对平台满意度的第三大因素且呈显著正相关。实证分析结果表明：平台资金支持力度越大，入驻企业的资金越充足，大大增强企业自身的活力，在一定程度上影响创客企业项目的投资机会，因此也影响了创客对于平台的满意度。

（三）鱼骨因素模型原理

本次调查以舟山市智慧创客平台发展现状为主题，通过创客企业、人员的问卷调查以及平台负责人的访谈内容可知，创客平台基础服务、创客属性、政府政策状况、平台未来展望等众多因素是舟山智慧创客平台满意度的影响因素，以此绘制鱼骨因素图（见图 5-4）。根据鱼骨模型原理，针对问题节点，沿各层查找可能存在的因素，鱼头为问题主题，朝向右边，应尽可能多而全地找出所有可能原因，大骨为大的因素，小骨为小的因素，从中可以清晰看到创客平台满意度影响因素的构成。

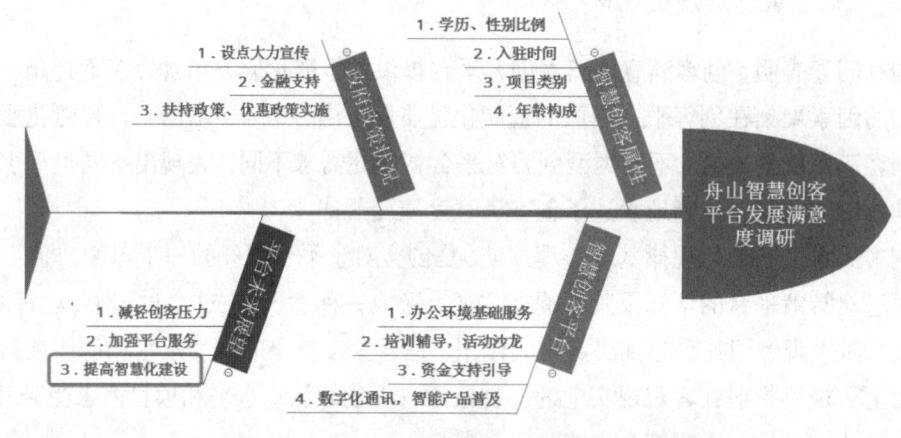

图 5-4　鱼骨因素模型图

【案例启示】

智慧创客平台有效把握现代发展环境下创新创业特点和需求，通过市场化机制、专业化服务和资本化途径构建低成本、便利化、全要素、开放式的新型创业服务平台，体现的是智慧经济。通过样本调查及统计分析，发现舟山创客平台发展中存在的问题，梳理舟山智慧创客平台管理节点和要素，提出解决智慧平台效率及提高入驻企业满意度的对策建议。

加大税收政策优惠力度，减轻创客负担。前期有了充足的资金，后期的税收优惠政策仍需加强。政府可以免除创客者应缴的全部或部分税款，或者按照其缴纳税款一定比例给予返还等，从而减轻其税收负担，主动为企业解决涉税难题。

更新创客平台软硬件设施，提高智能化服务水平。通过调查发现，小部分创客对于平台信息化、智能化基础设施不甚满意。这属于创客平台内部需要改进的地方，创客平台需要循序渐进地了解创客，倾听入驻者对智能化服务的诉求，为他们提供更好的智能化工作环境。

加大资金投入力度、满足创客对资金的需求。对于创客来说，没有投资就寸步难行，然而初创者没有资金没有人脉，经营困难。创客平台要尽可能地为拥有独特技术的创客提供产品众筹机会，而创客也应保证自身项目足够优质、利润可观、前景美好。

加强与知名导师合作、扩大交流途径。创客平台跟国内外知名的创业导师合作，提供最新最前沿的创业视频课程，所有的创客会员都可以根据自己的需求进行学习，同时可以把好的项目和创业视频分享给创业伙伴，共同成长。

引进高端人才，提高创客平台运营水平。尽管在调查中该问题不太突出，但从访谈上反映出舟山存在缺乏高端人才的情况。调研者建议针对这样人才稀缺情况，应大力引进国内外对创客平台拥有丰富管理经验的人才，从根本上解决管理水平低下的问题。

案例思考

1. 不同类型的创客对智慧创客平台的需求有哪些区别？
2. 政府在智慧创客平台建设过程中的作用是什么？
3. 智慧创客平台对地方经济产生怎样的影响？

本节参考文献

程扬. 经济发展的新趋势：智慧经济[J]. 岭南学刊，2010(3).

何超，苏娜，何津春，李燕平，杨丽华. 临床检验服务质量满意度调查[J]. 国际检验医学杂志，2017，38(3).

李娟. 温江创业园建设智慧创客空间[N]. 成都日报，2015（15）.

王小平. 科技型创业企业绩效评价研究———基于客户满意度的问卷调查[J]. 财会通讯，2014(12).

徐思彦，李正风. 公众参与创新的社会网络：创客运动与创客空间[J]. 科学学研究，2014，13(12).

徐威，叶国华，缪佳，陈思超. 创业园区基本现状及满意度评价调查[J]. 现代商业，2014.

赵遐. 智慧创新创业园区为包头"创客"打劲[N]. 包头日报，2015（07）.

郑燕林，李卢一. 培育实践智慧：创客教育的本质目标与实施策略探析[J]. 电化教育研究，2017(2).

钟堃. 满意度调查的方法及模型[J]. 国外医学卫生学分册，2018，35(3).

周兴东，翟晗博，王静. 云智慧 星创客 大空间——"创"时代甘井子区全城孵化全域创新纪实[N]. 大连日报，2015（02）.

第四节　海岛"五水共治"居民满意度

> 本案例原题为《治理农村水污染，营造清澈"乡视界"——展茅街道居民对"五水共治"工作满意度的调查》，2018年获得浙江省统计调查方案设计大赛三等奖。
> 案例作者：张茹、孙健、丁明辉、贾彬、张留群，指导教师：张晓鹏。

"五水共治"即：治污水、防洪水、排涝水、保供水、抓节水。这是浙江省推出的保环境、护民生大政方针，更是推进浙江新一轮改革的关键之策。力争通过三到七年时间的努力，水环境明显改善，水资源开发利用和保障水平明显提高。为贯彻落实这一目标，舟山市于2014年启动整治12条黑河、臭河，到2016年黑臭河已基本达到水体不黑不臭、水面不油不污；全市污水处理厂及其配套管网、设施得到加强；渔、农村生活污水治理行政村覆盖率达到90%以上；饮用水水源地水质全面达到饮用水功能区要求。

居民对"五水共治"政策关注度如何？对治理效果是否满意？较前几年的数据，满意情况是否有所变化？为获取较全面的信息，调研小组对舟山市展茅街道及其管理社区（螺门社区）进行了实地探访。

一、调查方案设计

（一）调查目的及意义

1. 调研目的

本调研小组积极与展茅街道"五水共治"领导小组办公室取得联系，并获得了他们的帮助。通过查看展茅街道相关企业的污水处理排放记录表，咨询在展茅街道"五水共治"治理举措，对治水情况有了基本了解。通过实地调研，走入基层，综合考虑政府、企业和居民等方面因素，客观评价居民对"五水共治"治理工作的满意度，为民众发声。本调研小组的调研走访，相当于在政府与居民之间架起了一座桥梁，让彼此能够"交流"。将政府的举措传递给居民，将居民的想法反馈给政府，使双方之间的距离越来越小，使"五水共治"的推行更加顺利。

首先通过文献调查和实地走访，了解"五水共治"专项活动背景、政策制度、居民生活用水现状及面临的难题，通过数据分析使得调查结果更具有可信度；其次与政府工作人员沟通，让政府了解到居民最迫切需求，探寻政府调整治理的方向。

2. 调研意义

浙江是著名水乡，因水而名、因水而兴、因水而美。抓五水，是由客观发展规律、特定发展阶段、科学发展目的决定的。自全面"治水"以来，在省委、省政府强有力的领导下，舟山市紧紧围绕"五年基本解决问题，全面改观"的治水目标要求，深入推进水环境综合整治，以扎实、有序的方式推进治水工作。

在预调查阶段，通过对居民的走访调研发现，展茅街道居民与螺门社区居民对计划第一步"三年解决突出问题，明显见效"的治理效果是很满意的。据居民所述，"五水共治"政策颁布不久后，身边的水环境较之前明显变好，治理效果十分显著。但居民对水资源全面改观的治理效果持怀疑态度。本调研小组从居民角度出发，通过查阅相关文献资料、社会走访和问卷调查相结合的方式，走进农村基层，获取数据，了解居民的真实想法，通过统计分析，对政府"五水共治"五年（2014—2018）计划工作的实施效果进行客观评价，有针对性地提出解决方案，以期为政府"五水共治"下一步工作计划的修订提供参考，使政府更多从民众角度思考，从民众最迫切需要解决的问题入手，有效提高民众生活水平。

（二）调查范围及对象

1. 调查范围

（1）展茅街道

浙江省舟山市普陀区展茅街道位于舟山本岛的东北端，境内陆域面积 33.45 平方千米，目前管辖 6 个渔农村社区：螺门社区、横街社区、大展社区、沙井社区、黄杨尖社区、茅洋社区。

（2）螺门社区

螺门社区位于舟山本岛东北部，海陆交通便捷，陆域面积 1.92 平方千米，由螺门村、晓辉村和梁横村三个村组成。其中，螺门村有"长三角地区最大的鱿鱼鲞加工基地""全国最大的鱿鱼制品集散地"之称。

2. 调查对象

展茅街道人口 21901 人，其中螺门社区 6894 人，60 周岁以上老年人占 15% 左右。因此，本次调查对象是展茅街道居民与螺门社区居民，并以老年群体为主，他们世代在此生活，对周遭环境的变化十分关注，因此所提供的信息可信度也较高。

（三）样本含量及误差控制

1. 展茅街道样本量的确定

根据浙江政务服务网提供数据，展茅街道居民人数 N=21901。置信水平 95%，t=1.96，取最大允许的相对误差 γ=4.5%，p 值表示现在居住在展茅街道的居民的比例，保守估计为 90%，根据样本量公式确定初始样本容量为 209。

$$n_0 = \frac{t^2 \times (1-p)}{\gamma^2 \times p} = 210$$

$$n_1 = \frac{n_0}{1 + \frac{n_0 - 1}{N}} = 209$$

在回收问卷的过程中，某些问卷可能受调查者随意勾选、忘记回答、大面积留白等问题而使得问卷数据不真实不可靠。为了确保能够获得足够的有效样本，假定问卷有效率为 85%，对问卷数量再次调整，计算得到最终展茅街道样本量 n=246。

2. 螺门社区样本量的确定

根据浙江政务服务网提供数据，螺门社区居民人数 N=6894。置信水平 95%，t=1.96，取最大允许的相对误差 γ=6%，p 值表示现在居住在螺门社区的居民的比例，保守估计为 90%，根据样本量公式确定初始样本容量为 117。

在回收问卷的过程中，某些问卷可能受调查者随意勾选、忘记回答、大面积留白等问题而使得问卷数据不真实不可靠。为了确保能够获得足够的有效样本，假定问卷有效率为 85%，对问卷数量再次调整，计算得到最终螺门社区样本量 n=138。

二、调查数据统计

（一）展茅街道满意度数据分析

展茅街道居民对政府的"五水共治"政策实施是否满意，其影响因素主要为五方面，即"五水共治"的主要内容："治污水""防洪水""排涝水""保供水""抓节水"。调研小组在问卷设计中，对"五水共治"的五方面都有涉及。要了解展茅街道居民对于当地"五水共治"实施成效的满意度，处理所得数据的方法是关键，最终选定运用层次分析法解决问题。

满意度是一个复杂的系统，做比较判断时人的主观选择起到相当大的作用，各因素的重要性难以量化。层次分析法（AHP）是一种定性与定量相结合的、系统化、层次化的分析方法，利用该方法进行指标权重确定，可有效解决认为主观干扰问题。层次分析模型计算过程通过 Excel 和 MATLAB 完成。

1. 成对比较矩阵

（1）成对比较矩阵的数据理论

每次取两个因素 C_i，$C_j(i,j=1\sim5)$，用 a_{ij} 表示 C_i 和 C_j 占总数据比重之比，全部比较结果可组合成成对比较矩阵 A。已知下列等式：

$$A=(a_{ij})_{5\times5}, \quad a_{ij}=\frac{C_i}{C_j}, \quad 显然有：a_{ij}=\frac{1}{a_{ij}}。$$

$a_{ij}(i,j=1\sim5)$ 可通过数据计算求出，采用 1～9 判断尺度，得出成对比较矩阵 A。

（2）关注度的成对比较矩阵

展茅街道发放问卷 246 份，收得 241 份有效问卷，问卷有效率为 98%。根据统计结果，不同选项的选择数据汇总如表 5-18 所示。

表 5-18 展茅街道关心度问题数据汇总表

	治污水	防洪水	保供水	排涝水	抓节水	总份数
选择份数（份）	114	60	27	28	12	241
占总份数的百分比（%）	47	25	11	12	5	100

根据 9 级判断尺度，得出关心程度的成对比较矩阵 A：

$$A=\begin{bmatrix} 1 & 4 & 6 & 6 & 7 \\ \frac{1}{4} & 1 & 4 & 4 & 6 \\ \frac{1}{6} & \frac{1}{4} & 1 & 2 & 4 \\ \frac{1}{6} & \frac{1}{4} & \frac{1}{2} & 1 & 4 \\ \frac{1}{7} & \frac{1}{6} & \frac{1}{4} & \frac{1}{4} & 1 \end{bmatrix}$$

（3）满意度的成对比较矩阵

根据统计结果，不同选项的选择数据汇总如表 5-19 所示。

表 5-19 展茅街道满意度问题数据汇总表

	治污水	防洪水	保供水	排涝水	抓节水	总计
满意	30	23	169	81	132	435
基本满意	116	100	51	104	77	448
不满意	95	118	21	56	32	322
总计	241	241	241	241	241	1205

根据9级判断尺度，得出：治污水的成对比较矩阵 B_1；防洪水的成对比较矩阵 B_2；保供水的成对比较矩阵 B_3；排涝水的成对比较矩阵 B_4；防洪水的成对比较矩阵 B_5。

$$B_1 = \begin{bmatrix} 1 & \frac{1}{5} & \frac{1}{4} \\ 5 & 1 & 2 \\ 4 & \frac{1}{2} & 1 \end{bmatrix} \quad B_2 = \begin{bmatrix} 1 & \frac{1}{2} & \frac{1}{3} \\ 2 & 1 & \frac{1}{2} \\ 3 & 2 & 1 \end{bmatrix} \quad B_3 = \begin{bmatrix} 1 & 3 & 5 \\ \frac{1}{3} & 1 & 2 \\ \frac{1}{5} & \frac{1}{2} & 1 \end{bmatrix} \quad B_4 = \begin{bmatrix} 1 & \frac{1}{3} & \frac{1}{3} \\ 3 & 1 & \frac{1}{2} \\ 3 & 2 & 1 \end{bmatrix} \quad B_5 = \begin{bmatrix} 1 & 4 & 4 \\ \frac{1}{4} & 1 & 2 \\ \frac{1}{4} & \frac{1}{2} & 1 \end{bmatrix}$$

2. 正互反阵的最大特征根和特征向量

（1）原理

对正互反阵矩阵（这里即指构造好的判断矩阵）最大特征根和特征向量进行简化计算考虑的因素有以下两点：精确计算的复杂和解决该实际问题的不必要；简化计算的思路：一致阵的任一列向量都是特征向量，一致性尚好的正互反阵的列向量都应近似特征向量，可取其某种意义下的平均。

对正互反矩阵 A 进行列向量的归一化（$n \times n$），列向量归一化的矩阵每一行进行算术平均得到新的矩阵（$n \times 1$），即特征向量 W。则 $W=[W_1, W_2, \cdots, W_j, \cdots, W_n]^T$ 为所求特征向量，即所求指标权重。

（2）求最大特征根和特征向量

最大特征根与特征向量见表5-20。

表5-20 最大特征根与特征向量

	最大特征根	特征向量
A	5.4071	$[-0.8838\ -0.4099\ -0.1723\ -0.132,-0.0614]^T$
B_1	3.0999	$[0.0944\ 0.9056\ 0.4135]^T$
B_2	3.0735	$[0.0871\ 0.3988\ 0.9129]^T$
B_3	3.0349	$[0.9804\ 0.1688\ 0.1017]^T$
B_4	3.0735	$[0.3943\ 0.9027\ 0.1722]^T$
B_5	3.0536	$[0.9152\ 0.3844\ 0.1211]^T$

3. 一致性检验

（1）原理

一般地，如果一个正互反阵 A 满足

$$a_{ij} \cdot a_{jk} = a_{ik}, \quad i,j,k=1,2,\cdots n,$$

则 A 称为一致性矩阵，简称一致阵。且一致阵 A 满足下列性质：A 的秩为1，A 的

唯一非零特征根为 n；A 的任一列向量都是对应于特征根 n 的特征向量。

因为 n 阶一致阵 A 的特征根是 n，且 n 阶正互反阵 A 的最大特征根 $\lambda \geq n$，所以 $\lambda = n$ 时 A 是一致阵；根据这个定理和 λ 连续地依赖于 a_{ij} 的事实可知，λ 比 n 大得越多，A 的不一致程度越严重，用特征向量作为权向量引起的判断误差越大。因而可以用 $\lambda - n$ 数值的大小来衡量 A 的不一致程度，所以引入一致性指标：

$$CI = \frac{\lambda - n}{n - 1}$$

即 $CI = 0$ 时 A 为一致阵；CI 越大 A 的不一致程度越严重。

为了确定 A 的不一致程度的容许范围，需要找出衡量 A 的一致性指标 CI 的标准，再引入随机一致性指标 RI，计算 RI 的过程是：对于固定的 n，随机地构造正互反阵 A'（它的元素 $a'_{ij}(i<j)$ 从 $1\sim 9$，$1\sim 1/9$ 中随机取值），然后计算 A' 的一致性指标 CI，用 CI 的平均值作为随机一致性指标，对于不同的 n，用 $100\sim 500$ 个样本 A' 算出的随机一致性指标 RI 的数值如表 5-21。

表 5-21 随机一致性指标

n	1	2	3	4	5	6	7	8	9	10	11	…
RI	0	0	0.52	0.89	1.12	1.26	1.36	1.41	1.46	1.49	1.52	…

表中 $n=1$，2 时 $RI=0$，是因为 1、2 阶的正互反阵总是一致阵。

对于 $n \geq 3$ 的成对比较阵 A，将它的一致性指标 CI 与同阶（指 n 相同）的随机一致性指标 RI 之比称为一致性比率 CR，当 $CR = \frac{CI}{RI} < 0.1$ 时认为 A 的不一致程度在容许范围之内，可用其特征向量作归一化处理后成为权向量。（当检验不通过时，要重新进行成对比较，或对已有的 A 进行修正。）

（2）对数据进行一致性检验

对于成对比较阵 $B_k(k=1\sim 5)$，计算出权向量 $w_k^{(3)}(k=1\sim 5)$，最大特征根 λ_k 和一致性比率 $CR_k(k=1\sim 5)$；把所有结果（$k=1\sim 5$ 时）列入表 5-22。

表 5-22 展茅街道数据分析

k	1	2	3	4	5
$w_k^{(3)}$	0.0668	0.0623	0.7838	0.2684	0.6442
	0.6406	0.2851	0.1349	0.6144	0.2706
	0.2926	0.6527	0.0813	0.1172	0.0852
λ_k	3.0999	3.0735	3.0349	3.0735	3.0536
CR_k	0.0961	0.0707	0.0336	0.0707	0.0515

根据一致性比率 CR 的性质，CR_k 均小于 0.1，说明矩阵的不一致程度在容许范围之

内，所有矩阵均通过一致性检验。

4. 展茅街道满意度分析结果

对于"满意"的组合权重为

$$0.0668 \times 0.5326 + 0.0623 \times 0.2470 + 0.7838 \times 0.1038 + 0.2684 \times 0.0795$$
$$+ 0.6442 \times 0.0370 = 0.1775$$

对于"基本满意"的组合权重为

$$0.6406 \times 0.5326 + 0.2851 \times 0.2470 + 0.1349 \times 0.1038 + 0.0795 \times 0.6144$$
$$+ 0.0370 \times 0.2706 = 0.4845$$

对于"不满意"的组合权重为

$$0.2926 \times 0.5326 + 0.6527 \times 0.2470 + 0.0813 \times 0.1038 + 0.1172 \times 0.0795$$
$$+ 0.0852 \times 0.0370 = 0.3380$$

组合权向量的结果表示"基本满意"的组合权重在居民满意度中的权重接近于1/2，大于"满意"与"不满意"的组合权重（见表5-23）。

表5-23 展茅街道"满意度"问题组合权重

	满意	基本满意	不满意
组合权重	0.1775	0.4845	0.3380

因此，展茅街道居民对于"五水共治"政策的实施效果是基本满意的。

（二）螺门社区满意度数据分析

在问卷数据的汇总中，调研小组有选择地对数据进行处理。选用关注程度与满意度这两种数据，目标是研究螺门社区居民对政府的"五水共治"政策实施是否满意，采用层次分析法，通过建立层次分析模型来解决权重问题。

1. 成对比较矩阵

（1）关注度的成对比较矩阵

根据统计结果，不同选项的选择数据汇总如表5-24所示。

表5-24 螺门社区关心度问题数据汇总

	治污水	防洪水	保供水	排涝水	抓节水	总份数
选择份数（份）	52	32	17	20	8	129
占总份数的百分比（%）	40	25	13	16	6	100

根据9级判断尺度，得出关心程度的成对比较矩阵 A：

$$A = \begin{bmatrix} 1 & 4 & 6 & 6 & 7 \\ \frac{1}{4} & 1 & 4 & 4 & 6 \\ \frac{1}{6} & \frac{1}{4} & 1 & 2 & 4 \\ \frac{1}{6} & \frac{1}{4} & \frac{1}{2} & 1 & 4 \\ \frac{1}{7} & \frac{1}{6} & \frac{1}{4} & \frac{1}{4} & 1 \end{bmatrix}$$

（2）满意度的成对比较矩阵

根据统计结果，不同选项的选择数据汇总如表 5-25 所示。

表 5-25　螺门社区满意度问题数据汇总表

	治污水	防洪水	保供水	排涝水	抓节水	总计
满意	16	34	75	44	65	234
基本满意	62	45	34	56	37	234
不满意	51	50	20	29	27	177
总计	129	129	129	129	129	645

根据 9 级判断尺度，得出：治污水的成对比较矩阵 B_1；防洪水的成对比较矩阵 B_2；保供水的成对比较矩阵 B_3；排涝水的成对比较矩阵 B_4；防洪水的成对比较矩阵 B_5。

$$B_1 = \begin{bmatrix} 1 & \frac{1}{5} & \frac{1}{4} \\ 5 & 1 & 2 \\ 4 & \frac{1}{2} & 1 \end{bmatrix} \quad B_2 = \begin{bmatrix} 1 & \frac{1}{2} & \frac{1}{3} \\ 2 & 1 & \frac{1}{2} \\ 3 & 2 & 1 \end{bmatrix} \quad B_3 = \begin{bmatrix} 1 & 3 & 5 \\ \frac{1}{3} & 1 & 2 \\ \frac{1}{5} & \frac{1}{2} & 1 \end{bmatrix} \quad B_4 = \begin{bmatrix} 1 & \frac{1}{3} & \frac{1}{3} \\ 3 & 1 & \frac{1}{2} \\ 3 & 2 & 1 \end{bmatrix} \quad B_5 = \begin{bmatrix} 1 & 4 & 4 \\ \frac{1}{4} & 1 & 2 \\ \frac{1}{4} & \frac{1}{2} & 1 \end{bmatrix}$$

2. 正互反阵的最大特征根和特征向量

最大特征根与特征向量见表 5-26。

表 5-26　最大特征根与特征向量

	最大特征根	特征向量
A	5.2654	$[-0.8838 \ -0.4099 \ -0.1723 \ -0.132, -0.0614]^T$
B_1	3.0246	$[0.0944 \ 0.9056 \ 0.4135]^T$
B_2	3.0092	$[0.0871 \ 0.3988 \ 0.9129]^T$
B_3	3.0037	$[0.9804 \ 0.1688 \ 0.1017]^T$
B_4	3.0183	$[0.3943 \ 0.9027 \ 0.1722]^T$
B_5	3.0536	$[0.9152 \ 0.3844 \ 0.1211]^T$

3. 一致性检验

对于成对比较阵 $B_k(k=1\sim5)$，计算出权向量 $w_k^{(3)}(k=1\sim5)$，最大特征根 λ_k 和一致性比率 $CR_k(k=1\sim5)$；把所有结果（$k=1\sim5$ 时）列入表 5-27。

表 5-27　螺门社区数据分析

k	1	2	3	4	5
$w_k^{(3)}$	0.0974	0.1634	0.6483	0.2385	0.6608
	0.5695	0.2970	0.2297	0.6250	0.2081
	0.3331	0.5396	0.1220	0.1365	0.1311
λ_k	3.0246	3.0092	3.0037	3.0183	3.0536
CR_k	0.0236	0.0088	0.0036	0.0176	0.0515

根据一致性比率 CR 的性质：当 $CR=\dfrac{CI}{RI}<0.1$ 时，认为矩阵的不一致程度在容许范围之内，所以所有矩阵，均通过一致性检验。

4. 螺门社区满意度分析结果

对于"满意"的组合权重为

$0.4739\times0.0974+0.2685\times0.1634+0.0906\times0.6483+0.1194\times0.2385$
$+0.0475\times0.6608=0.2086$

对于"基本满意"的组合权重为

$0.4739\times0.5695+0.2685\times0.2970+0.0906\times0.2297+0.1194\times0.6250$
$+0.0475\times0.2081=0.4550$

对于"不满意"的组合权重为

$0.4739\times0.3331+0.2685\times0.5396+0.0906\times0.1220+0.1194\times0.1365$
$+0.0475\times0.1311=0.3364$

组合权向量的结果表示"基本满意"的组合权重在居民满意度中的权重接近于 1/2，大于"满意"与"不满意"的组合权重（见表 5-28）。

表 5-28　螺门社区"满意度"问题组合权重

	满意	基本满意	不满意
组合权重	0.2086	0.4550	0.3364

因此，螺门社区居民对于"五水共治"政策的实施效果是基本满意的。

三、调查结果分析

本调查以浙江地区"五水共治"政策的颁布为背景，研究展茅街道居民对防洪治污的满意度。通过对展茅街道 241 位居民以及螺门社区 129 位居民的问卷调查与实证分析，运用成对比较矩阵、正互反阵的最大特征根、特征向量的简化计算和一致性检验等数学方法，得到如下主要结论。

第一，展茅街道居民对于"五水共治"政策中的"保供水"和"抓节水"这两方面的治理情况，大多数人是满意的；对于"治污水"和"排涝水"这两方面的治理情况，大多数人是基本满意的；对于"防洪水"这方面的治理情况，大多数人是不满意的。通过数学分析发现："基本满意"在居民满意度中的权重接近于 1/2，大于"满意"与"不满意"的组合权重。因此，展茅街道居民对于"五水共治"政策的实施效果总体来说是基本满意的。

第二，螺门社区居民对于"五水共治"政策中的"保供水"和"抓节水"这两方面的治理情况，大多数人是满意的；对于"治污水"和"排涝水"这两方面的治理情况，大多数人是基本满意的；对于"防洪水"这方面的治理情况，大多数人是不满意的。通过数学分析发现："基本满意"在居民满意度中的权重接近于 1/2，大于"满意"与"不满意"的组合权重。因此，螺门社区居民对于"五水共治"政策的实施效果总体来说是基本满意的。

第三，本小组对螺门社区就"治污水"又进行了重点分析。分析结果表明，当地居民对水环境的满意度主要与性别和年龄因素有关，并且与性别和年龄呈正相关；当地居民对污水报道的关注程度主要与年龄和受教育程度因素有关，与年龄呈负相关，与受教育程度呈正相关。

第四，在展茅街道中选取的螺门社区极具代表性，因此螺门社区的分析结果也同样适用于展茅街道另外 5 个社区，即横街社区、大展社区、沙井社区、黄杨尖社区、茅洋社区。

【案例解读】

长期以来，国内一些地方不重视保护水环境，同时又长期滥用水资源，致使水问题日趋复杂、严重[1]。浙江省域内河流众多、水系发达，境内有钱塘江、甬江、苕溪、瓯江等八大水系，经过多年努力，"五水共治"取得了阶段性成效，水质已有所改善，但"五水共治"在实施过程中，也出现了一些问题，需要认真研究、思考。

---

[1] 单盈. 基于利益相关者视域的"五水共治"多元治理路径探究[J]. 内蒙古煤炭经济，2019(14).

（一）主体参与度不够

从"五水共治"实施的实际情况来看，浙江省各地方政府在"五水共治"中扮演了主要角色，实施过程中强调政府层次，淡化了企业及居民的参与，忽视企业及广大居民反馈。"五水共治"政策的实施过程中强化政策路线明显体现为两点：一是群众对于"五水共治"的参与度不高，社会公众不知道自己是"五水共治"的主体；二是污染型企业与高耗水企业在全面推进"五水共治"过程中遭遇关停并转，会损害数以万计的中小企业主的既得利益，并造成大量员工失业、下岗，因而中小企业主普遍不愿积极参与"五水共治"。

"五水共治"的实施，不仅仅需要重视政府管理、政策机制等政府行为，同时还需要加强企业及广大居民的参与和反馈，在污水治理的过程中，政府与居民沟通较少，虽然治理过，也投入了较多人力物力，但是后期缺乏与中小企业、居民有效沟通，没有实时了解水资源的变化情况。

（二）忽视治水技术投入

"五水共治"实施过程中强调劳动及资金投入，忽视了技术的作用。只注重末端治理，忽视了技术创新和系统治理，反而带来了高投入、高能耗的恶果。在"五水共治"政策的实施过程中，需要加大技术投入，时时监测浙江河流湖泊的各项指标，争取做到污水变净水，通过技术手段达到"五水共治"不反复的效果。

当今时代，科技发展迅猛，中国水处理市场不仅会发生量变，还将有质的改变，即告别低效率、低水平的传统粗放型治水时代，开始注重技术的研发与创新。

（三）水质改善不彻底

水资源治理是系统工程，有自然因素、行政因素，也有居民因素。大多数地方对水源的治理和保护仅限于水源区或终端范围，缺乏对整个水流域的统筹考虑，使得部分地区水源区水质改善后出现反弹，影响了改善效果。

有些区域、河道虽然经过治理，但是还不够彻底，水质依然较差，整治后的水源污染问题还有反复，居民已经基本不会使用污染水源，导致原有的水源废弃，造成水资源浪费，而且走访调查时发现部分村民反映对现有饮用水也不太满意。

（四）部分村民水环境保护意识淡薄

沿河村民贪图方便，不顾水环境破坏，把生活垃圾、建筑垃圾、生活污水倒入河中等随意排污现象时有发生，严重影响水质。其原因一是对于村民个人排污行为主体责任尚未明确，村民违规排污成本代价极低；二是由于对个人排污取证难度大，监管有所缺失。

【案例启示】

（一）政府层面

首先，政府出台相关政策的同时需要加大水环境保护宣传，县、镇、村三级要开展多种形式的水环境保护宣传，加强引导企业及广大居民参与，倡导企业加快向资源节约、环境友好的方向转型，更要关注水资源治理后的情况；其次，政府要有侧重点的加大投入，紧密联系群众，多与当地居民沟通，提供相应窗口让居民反馈水资源的实时情况；再次，大力引进、培养治水高科技人才、实用型人才，以先进理念和先进技术保障治水工程、提升治水水平；最后，建立水环境保护长效管理机制，对污水处理进行统筹规划、科学布局，增加污水处理监督管理。

（二）企业层面

企业应当加大环保投入，"工业三废"要经处理后再排放，改善与居民的关系，互惠互利，通过企业带动当地经济的发展；坚持企业整治与"三改一拆"相结合，对符合环保审批和纳管排放条件的企业，应准许其接入排污管网，确定排放标准；企业要更新发展理念，转变生产生活方式，自觉从我做起，自发地参与到"五水共治"的行列中来，走绿色生产之路。排污企业经营者要消除侥幸心理，要做到"自查、自纠、自报"，确保整治工作取得实效；要创新和引进污水处理工艺技术，逐步探索出最有效的污水治理方法。

（三）个人层面

改变农村地区垃圾处理滞后现状是手段，提升村民环保意识是关键。相关部门应当宣传与管理并举，拿出切实可行的促进措施。宣传到位，可让农村居民知晓水体保护的重要性，从意识层面加强自律；依法管理，相关法律用于实践，会起到令出法随的效果。居民应当关注政府的相关新闻，积极响应政府相关政策引导。生活污水应先集中处理后排放，农业上要合理施用农药、化肥，自觉养成环保的习惯，自觉绿色生活，加入"五水共治"的行列当中。

案例思考

1. 我国农村水资源污染产生的根本原因是什么？
2. "五水共治"多元治理的路径有哪些？
3. 如何确保水污染治理的长效持久？

本节参考文献

风笑天. 现代社会调查方法（第五版）[M]. 武汉：华中科技出版社，2014

贾俊平、何晓群、金勇进. 统计学（第六版）[M]. 北京：中国人民大学出版社，2015

李金昌. 应用抽样技术（第三版）[M]. 北京：科学出版社，2015

中国农村医疗市场调查研究与发展趋势预测报告[J]. 中国产业调研网，2015

周鹤鸣、邹冰. 五水共治科普丛书[M]，杭州：浙江工商大学出版社，2014

第六章 公民参与

第一节 理论概要

一、公民参与的内涵

公共管理是一种新型社会治理模式,是社会历史发展的必然。公共管理的发展目标是通过调动一切积极因素来更好地维护社会公共利益,在公共管理的过程中公民参与行为将深刻影响公共管理成效。公民参与主要是指具有参与愿望的公民,通过一定途径影响公共政策和公共生活的活动形式。公民参与在本质上是官民合作,通过公开透明的信息进行意见的畅通表达,是不同利益主体的公平博弈。公共管理涵盖政治、经济、文化等多个方面,公民在参与政治生活过程中不仅要行使自身的权利,还需要履行一定的义务,需要融入社会公共管理活动领域,配合政府部门工作,为推进政府工作提供重要意见参考支持。

二、公民参与的基础

经过对市场经济多年的培育和发展,我国在一定程度上已经具备了公民参与社会治理的现实基础。首先是多元利益格局已经形成,意味着多个社会主体为同一事务展开利益博弈成为可能,这是公民参与社会治理的主体性前提条件;其次是经过近现代民主法治思想影响,在市场经济规则下,我国公民权利意识逐渐觉醒,公民素养也得到了提高,近年来的各种类型维权事件彰显了公众的公民精神,而这种主人翁精神也是公民参与社会治理的持续动力;最后是我国政府职能已经开始发生转变,政府权力从一定的经济和社会领域退出,民主和法制管理模式初步建立,致使我国政府职能从以前强势管理逐渐向引导、服务或协调职能转换,为公民参与社会治理提供了契机[1]。

---

[1] 沈寨. 公民参与社会治理的法治化路径研究[J]. 厦门特区党校学报,2019(4).

三、公民参与的困境

公民参与已成为政府制定公共政策过程中的普遍范式,对公共服务和决策效率均有促进作用,可部分解决"政府失灵"问题,缓解政府资源和注意力有限的压力。公民参与社会治理需要个体具有较高的参与意愿,影响公民参与意愿的因素包括体制机制、经济水平、文化素养,目前我国公民参与社会治理尽管取得了较大发展,但仍存在一些不足,其原因也正是受困于以下三个层面。

一是政治体制机制不完善。我国正在不断健全参与民主决策的多种渠道,开通24小时热线服务电话、微博、公众号、新媒体舆论监督等方式,但是在真正的具体实施与操作中,机制依然存在缺陷。特别是对弱势群体的公民政治参与保障机制欠缺,降低了他们对于政治参与的热情。由此可以看出,我国的政治参与保障机制仍然需要不断完善。

二是经济发展水平的制约。虽然当前我国经济、文化、社会得到飞跃式发展,但各个区域受到地理位置、教育文化水平、政策等多因素的影响,地域之间的差距不断拉大,区域之间的经济差异,在一定程度上影响了公民参与政治生活的积极性与热情。

三是政治文化素养的束缚。公民自身的文化知识储备与素养在一定程度上也制约着公民政治参与。受我国几千年来的文化、思想等多方面的影响,以及在文化意识形态方面存在弊端,间接地影响到公民的政治文化素养;从公民自身来看,其内外动机、收入、政治兴趣、主观规范等变量也与公民参与社会公共治理有着直接关系。

第二节 民间有河长,海晏水清扬

> 本案例原题为《民间有"河长",海晏水清扬——关于舟山居民民间河长参与意愿的调查研究》,2019年获得浙江省统计调查方案设计大赛三等奖。案例作者:叶倩瑜、黄睿健、杨碧雯、徐珺琳、蒋阳阳,指导教师:王晓慧。

河长制成为中央深化改革的重要举措后,浙江不断建立健全相关政策法规,推动河长制向纵深发展,先后印发了《关于全面深化落实河长制进一步加强治水工作的若干意见》,制定了全国首个省级河长制专项法规《浙江省河长制规定》,为规范河长行为和职责提供了重要依据。治水强调协同协作,除"官方河长"外,民间河长在水环境治理和保护中发挥着不可忽视作用。

河长制要发挥最大的作用,向纵深处发展,需要政府做好顶层设计,做好推动及引导工作。从国家级到县乡级都需要聚焦区域内河道实际状况,详细了解民众意愿,基于河道环境问题力求科学、创新地制定政策，纵向建立完善政策体系，横向建立良好的协调合作关系。在政策实施过程中，上下层级做好对接交流，平行层级做好合作共治，深入民众需求，推进河道环境常态化治理，实实在在发挥河长治理河道的功效。

舟山市作为一个群岛建制的地级市，岛内河道共964条，总长1103千米。自2017年实行河长制以来，招募民间河长参与人数达到1002名，河道环境在一定程度上得到改善。但是尽管民间河长的制度安排做到河道全覆盖，不可否认对于河道的治理效果尚不理想，部分河道的污染问题仍较为突出，并且民间河长的参与人数没有显著增加。基于此，课题组对舟山居民参与民间河长的意愿进行了调查，了解居民对民间河长的认知程度、关注程度、环保意识、参与情况、参与意愿以及对民间河长的态度、意见和建议，从整治河道生态环境的角度探究民间河长在地方政策推动下的实施情况。

一、调查方案设计

（一）调查目的及意义

1. 调研目的

河道生态环境治理是一项复杂系统的工作，涉及上下游、左右岸、不同行政区域和行业，需要统筹河流上下游、左右岸联防联治；不仅要靠水利、环保、城建等部门切实履行职责，更需要党政主导、部门联动、社会参与。因此"河长制"鼓励社会公众参与、共同保护河流，"民间河长""企业河长""百姓河长"等形式在各地兴起，舟山也毫不例外，在河道治理与保护过程中积极推行民间河长治理方案，民间河长也逐渐成为舟山市治水的一支强大生力军，为舟山水环境治理和修复生态做出了贡献。为全面了解舟山民间河长制的运行情况，开展了本次调查。

通过对舟山不同地区的城乡居民进行问卷调查，了解他们对民间河长认知程度和对民间河长的态度评价。

通过对政府部门、舟山市治水办、民间河长进行访谈，了解民间河长实施情况、效果，发现其中存在的问题。

通过对调查数据的整理和统计，分析影响民间河长参与意愿的各方面因素，构建参与意愿结构模型，测度不同因素对居民参与民间河长意愿的影响程度，并运用社会心理学、社会公众参与理论阐述相关动机的形成机理。

根据统计分析结果，针对民间河流治理问题，提出对策建议，探讨"责任河长"与民间河长合作共治、社会公众协同治理环境的新模式，供政府参考，促进民间河长制度的发展。

2. 调查意义

通过调查，激发公众对河长制度的关注，对民间河长制度起到宣传作用，有利于提高公众对民间河长认知，提高居民参与民间河长活动的积极性。民间河长的力量更多体现在弥补了官方河长做不到的及时、广覆盖动员全社会力量等公众监督的作用。民间河长作为社会各界代表，义务志愿参与全市城市河道环境治理查、评、议、宣等工作，对全体市民负责，独立行使监督权。在加强河道污染防治领域的公众参与和社会监督，促进舟山城市河道环境持续改善方面，民间河长将起到重要作用。

课题组以推动民间河长建设为宗旨，分析居民对该建设的参与意愿，有利于促进以政府为主导、多元治理主体共同参与、共同打造生态福祉，有利于构建环境协同治理模式和处理机制，在一定程度上促进了政府主导、公民协作的环境治理水平提高。

（二）调查对象及内容

1. 调查对象

由于嵊泗县在管辖区内没有河流，也没有民间河长的队伍，因此本次调查范围为舟山市的定海区、普陀区、岱山县。调查对象选择一是舟山市居民，二是舟山市环境保护局、舟山市治水办、现任民间河长。

2. 调查内容

根据调查方案，设计了调查内容如表6-1所示。

表6-1 居民调查内容结构

类别	内容
个体特征	性别
	年龄
	职业
	每月可自由支配时间
	年收入
	教育程度
	居住地址
	是否热心社会公益
	管理经验
认知程度	民间河长了解多少
	民间河长了解渠道
认同态度	民间河长能够得到足够锻炼
	民间河长能改善河流水质环境
	民间河长值得被推广的行为

续表

他人影响	亲人或朋友参与民间河长的状况
	您的亲人及朋友希望您参与民间河长
自我判断	有足够的时间参与民间河长
	有足够的精力去担任民间河长
	对完成民间河长相关工作充满自信
	曾经参与过民间河长的次数
	担任民间河长期间对工作了解否
	担任民间河长期间工作规范否
其他意见	民间河长宣传力度评价
	民间河长需加强宣传的渠道
	民间河长是否需要报酬
	合理报酬
	对民间河长的建议（不作自变量）
参与意愿	是否参与过民间河长
	民间河长未来参与意愿

（三）调查方式及样本量确定

1. 调查方式

为了全面、详细了解舟山居民关于民间河长的参与意愿，此次调查采用分层随机抽样的调查方式，以及问卷调查法、深度访谈法、实地观察法和文献调查法等调查方法，其中以问卷调查和深度访谈为主，以文献调查和实地考察为辅。

（1）分层抽样

分层抽样是一种先将总体的单位按某种特征分为若干次级总体(层)，然后再从每一层内进行单纯随机抽样，组成一个样本的方法。为保证调查的相对有效性、实际性和科学性，经过前期的文献调查、资料整理，根据舟山主要河流的数量分布状况，按照行政区将问卷发放地点选为定海区、普陀区和岱山县三个地区。

（2）简单随机抽样

根据调查的项目确定研究总体为舟山市居民，选取的地点为定海区、普陀区、岱山县。确定抽样的组织方式和抽样方法，采用简单随机抽样，根据不同地区河流数量分布不同的现状，在河流数量相对较多的定海区与普陀区发放数量较多的问卷，在河流数量相对较少的岱山县发放数量较少的问卷。

2. 样本量确定

推断总体平均数所需的样本容量，采用分层随机、不重复抽样。样本容量的主要影响因素有以下几个。

（1）总体方差或 $P(1-P)$

总体方差越大，所需样本容量越大；反之越小。换言之，当总体中各单位所接受调查标准差的差异越大时，为了保证抽样误差在允许的范围内，就必须增加抽样调查的单位数。

（2）允许的误差范围

如果预先允许的抽样误差越低，所需的样本容量就越小。

（3）抽样推断的置信度

置信度越高，所需样本的容量也就越大；反之越小。提高置信度意味着提高控制抽样误差在允许范围内的能力或保证程度，因此抽样的单位数必须增加。设初始样本容量为 n_p，可按下列公式得到：

$$n_p = \frac{NZ_{\alpha/2}^2 \overline{P(1-P)}}{N\Delta_P^2 + Z_{\alpha/2}^2 \overline{P(1-P)}}$$

其中，通常选取95%的置信度，对应的 $1-\alpha=95\%$，$Z_{\alpha/2}=1.96$，为总体中具有某种属性的单位所占比重（一般情况下，取样本变异程度最大时的值0.5），为允许的误差范围，考虑精度与成本，选取适中允许误差范围0.04。问卷的回收率为90%，计算得到样本容量为1340。确定总体容量之后，设定分层抽样分配标准，按比例分配样本，发放给舟山居民。

（4）样本的抽取

由于居民的人数是确定的，考虑到民间河长的工作与河流相关，再结合民间河长招募的地区和人数，依据总体数量按比例分配每个地区发放问卷的数量（见表6-2）。

表6-2 样本抽取

地区	河流数	问卷数量安排
定海区	623	778
普陀区	229	328
岱山县	112	234
总计	964	1340

二、调查数据统计

（一）统计描述

通过对调查数据的统计描述，可以得到相关信息的统计量分布。主要调查内容的统计量分布如下。

1. 个体特征

（1）基础信息描述

性别。居民男性所占比重是 42.5%，女性所占比重是 57.5%，在随机取样的情况下，可见居民的女性人数高于男性人数。当地居民女性人数比男性人数多，男女比例较不平衡。

年龄。居民年龄在 15 岁以下的所占比重为 3.7%，在 16~25 岁所占的比重为 14.9%，在 26~35 岁所占的比重 25.4%，在 36~45 岁所占的比重为 23.1%，在 46~55 岁所占的比重为 18.7%，在 56~65 岁所占的比重为 10.4%，在 66 岁以上所占的比重为 3.8%。由此可知，被调查的舟山居民主要以青年人和中年人为主。

职业。被调查的居民中个体工商户所占的比重为 8.2%，教师所占的比重为 2.2%，农民（渔民）所占的比重为 29.2%，私人企业所占的比重为 14.2%，国有企业所占的比重为 5.5%，事业单位工作人员所占的比重为 0.7%，退休员工所占的比重为 23%，学生所占的比重为 9.7%，政府工作人员所占的比重为 0.7%，其他职业所占的比重为 6.6%。由此可知被调查舟山居民以农民（渔民）、退休员工、私人企业为主。

月可自由支配时间。每月可自由支配 0~3 天所占的比重为 33.6%，可自由支配 4~6 天所占的比重为 29.1%，可自由支配 7 天以上所占的比重为 37.3%，由此可知，被调查居民中每月可自由支配的时间以 7 天以上为主，说明当地居民空余时间充足，对民间河长的开展是有利的。

年收入。年收入 1 万元以下（不包括 1 万元）所占比重为 8.3%，1~5 万元（不包括 5 万元）所占比重为 48.8%，5~10 万元（不包括 10 万元）所占比重为 27.7%，10~20 万元（不包括 20 万元）所占比重为 11%，20 万元以上所占比重为 4.2%。由此可知，被调查居民的年收入主要集中在 5~20 万元。

教育程度。小学及以下所占比重为 11.9%，初中所占比重为 31.3%，高中/中专所占比重为 27.6%，大专及以上所占比重为 29.2%。被调查居民的教育程度主要为初中。

（2）行为习惯描述

热心公益活动。被调查居民热心参与社会公益活动所占的比重为 64.9%，不热心参与社会公益活动所占的比重为 35.1%。由此可知，被调查的居民中超过半数是热心参与公益活动，这对于民间河长活动的开展是有利的。

管理经验。有管理经验的居民占 33.6%，没有管理经验的居民占 66.4%。

2. 认知程度

（1）民间河长了解多少

调查表明，对民间河长完全了解的比重为 3.73%，了解大部分的比重为 52.01%，对民间河长一般了解的占 31.34%，对民间河长不怎么了解的占 10.00%，而完全不了解的占 2.84%。由此可知，被调查的居民中超过半数对民间河长是比较了解的，这对于民间河长活动的开展是有利的。

（2）民间河长了解渠道

调查表明，被调查的居民中 326 人对民间河长的了解来自新闻媒体，154 人了解来自人际交谈，42 人的了解渠道为手机短信，101 人了解来自科普宣传，160 人了解来自互联网，115 人了解来自文件通告，35 人了解来自社区宣传栏，307 人通过报纸了解民间河长，其他途径了解的有 100 人，可见通过新闻媒体和报纸上了解民间河长的人数最多。

3. 认同态度

（1）民间河长能够改善河流水质环境

调查表明，对民间河长能够改善河流水质环境持"很同意"态度的人数占比 15.22%，持"同意"态度的占比 33.73%，持"一般"态度的占比 48.51%，持"不同意"态度的占比 2.39%，持"很不同意"态度的占比 0.15%。由此可见，大部分被调查者对民间河长能够改善河流水质环境的观点呈积极态度。

（2）民间河长值得推广

调查表明，对民间河长值得被推广这一观点持"很同意"观点的人数占比 7.76%，持"同意"观点的人数占比 41.04%，持"一般"观点的人数占比 46.72%，持"不同意"观点的人数占比 4.10%，持"很不同意"观点的人数占比 0.37%。说明对民间河长值得被推广这一观点基本同意的人数比较多。

4. 他人影响

（1）亲人或朋友参与民间河长

调查表明，被调查者中亲人或朋友一个也没有参与民间河长的占 44.77%，有大部分亲人或朋友参与民间河长的占 4.32%，亲人或朋友参与民间河长人数中等的占 26.49%，有少部分亲人或朋友参与民间河长的占 24.40%。

（2）亲人或朋友希望你参与民间河长

调查表明，对亲人或朋友希望被调查者参与民间河长这一观点持"很同意"态度的人数占比 10.07%，持"同意"态度的人数占比 22.76%，持"一般"态度的人数占比 53.88%，持"不同意"态度的人数占比 9.10%，持"很不同意"态度的人数占比 4.18%。

5. 自我判断

（1）有足够精力担任民间河长

被调查者中，对有足够精力担任民间河长持"很同意"态度的人数占比 3.06%，持"同意"态度的人数占比 26.57%，持"一般"态度的人数占比 41.49%，持"不同意"态度的人数占比 22.46%，持"很不同意"态度的人数占比 6.42%。

(2) 对完成民间河长相关工作的自信

被调查者中，对完成民间河长相关工作充满自信持"很同意"态度的人数占比22.54%，持"同意"态度的人数占比18.36%，持"一般"态度的人数占比53.96%，持"不同意"态度的人数占比3.43%，持"很不同意"态度的人数占比1.72%。

6. 其他意见

(1) 评价民间河长宣传力度

调查表明，在宣传力度方面，17.91%的舟山居民认为力度非常小，24.63%的居民认为力度比较小，44.03%的居民认为力度一般，8.21%的舟山居民认为力度比较大，5.22%的居民认为力度非常大。由此可以说明对民间河长的宣传力度有待进一步加强。

(2) 参与民间河长是否需要报酬

调查表明，在参与民间河长是否需要一定报酬方面，52.99%的居民认为应该需要报酬，47.01%的居民认为不需要报酬。

7. 参与意愿

调查表明，对将来会参加民间河长持"很同意"态度的人数占比17.16%，持"同意"态度的人数占比34.70%，持"一般"态度的人数占比42.24%，持"不同意"态度的人数占比4.18%，持"很不同意"态度的人数占比1.72%。

说明大多数人对参加民间河长持被动态度。

(二) 统计分析

1. 主成分分析

通过SPSS19.0软件对26个自变量进行主成分分析，对现有自变量降维处理，把多指标转化为少数几个综合指标。根据旋转后的成分矩阵，剔除7个未通过显著性检验的因子，得到主成分及其命名，见表6-3。

表6-3 因子系数

因子命名	因子指标	因子系数
认知程度（Z_1）	民间河长了解多少 X_{10}	0.933
	民间河长了解渠道 X_{11}	0.828
个人特征（Z_2）	年收入 X_5	0.676
	每月可以自由支配的时间 X_4	0.655
	教育程度 X_6	0.829
	性别 X_1	0.722
	家庭地区 X_7	0.586
	职业 X_3	0.725

续表

因子命名	因子指标	因子系数
他人影响（Z_3）	您的亲人或朋友参与民间河长活动 X_{15}	0.87
	您的亲人及朋友希望您参与民间河长 X_{16}	0.86
报酬需求（Z_4）	民间河长需报酬否 X_{25}	0.85
	合理报酬 X_{26}	0.882
认同态度（Z_5）	参与民间河长能够得到足够锻炼 X_{12}	0.948
	认为民间河长活动能够改善河流水质环境 X_{13}	0.952
	认为参与民间河长是值得被推广的行为 X_{14}	0.937
参与状况（Z_6）	曾经参加过民间河长的次数 X_{20}	0.732
自我判断（Z_7）	有足够时间参与民间河长 X_{17}	0.823
	有足够精力担任民间河长 X_{18}	0.777
	对完成民间河长相关工作充满自信 X_{19}	0.591

变量降维为 7 个贡献率较大的因子（累积贡献率 74.8%）：Z_1、Z_2、Z_3、Z_4、Z_5、Z_6、Z_7，各因子命名如下：

第一个公因子 Z_1：主要与民间河长了解多少 X_{10}（0.933）、民间河长了解渠道 X_{11}（0.828）关系密切，因此把第一个公因子命名为"认知程度"。

第二个公因子 Z_2：主要与教育程度 X_6（0.829）、职业 X_3（0.725）、性别 X_1（0.722）关系紧密，同时还与年收入 X_5（0.676）、每月可自由支配时间 X_4（0.655）、家庭住址 X_7（0.586）有一定的关系，因此把第二个公因子命名为"个人特征"。

第三个公因子 Z_3：亲人或朋友参与民间河长的情况 X_{15}（0.870）、您的亲人及朋友希望您参与民间河长 X_{16}（0.860）关系密切，因此把第三个公因子命名为"他人影响"。

第四个公因子 Z_4：主要与民间河长需报酬否 X_{25}（0.850）、合理报酬 X_{26}（0.882）关系密切，因此把第四个公因子命名为"报酬需求"。

第五个公因子 Z_5：主要与参与民间河长能够得到足够锻炼 X_{12}（0.948）、认为民间河长活动能够改善河流水质环境 X_{13}（0.952）、认为参与民间河长是值得被推广的行为 X_{14}（0.937）关系密切，因此将第五个公因子命名为"认同态度"。

第六个公因子 Z_6：主要与曾经参加过民间河长的次数 X_{20}（0.732）关系密切，因此将第六个公因子命名为"参与状况"。

第七个公因子 Z_7：主要与有足够时间参与民间河长 X_{17}（0.823）、有足够精力担任民间河长 X_{18}（0.770）关系密切，同时还与对完成民间河长相关工作充满自信 X_{19}（0.591）有一定的关系，因此将第七个公因子命名为"自我判断"。

2. 民间河长参与意愿模型构建

（1）多重线性回归模型

采用多元回归分析方法，以因子 Z_1、Z_2、Z_3、Z_4、Z_5、Z_6、Z_7 作为自变量，将居民

的参与意愿作为因变量进行线性回归分析。

其模型可以表述为：

$$y = \beta_0 + \sum_{i=1}^{x} \beta_i x_i + \varepsilon (i=1,2,\cdots)$$

其中 Y 表示民间河长参与意愿，β_i 表示回归系数，β_0 表示常数，x_i 表示影响因子，ε 表示随机误差。

（2）回归系数的生成

回归系数见表6-4。

表6-4 线性回归系数

模型		未标准化系数		标准化系数	t	显著性
		B	标准误差	Beta		
1	（常量）	1.357	0.020		82.951	0.000
	认知程度 Z_1	0.261	0.020	0.225	3.028	0.003
	个人特征 Z_2	0.053	0.020	0.042	1.675	0.295
	他人影响 Z_3	0.222	0.020	0.215	1.738	0.074
	报酬需求 Z_4	-0.793	0.020	-0.755	8.643	0.000
	认同态度 Z_5	0.808	0.020	0.792	12.934	0.000
	参与状况 Z_6	0.209	0.020	0.203	4.543	0.000
	自我判断 Z_7	0.175	0.020	0.163	1.793	0.082

由表6-4可知，回归的结果为：

$$Y = 1.357 + 0.261Z_1 + 0.053Z_2 + 0.222Z_3 - 0.793Z_4 + 0.808Z_5 + 0.209Z_6 + 0.175Z_7$$

通过回归分析可以得出，居民对民间河长的认知程度、个人特征、他人影响、报酬需求、认同态度、参与状况、自我判断都对居民参与意愿有显著影响。通过分析，可以将影响参与意愿的公因子按照影响大小排序：

$$Z_5 > Z_4 > Z_1 > Z_6 > Z_3 > Z_7 > Z_2$$

按各项自变量均值计算得出，舟山居民的参与意愿为3.394，说明舟山大多数居民总体上对民间河长参与意愿不强。

三、调查结果分析

（一）社会公众调查综述

问卷结果表明市民对民间河长的认知较少，关注度也不高，主要原因是民间河长的宣传力度较小。由数据可见，市民对河道环境基本满意，认为一般和不满意的也占有一定比例。

课题组调查的对象以 26~35 岁和 36~45 岁的舟山市民为主,因为他们生活经验比较丰富,对问题的看法也较为成熟,对舟山市规划也有一定的了解。通过分析发现,几乎所有人都会关注环境问题,大多数居民对民间河长制度有初步了解,但对相关政策缺乏深入研究,人们对民间河长对河道环境的治理机制、流程、功能还不是十分清楚。大多数市民表示不参与或不太愿意参与民间河长,主要是因为对民间河长预期治理效果信心不足、政府没有配套报酬、不了解具体工作细节等原因,也有部分人表示由于民间河长工作量大、没有充足的时间、对民间河长不感兴趣、管理经验不足,因此民间河长的参与意愿不足。

(二) 政府调查综述

通过对政府环境管理部门负责人深度访谈了解到,舟山市河长制管理体系基本建成。工作方案已出台,河长制办公室将全面组建,各级河长陆续就位,市区党委、政府主要领导担任本级总河长,实现全市全覆盖。要强化河长制制度建设,坚持把制度建设作为河长制工作的重中之重,明确各级河长是河道管护的第一责任人,履行保护、管理、治理"三位一体"职责。现存在的问题是,工业污染、农业污染、畜禽养殖污染、生活污水污染等因素对河道的环境治理造成了一定的难度,导致民间河长的群众参与热情不高。

【案例解读】

民间河长相对于"官方河长"是新兴的事物,它集聚了民间智慧与力量,并通过汇集共同汇入治理河道环境的大流之中,本该是令人欣喜的官民共治方式,但是通过调查访谈发现,许多舟山居民并不太愿意接受工作,舟山市民间河长还存在诸多问题。

(一) 居民个体问题

1. 接受新事物能力不足

从 2017 年 3 月开始至今长达两年多的民间河长在民众中的渗透率却并未达到预期目标,其中一大主因是舟山民众思想观念相对保守,对新事物的接纳能力不足。在河道治理上,这部分居民更喜爱按照原有的思维惯性去理解事物,从始至终认为河道环境问题应当由并且只可能由政府"官方河长"来治理,民间河长只是一个悬空的摆设,并无实用之处。

2. 缺乏社会服务意识

许多本地农民自身随意排放农业污水的陋习没有改变,表现出非常在意眼前利益及个人利益，不为他人着想。在政府环境治理下虽然对河道环境问题有了一定认识，但依然缺乏对社会环境的服务意识，也不愿加入保护河道环境的队伍中来，对河道环境治理的积极主动性较低。

（二）政府管理问题

1. 政策存在缺陷

零薪酬，无动力。虽然民间河长是一项志愿活动，但是根据社会交换理论，当报酬大于成本时，助人行为才会发生。因此政府零薪酬民间河长政策阻碍了更多潜在的居民加入治理河道环境行列，同时缺乏薪酬也让许多现职的民间河长力不从心。

招募无筛选，难保质量。舟山市民间河长招募制度完全零门槛，只要报名都可成为民间河长，这种无筛选的招募制度，导致河长"质量"参差不齐。招募的零门槛制度，使许多性情懒惰、不负责任的人员进入舟山市民间河长的队伍，形成一种鸠占鹊巢的弊端，不仅影响了民间河长的治理成效，也耽搁了合适人才参与治理河道环境的机会。

2. 政府管理不到位

宣传力度不够。调查样本统计显示，舟山市对民间河长认知度较低，更多居民对民间河长的认知程度仅停留在"捞垃圾、清河道"上，这与民间河长的具体职责相差较大。显然，舟山市在民间河长宣传工作上仍然存在较大的缺口。

工作指导不到位。许多街道环境管理者与民间河长交流、沟通不充分，任务职责交代不清，缺乏专业的工作指导和建议，极少提供河道管理经验分享，导致这些新任民间河长对河道监管要么闲暇无事、无所适从，要么盲目奔波、力不从心，河道治理工作成效受到极大影响。

源头管控不足。舟山市目前工业污水、农业污水、生活污水不经处理直接排入河道的现象依旧较为严重，目前，定海区部分河道就面临这类问题，上游企业暗地排污，污染水库，下游居民原本可以直接饮用的水源污染严重，政府对污水源头治理缺乏有力措施，而民间河长对上游企业违规排污没有调查权、处置权，影响到本辖区河道环境后又不得不承担责任，这种非自身工作失误的责任也使得居民对民间河长职务望而生畏。

（三）社会风气问题

一是在河道环境治理之中，舟山市民间河长招募过程还算顺利，但在实施过程中，受社会"冷漠"风气的影响，民间河长参与意愿有所减少。二是缺失社会信任，对河道环境治理信心不足，有居民直言民间河长不过又是个雷声大雨点小的政府动作罢了，并不看好民间河长对河道环境治理的作用，也不看好舟山市未来河道环境改善。社会信任缺失挫伤其他市民参与民间河长治理的积极性。

【案例启示】

居民层面。建立互助意识、民主意识，以接受新事物能力强的年轻人引导居民突破保守思想观念，激发舟山个体居民对新事物的适应能力；加强学习，提升自我，运用科学理论推进品德素养的提升，树立社会主义核心价值观，提高对河道环境治理及民间河长价值的科学认识。

政府层面。深入基层调研群众需求，设置合理薪酬，完善政府政策，以薪酬激励机制推动民间河长队伍的壮大。建立舟山市民间河长队伍人才信息资源库，保证舟山市民间河长队伍的责任感、道德感，加快推进河道环境治理进程。注重民间宣传，将现代传播手段和传统宣传方法相结合，拓宽宣传范围，加大宣传深度，让更多人对民间河长有更加深入的了解并愿意成为其中一分子，参与河道环境治理。强化政府执行力，政府部门在落实河长责任制的同时，也要完善相关领导负责人指导制度，积极提供环境管理经验，推动民间河长工作落地。加强源头把控，建立上下游协同治理机制，整治或关闭上游乱排污水的企业，同时建立上下游民间河长联系机制，完善信息共享机制，共同治理河流。

社会层面。修正社会风气，建立积极行为的正反馈，在居民行使正当河道管理行为时得到正面的积极反馈，例如奖金奖赏、公示表扬等，推动现任民间河长更加积极主动参与到河道环境治理之中，也可以鼓励更多市民自觉制止污染河道环境的行为。建立社会信任，增强社会信心，民众与民众之间讲究诚信，企业与民众之间讲究关爱，企业与政府之间讲究支持，民众与政府之间讲民主等。在这种强信任的社会关系下，居民参与民间河长的积极性将大大提升，公众、企业也都乐意政府对民间河长引导，配合民间河长的工作，河道环境将得到有效治理。

案例思考

1. 民间河长的制度建设层面还存在哪些不足？是什么原因造成的？
2. 在河道环境治理方面，如何建立政府、社区、居民协同管护机制？
3. 分析城镇居民道德素养与民间河长的参与意愿内在联系以及居民素质提升的有效途径。

本节参考文献

2017年中国生态环境状况公报[R]. 000014672/2018-00706. 北京：中华人民共和国生态环境部. 2018

何元增. 走向合作治理：实现环境善治的有效路径[J]. 广播电视大学学报(哲学社会科学版), 2017(03): 79-86.

乐国安，管健. 社会心理学[M]. 中国人民大学出版社：2013 [2]章志光. 社会心理学[M]. 人民教育出版社，2008

林美萍. 环境善政走向环境善治：我国环境治理的路径创新[J]. 牡丹江大学学报，2013，22(01):96-98.

沈费伟，刘祖云. 合作治理：实现生态环境善治的路径选择[J]. 中州学刊，2016(08):78-84.

宋典，芮国强，丁叙文. 政府质量对公民参与倾向的影响：一个有调节的中介模型[J]. 江苏社会科学，2019(4):128-136.

张哲，周艺. 系统观下的"阶梯理论"——城乡规划中公众参与特征解读[J]. 华中建筑，2015，33(11):22-25.

郑岚. "依法治国"视阈中公民政治参与的路径研究[J]. 现代交际，2019(10)，242-243.

第三节　农民政治参与意愿

> 本案例原题为《农民政治参与意愿及其影响因素分析——基于浙江省四市429户的调查数据》，2014年获得浙江省统计调查方案设计大赛三等奖。案例作者：夏静静、邵颖、董芷怡、蔡锦澄，指导教师：彭勃。

近年来，随着村民自治和社会主义新农村建设的蓬勃发展，农民政治参与已经成为中国公民政治参与和促进民主发展的重要环节。我国大多数农民主要是通过参与村委会选举投票行使自己的政治权利，影响政府的政治决定与活动。村委会与农民之间的作用力与反作用力让两者密不可分，村委会的产生依靠农民的选举，并且受农民的监督，反过来村委会又需要为农民谋福利，由其联系协调好农民与上级政府之间的关系，并代表农民行使好其政治权利。因此组织做好村委会的选举工作对实现村民自治、发展社会主义新农村都是至关重要的。

一、调查方案设计

（一）调查目的及意义

1. 调查目的

通过此次调研增加组员之间的交流，提升个人能力，培养吃苦耐劳、坚持不懈与团队协作的精神。

通过与农民、村干部、乡镇政府工作人员的交谈，对村委会选举流程、政策要求有较全面的了解，对我国村民自治制度实施中的艰辛产生更为深刻认识。

基于浙江省典型地区429户农民展开调研，探究浙江省农民政治参与意愿现状及其影响因素，旨在提出切实提高农民政治参与意愿的建议对策。

2. 调查意义

政治参与是经济社会现代化发展的必然要求，是政治现代化的内在规定，是保障人民主体地位和公民权利的有效方式，是化解人民内部矛盾的重要途径，是实现民主治理的要素和动力。可见通过实地调查，明确农民政治参与的影响因素，对于组织协调好村委会选举工作、促进农村地区实行村民自治、更快更好地发展新农村建设、推进我国农村现代化等都有重要的意义，符合时代的潮流。

（二）抽样设计

样本量的计算公式为：

$$n_1 = \frac{N}{N-1} \frac{Z_{\alpha/2}^2}{\Delta^2} P(1-P)$$

为了使调查结果更具有科学性，预期调查结果的最大绝对误差 Δ 不超过 5%，调查结果在 95% 的置信区间内，95% 的置信度要求 $Z_{\alpha/2} = 1.96$，$P = 0.5$，根据上述公式，并按照估计 85% 的问卷回收率计算，得到样本容量 452。

（三）研究假设与模型选择

1. 研究假设

（1）个体特征因素对农民政治参与意愿的影响

假设一：男性的参与意愿高于女性。在中国长期的封建社会中，"男主外女主内"这一思想根深蒂固地存在于人们的思想中，甚至于今日此观念的影响仍然不可忽视，因此假设男性的参与意愿高于女性。

假设二：年龄处于 44~66 岁之间的农民政治参与意愿高于其他年龄段。随着社会经历的积累，人们在不同时期关注重点不同。农民通常在家庭、子女稳定后才会开始关注政治参与，以满足更高层次需求。而 66 岁以上可能更希望享受生活，因此假设年龄在 44~66 岁之间的农民政治参与意愿高于其他年龄段。

假设三：农业从业者政治参与意愿高于非农业从业者。相对于非农业作业，农业从业者与村委更加息息相关。我国是农业大国，农业人口众多，政府颁布的条例或者举措很多与农业有关。因此农业从业者可能会更多的关注政治，期望可以通过参与村委会投票，选出对自己有利的村干部。

假设四：学历与农民政治参与意愿成正相关。较高学历的人相对接受了更多的教育，民主意识较深入，其政治参与意愿及政治追求可能会更加强烈。

假设五：家庭年收入与农民政治参与意愿呈正相关。

假设六：已婚人士的政治参与意愿更高。马斯洛需要理论认为人的各种需要之间是有先后顺序与高低层次之分的，令人满意的收入及婚姻状况均可以看作是人的安全需要得到满足，而参与政治则是一种自我实现需要的满足，相对于安全需要而言是一种更高层次的需要，当一个人较低层次的需要得到满足时，才有可能考虑追求更高层次的需要，因此提出假设五与假设六。

（2）政治素养因素对农民政治参与意愿的影响

假设：政治素养与对农民政治参与意愿正相关。本次调查以贿赂心理、政治面貌、政治功效感、政治关注度、任职状况这五方面分别衡量一个人的政治素养。通常认为若一个人拥有抵挡贿赂的自制力、较高的政治功效感、较高的政治关注度、有过任职经历、党员身份，那么其相对应的政治素养也越高，政治参与意愿更强烈。

（3）政治感知因素对农民政治参与意愿的影响

假设一：农民对选举经历的满意度与其政治参与意愿呈正相关。根据理性行为理论，人们持有的正面或负面的情感将会决定其某一行为的产生。若人们以往的选举经历大多是不愉快的，那么其很可能会对再次参与选举投票产生抵触心理。因此，假设农民选举经历的满意度与其政治参与意愿成正相关。

假设二：农民对乡镇工作满意度与其政治参与意愿成正相关。

假设三：农民对村委会工作满意度与其政治参与意愿呈正相关。从理论上看，村民"政治信任"越高，或者说其对乡镇政府和村委会在村庄社会、经济发展和村庄治理中所起作用的评价越正面，那么其参与选举的意愿就会越高。因此，提出假设二与假设三。

假设四：农民对选举制度的了解度与其政治参与意愿呈正相关。对于长期受"重实体、轻程序"法律文化影响的农民来说，对制度的了解无疑起着民主启蒙的作用。

假设五：农民对选举制度的认同度与其政治参与意愿呈正相关。若农民对选举制度产生不认可的情绪，其政治参与意愿自然不强烈；反之，若其认为该制度是公平合理的，其参与意愿一般会比不认可时要高。

（4）社会因素对农民政治参与意愿的影响

假设一：亲朋好友竞选状况与农民政治参与意愿成正相关。当亲朋好友中有人要参加竞选，大多数农民还是极有可能为了支持亲朋好友的竞选从而选择参与村委会投票。

假设二：村中发放误工补贴会提高农民的政治参与意愿。农民作为"经济人"最显著的特征就是对利益的追求，因此村中发放误工补贴会提高农民的政治参与意愿。

假设三：贿赂现象的存在会提高农民政治参与意愿。考虑到传统农村政治文化对农民的影响，选举中，一个贿赂行为存在较多的社会群体，出于利益、人情世故等考虑，更多的农民会选择参与选举投票。

假设四：选举宣传力度与农民政治参与意愿呈正相关。人们对民主化的接受程度受制于对民主内涵的认知，政府宣传的广度和深度影响至关重要。

2. 农民政治参与意愿模型

（1）最优尺度回归模型

本次调查所研究的因变量是农民政治参与的意愿，参与意愿通过"愿意""不确定"及"不愿意"来表达。实证分析以调查问卷数据为基础，这些数据基本上是分类数据，对分类数据的处理，虽然可使用哑变量进行处理，但是由于分类数据较多，使用哑变量处理会使过程较为烦琐，所得到的结果也不直接明了，因此使用最优尺度回归的方法对分类数据进行拟合。最优尺度变换是专门用于解决在统计建模时对分类变量进行量化的问题，其基本思路是基于希望拟合的模型框架，分析各级别因素对因变量影响的强弱变化情况，在保证变换后各变量间关系为线性关系的前提下，采用特定的非线性变换方法进行反复迭代，从而为各个原始分类变量分别找到最佳的量化评分，随后在相应的模型中使用量化评分代替原始变量进行后续分析。将最优尺度变换技术应用于线性回归分析，就是最优尺度回归分析。

最优尺度回归模型与一般线性回归模型相同，表示为：

$$Y = b_0 + b_0 x_1 + \cdots b_k x_k + e$$

其中 Y 表示参与意愿，b_0 为常数项，$b_1, b_2 \cdots b_k$ 为回归系数，b_1 表示当 $x_2 \cdots x_k$ 固定时，x_1 每增加一个单位对 Y 的效应，即 x_1 对 Y 的偏回归系数；e 表示随机误差。

（2）路径分析模型

虽然最优尺度回归可以解决分类变量或者等级变量做回归、数据不连续做回归、变量不是正态分布做回归等问题，但是最优尺度回归并未提供自变量之间存在多重共线性问题的解决方法。即使使用岭回归等方法得到较为稳健的分析结果，也会损失部分信息，而且如果从专业上大致能够描述自变量间是如何相互影响，那么仅仅简单地消除共线性就显得过于粗糙。因此，本研究将进一步对数据进行路径分析。路径分析所描述的变量间相互关系不仅包括直接的，还包括间接的和全部的关联，通过对自变量间复杂关联的刻画，路径分析模型可以很精细的估计出每一个自变量究竟是通过何种方式作用于最终因变量的，路径分析其实是对最优尺度回归分析的进一步完善与深入。

二、调查数据统计

（一）数据来源及整理

1. 数据来源

根据方案中的抽样设计，本次调研共发放问卷 452 份，回收有效问卷 429 份，有效回收率为 94.91%，具体问卷发放情况如表 6-5 所示。

表 6-5　问卷发放结果表

城市	县市	问卷总数	有效问卷	样本村庄问卷总数/有效问卷
杭州	萧山区	45	44	向公村（15/15）、火星村（15/14）、沿江村（15/15）
	淳安县	45	43	进贤村（15/15）、双西村（16/15）、梅口村（14/13）
宁波	余姚市	45	45	金冠村（15/15）、南岚村（15/15）、横坎头村（15/15）
	慈溪市	45	41	卫西村（15/13）、河头村（15/15）、西门外村（15/13）
温州	永嘉县	45	39	杨庄村（15/9）、麻埠村（15/15）、下岙村（15/15）
	平阳县	45	45	长山村（14/14）、三杆桥村（14/14）、庆丰村（17/17）
	苍南县	45	45	岩头村（15/15）、石南村（15/15）、云星村（15/15）
	瑞安市	45	44	上都村（15/15）、南岙村（15/15）、南堡村（15/14）
	乐清市	45	41	汤西村（15/11）、汤东村（15/15）、谊山村（15/15）
金华	东阳市	45	42	三甲院村（15/15）、上村（15/12）、后塘村（15/15）

2. 问卷结构

根据上述假设，制定农民政治参与意愿影响因素的调查内容如表 6-6 所示。

表 6-6　农民政治参与意愿影响因素调查问卷设计框架表

一级指标	二级指标	三级指标
内在因素	个体特征	性别（X_1）
		年龄（X_2）
		职业（X_3）
		学历（X_4）
		家庭年收入（X_5）
		婚姻状况（X_6）
	政治素养	任职状况（X_7）
		贿赂心理（X_8）
		政治面貌（X_9）
		政治功效感（X_{10}）
		政治关注度（X_{11}）
外在感知	政治感知	农民对选举经历满意度（X_{12}）
		农民对乡镇工作满意度（X_{13}）
		农民对选举制度了解度（X_{14}）
		农民对选举制度认同度（X_{15}）
		农民对村委会工作满意度（X_{16}）
	社会因素	贿赂现象存在状况（X_{17}）
		亲朋好友竞选状况（X_{18}）
		误工补助状况（X_{19}）
		选举宣传力度（X_{20}）

3. 问卷质量控制与分析

（1）信度分析

根据本次研究数据类型及各方法测验分数误差来源的不同，采用 Alpha 信度系数模型。样本中克朗巴哈 α 系数为 0.393，标准化克朗巴哈 α 系数为 0.485（见表 6-7），说明样本的可信度偏低。

表 6-7 可靠性统计量表

Cronbach's Alpha	基于标准化项的 Cronbachs Alpha	项数
0.393	0.485	21

通过基于删除相应项的信度分析选择删除项，依次删除变量：X_2（年龄）、X_{20}（选举宣传力度）、X_{10}（政治功效感）、X_5（家庭年收入）、X_4（学历）。最终样本克朗巴哈 α 系数为 0.714，在可接受的范围内（见表 6-8）。

表 6-8 最终可靠性统计量表

Cronbach's Alpha	基于标准化项的 Cronbachs Alpha	项数
0.714	0.724	16

（2）效度分析

为了判断所设计的题项能否代表所要测量的内容或主题，需要进行效度分析。利用 SPSS17.0 软件对影响因素与农民政治参与意愿之间进行相关性分析，结果显示（见表 6-9）：除 X_3（职业）、X_6（婚姻状况）、X_8（贿赂心理）这 3 个变量外，其他变量均通过显著性检验，因此将这 3 个变量从研究中剔除。

表 6-9 各影响因素与农民政治参与意愿相关分析表

影响因素	Pearson 相关性	显著性（双侧）
X_1	0.151**	0.002
X_3	0.031	0.519
X_6	-0.02	0.675
X_7	0.234**	0.000
X_8	-0.054	0.264
X_9	0.236**	0.000
X_{11}	0.207**	0.000
X_{12}	0.414**	0.000
X_{13}	0.396**	0.000
X_{14}	0.479**	0.000
X_{15}	0.466**	0.000
X_{16}	0.501**	0.000
X_{17}	-0.188**	0.000

续表

影响因素	Pearson 相关性	显著性（双侧）
X_{18}	0.166**	0.001
X_{19}	0.333**	0.000

（二）问卷的描述性统计

1. 农民政治参与意愿的描述

调查表明，农民政治参与意愿的总体平均值为1.53，介于愿意参加与不确定之间，且偏向于不确定，说明浙江省整体农民政治参与意愿仍有待提高。愿意参加下届村委会投票的农民比例仅占60%左右，这一投票比例远无法满足我国社会主义新农村建设的需求。

2. 农民政治参与意愿影响因素的描述

（1）个体特征差异对农民政治参与意愿的影响

统计结果显示：男性中确定参与下届村委会选举的占46.0%，大于女性中确定参与下届村委会选举的比例（28.8%），且男性中"不确定"与"不参与"态度比例都比女性少，这说明男性的政治参与意愿比女性的更为强烈。

（2）政治素养差异对农民政治参与意愿的影响

政治面貌差异对农民政治参与意愿的影响。统计结果显示：在农村社会中党员所占比例为22.3%，这一比例与全国党员比例相比并不算低，其中确定愿意参加下届村委会选举的占82.3%，比非党员中所占比例高。

政治关注度差异对农民政治参与意愿的影响。统计结果显示：大多数农民对政治的关注度处于"一般关注"及以上状态，对政治关注低的人数比例较小，只占14.5%，说明如今"政治"与绝大多数农民的生活已不再处于平行状态，生活水平的逐步提高使得越来越多的农民开始关注物质生活以外的精神需求。

任职状况差异对农民政治参与的影响。统计结果显示：在有过任职经历的人中80.6%的选择愿意参加下届村委会选举，而没有任职经历的人中愿意参加下届村委会选举的只占53.8%，可见任职经历与农民政治参与意愿之间是存在一定联系的。

3. 外在感知因素描述

（1）政治感知因素差异对农民政治参与意愿的影响

统计分析可知：政治感知因素下题项的总体得分均在1.7~1.9左右，即"重视"与"一般"或"满意"与"一般"之间，大多数人对外在政治感知均是"一般"状态，并且对外在政治环境满意度或认同度越高，其愿意参与村委会选举的可能性越大，说明政治感知因素中，不管是对选举经历满意度、对乡镇工作满意度、对村委会工作满意度、对选举制度认同度、还是对选举制度了解度都对农民政治参与意愿起着一定的正向影响作用。

（2）社会因素差异对农民政治参与意愿的影响

第一，关于亲朋好友的竞选状况，大多数农民选择了"不知道"选项，其次是"否"，即不参加竞选，只有少数的人（15.81%）选择了"是"，即有竞选意愿。从以上数据中可以看出：在日常生活中，农民关于村委会竞选之间的谈论还是比较较少的，农民对于政治虽然有一定的关注度，但是参与政治的热情仍然缺乏；此外，农民亲朋好友准备参加下届村干部竞选时，其愿意参与村委会选举的可能性会比一般农民高。

第二，半数以上地区（58%）会为农民发放选举误工补贴，一般发放误工补贴地区的农民愿意参加下届村委会选举投票的比例较高。可见当下农民仍是一个讲求实惠的群体。

第三，关于选举过程中贿赂现象的存在情况，统计数据显示：认为周边贿赂现象状况呈"一般"或"严重"状态的农民占比45%，可见贿选现象仍不容乐观。此外，某一地区贿赂现象越严重，农民政治参与意愿就会越低。这与之前假设出现了不一致的情况。

（三）最优尺度回归分析与路径分析

1. 农民政治参与意愿影响因素最优尺度回归模型

（1）自变量的筛选

根据实地调研所得数据，按照最优尺度回归分析模型，运用 Spss statistics 17 软件，实现估计农民政治参与意愿影响因素的最优尺度回归。依次删除变量：X_1（性别）、X_9（政治面貌）、X_{11}（政治关注度）、X_{12}（农民对选举经历的满意度）、X_{13}（农民对乡镇工作满意度）、X_{14}（农民对选举制度了解度）等均未通过显著性检验的项目，最终模型系数估计值和检验结果见表6-10。

表6-10 最终最优尺度回归模型系数表

自变量	标准系数		df	F	Sig.
	Beta	标准误差的 Bootstrap (1000) 估计			
X_7	0.107	0.031	1	12.031	0.001
X_{15}	0.206	0.048	2	18.292	0.000
X_{16}	0.349	0.066	2	28.026	0.000
X_{17}	-0.195	0.039	1	25.105	0.000
X_{18}	0.124	0.038	2	10.789	0.000
X_{19}	0.180	0.040	1	20.136	0.000

因变量：Y

（2）回归模型拟合优劣的判断

从模型的整体评价指标看，总模型 F 检验中 F=33.398，P=0<0.05，说明至少一个自

变量的回归系数不为 0，所建立的回归模型具有统计学意义。模型的决定系数 R=0.645>0.4（大多社会研究科学学者认为 R 值大于 0.4 时，该模型的拟合效果就可以被认可），这表明所有自变量与因变量之间存在中、高强度的关联，该模型可以较好地拟合样本数据，取得良好的结果（见表 6-11 与表 6-12）。

表 6-11　总模型的 F 检验

	平方和	Df	均方	F	Sig.
回归	179.536	9	19.948	33.398	0.000
残差	251.464	421	0.597		
总计	431.000	430			

因变量：Y
预测变量：$X_7 X_{15} X_{16} X_{17} X_{19} X_{20}$

表 6-12　模型的决定系数

多 R	R^2	调整 R^2
0.645	0.417	0.404

（3）分析结果

根据以上分析得出回归模型：

参与意愿 $Y = 0.107X_7 + 0.206X_{15} + 0.349X_{16} - 0.195X_{17} + 0.124X_{18} + 0.180X_{19}$

可见，对农民政治参与意愿影响最大的是 X_{16}（对村委会工作满意度），其次依次是：X_{15}（对选举制度认同度），X_{17}（贿赂现象存在状况），X_{19}（误工补贴状况），X_{18}（亲朋好友竞选状况），X_7（任职状况）。

2. 农民政治参与意愿影响因素路径分析

（1）模型的设定

通过对以往文献的研究与查阅，本文拟定如下路径分析模型：

参与意愿=b_1×误工补贴+b_2×对选举制度认同度+b_3×任职状况+b_4×亲朋好友竞选状况+b_5×贿赂现象+b_6×对村委会工作满意度+a_1

对村委会工作满意度=c_1×误工补贴+c_2×对选举制度认同度+c_3×任职状况+a_2

对选举制度认同度=d_1×误工补贴+d_2×任职状况+d_3×贿赂现象+a_3

亲朋好友竞选状况=e_1×任职状况+e_2×贿赂现象+a_4

（2）模型识别与修正

对该初始模型运用 Amos 软件进行识别与参数估计，发现所有路径在 0.05 水平下均具有统计学意义。在此基础上，对模型做进一步的修正，最终各路径均可在 0.01 水平下显著，具有统计学意义（见表 6-13），且各拟合指数也达到了理想值（见表 6-14 与表 6-15）。这说明最初的路径设定是合理的，无须再做改进。

表 6-13　各路径系数估计

变量	变量	Estimate	S.E.	C.R.	P	Label
制度认同度	误工补贴	0.264	0.031	8.396	***	r5
	贿赂现象	-0.122	0.026	-4.739	***	r1
	任职状况	0.264	0.031	8.396	***	r5
亲朋好友竞选状况	贿赂现象	0.103	0.029	3.525	***	r4
	任职状况	0.149	0.036	4.143	***	r2
对村委会工作满意度	任职状况	0.149	0.036	4.143	***	r2
	误工补贴	0.149	0.036	4.143	***	r2
	制度认同度	0.387	0.032	11.997	***	r6
参与意愿	误工补贴	0.184	0.041	4.459	***	r3
	制度认同度	0.264	0.031	8.396	***	r5
	贿赂现象	-0.122	0.026	-4.739	***	r1
	任职状况	0.184	0.041	4.459	***	r3
	对村委会工作满意度	0.387	0.032	11.997	***	r6
	亲朋好友竞选状况	0.103	0.029	3.525	***	r4

表 6-14　常用拟合指数

拟合指数	卡方值（自由度）	CFI	NFI	IFI	RMSEA
结果	18.337	0.994	0.954	0.994	0.018

拟合指数评价标准：卡方值越小越好，本研究卡方值=18.337；CFI 大于 0.9 即越接近 1 越好，本研究 CFI=0.994；NFI 大于 0.9 即越接近 1 越好，本研究 NFI=0.954；IFI 大于 0.9 即越接近 1 越好，本研究 IFI=0.994；RMSEA 小于 0.1 即越接近 0 越好，本研究 RMSEA=0.018。

P(CMIN)处理最小样本差异。P>0.05 时，即可接受数据完全拟合模型的原假设，本研究检验结果 P=0.305>0.05；CMIN/DF（相对卡方），一般其值小于 3 可以认为数据对模型的拟合效果可被接受，本研究检验结果 CMIN/DF=1.146<2，说明数据拟合模型效果较好（见表 6-15）。

表 6-15　模型拟合汇总

Model	NPAR	CMIN	DF	P	CMIN/DF
Default model	12	18.337	16	0.305	1.146
Saturated model	28	0.000	0		
Independence model	7	398.668	21	0.000	18.984

（3）模型解释

运用 Amos 软件对各变量之间的直接效应、间接效应（两端点变量之间的直接效应标准回归系数相乘）及整体效应（直接效应与间接效应之和）分别进行计算，旨在具体分析各变量之间的相互影响程度及对农民政治参与意愿的最终整体影响效应。计算结果见表6-16，最终路径分析见图6-1。

表6-16 回归取向路径分析各项效应分解说明表

		制度认同度	对村委会工作满意度	亲朋好友竞选状况	参与意愿
任职状况	直接效应	0.176	0.098	0.093	0.108
	间接效应		0.067	0.000	0.107
	总效应	0.176	0.165	0.093	0.215
贿赂现象	直接效应	-0.150		0.118	-0.132
	间接效应		-0.057	0.000	-0.043
	总效应	-0.150	-0.057	0.118	-0.175
误工补贴	直接效应	0.228	0.127		0.140
	间接效应		0.087		0.126
	总效应	0.228	0.214		0.266
制度认同	直接效应		0.381		0.231
	间接效应				0.132
	总效应		0.381		0.363
对村委满意度	直接效应				0.345
	间接效应				0.000
	总效应				0.345
亲朋好友竞选	直接效应				0.096
	间接效应				0.000
	总效应				0.096

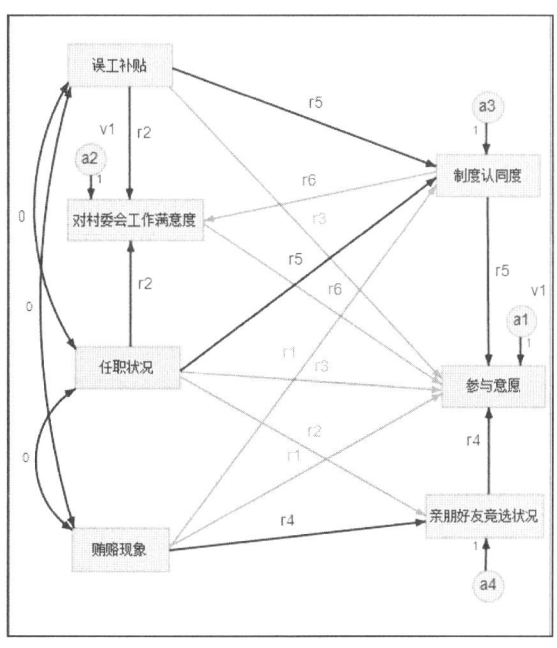

图6-1 最终路径分析图

因此，得出的最终结论是："对选举制度认同度"这一变量对农民政治参与意愿影响最大，其次分别是"对村委会工作满意度""误工补贴""任职状况""贿赂现象""亲朋好友竞选状况"。其中除"贿赂现象"对农民政治参与意愿产生负作用外，其他变量均对农民政治参与意愿产生正作用。此外，农民对选举制度认同度会受"误工补贴""任职状况""贿赂现象"这三个变量的影响，其中"误工补贴"和"任职状况"对其产生正作用，"贿赂现象"对其产生负作用；亲朋好友竞选状况会受"任职状况""贿赂现象"这两个变量的影响，且两者均对其产生正作用；对村委会工作满意度会受"误工补贴""对选举制度认同度""任职状况""贿赂现象"这四个变量的影响，其中除"贿赂现象"对其产生负作用外，其他三个变量均对其产生正作用。

以上结论与最优尺度回归模型中的结论出现了不一致的情况，这是由于路径分析在衡量各因素对农民政治参与意愿的影响时，综合考虑了间接效应与直接效应，而最优尺度回归分析仅仅考虑了直接效应。现实生活中，各因素之间应该是相互影响的，然后共同作用于农民政治参与意愿，因此路径分析的结果更加符合事实情况，与现实更为贴近。

三、调查结果分析

本研究通过实地调研获取数据，进行最优尺度回归及路径分析，发现农民政治参与意愿受到诸多因素的影响，其中有些因素对其产生正作用，有些因素对其产生负作用，有些因素则对其不产生重要影响。此外变量之间又存在着直接或间接的因果关系。

（一）个体特征因素影响分析

变量"性别""年龄""职业""学历""家庭年收入""婚姻状况"均未通过显著性检验，这表明这些个人特征变量均不是影响农民政治参与的关键因素。拒绝原假设。

（二）政治素养因素的影响分析

变量"任职状况"对农民政治参与意愿表现出显著的正相关作用，有过任职经历的村民一般对政治关注度较强，并且愿意参与现实政治活动，因此参与村委会选举的意愿会比一般农民高。接受原假设。

变量"政治面貌""政治功效感""政治关注度""贿赂心理"均未通过显著性检验，表明这三个变量均不是影响农民政治参与的关键因素。拒绝原假设。

（三）政治因素的影响分析

变量"对村委会工作满意度"和"对选举制度认同度"对农民政治参与意愿均表现

出显著的正相关性。不同于乡镇政府,村委会及选举制度与农民日常生活都切身相关,农民对村委会及选举制度的认可度越高,那么其"政治信任"感便会越高。接受原假设。

变量"选举经历满意度""对乡镇工作满意度""对选举制度了解度"均未通过检验,表明其不是影响农民政治参与意愿的主要因素。拒绝原假设。

(四)社会因素的影响分析

变量"亲朋好友竞选状况"及"误工补贴"对农民政治参与意愿均表现出显著的正向作用。接受原假设。

变量"贿赂现象"对农民政治参与意愿表现出显著的负相关性影响,与本文之前所作的假设相反。

变量"选举宣传力度"未通过显著性检验,拒绝原假设。

【案例解读】

通过调查分析可知,个体特征不是农民政治参与意愿的关键影响因素,其主要原因:一是农村女性的家庭地位日益提升,性别差异的影响在农村越来越弱化;二是浙江省当下农业产业化趋势明显,农业人口收入普遍上升,农民家庭收入水平差距缩小,收入、职业不再是影响农民政治参与意愿的主要因素;三是农村生活条件不断改善,随之而来的农村文化水平逐渐提高,依据马斯洛需要层次理论,当人们较低层次需要得到满足后,会产生追求更高层次需要的心理,人们的独立性增强,使得学历、婚姻对政治参与意愿的影响不显著。

政治素养因素中,从变量"任职状况"看,其对农民政治参与意愿表现出显著的正相关作用,其主要源于经验,固有经验较容易给人们带来工作的适应性;此外,通过路径分析还发现:有过任职经历的人对村委会工作及选举制度的满意度会更高,其身边亲朋好友竞选村干部的意愿会更高。从变量"政治面貌""政治功效感""政治关注度""贿赂心理"看,这些因素对农民政治参与意愿影响不显著,主要原因是:农村基层党组织和党员中政治理论素养不高,自我约束能力与非党员差别不大,政治面貌特征不显著,当工作成效不明显时,政治功效感不强,即便有一定政治关注度,但没有落实到参与政治的行动中,而且浙江省农民历经多年村民选举,对选举中的贿选会有较为正确的认知与反应,因此"政治面貌""政治功效感""政治关注度""贿赂心理"等选项不是农民参与政治意愿的重要影响因素。

政治感知因素中,从变量"对村委会工作满意度"和"对选举制度认同度"看,农民"政治信任"感知度较高,这种"政治信任"可以促使他们积极参与民主自治,来维护或争取更好的经济发展政策和社会发展机会,因此这两项因素对农民政治参与意愿有重大影响；此外，通过路径分析发现：农民对选举制度的认同会促进其对村委会工作的满意度，说明农民将选举制度与自身利益相联系，认为自身利益的保障源于选举产生的村委尽职工作。从变量"选举经历满意度""对乡镇工作满意度""对选举制度了解度"看，农民是否愿意参与政治是建立在利益权衡基础上的理性行为，而对选举制度了解程度、选举经历是否满意度、对乡镇工作是否满意度已经不足以影响农民本身的政治参与意愿。

社会因素中，变量"亲朋好友竞选状况"及"误工补贴"对农民政治参与意愿均表现出显著的正向作用，这说明：首先，家族文化在农村政治文化格局中仍然扮演重要角色，农村大部人还是会选择维护与自己关系较为亲密的人；其次农民作为一个典型的"经济人"群体，额外津贴补助成了推动其参与政治的有效手段。此外，路径分析结果也显示：误工补贴会提高农民对村委会工作的满意度及对选举制度的认同度，证明了农民作为"经济人"追求与维护自身利益的特征。从变量"贿赂现象存在状况"看，农民政治人格呈现"过渡人"特征，他们希望选举过程可以公平公正，贿赂现象的存在会使他们对"选举"失去信心，从而降低了他们参与政治的热情。此外，通过路径分析还发现：贿赂现象的增加会降低农民对选举制度的认同感，降低对村委会工作的满意度，增加亲朋好友的竞选意愿。而由于农村选举制度实行多年，家喻户晓人人皆知，"选举宣传力度"不再影响农民政治参与意愿。

【案例启示】

根据以上实证分析的相关结论，结合管理学、心理学等相关理论，本次调查得到以下启示。

（一）鼓励村民积极参选、发挥正向"裙带"效应

在村委会换届选举时，积极鼓励所有符合条件的村民参与竞选，在参选的过程中，村民们可以了解到更多关于村委会工作的细节，提高自身的政治素养，有利于提高村民对选举制度认同感。同时还要充分利用有过任职经历的这一乡村精英群体在选举中的作用，发挥他们正向的"裙带"效应，积极宣传相关选举知识和政治思想，提升村民的选举意愿度和增强主人翁意识。

（二）完善阳光村务建设、加强农村干部培训

针对村民对村务不满意，疏离基层权力中心的现象，村委应规范基层权力运行，建立公开透明、便民利民、勤政廉政的村级事务管理机制，着力解决村务不公开、管理不规范、监督不到位等问题，打造阳光村务工程，提高村民主人翁意识；同时应加强对村级干部的教育培训，树立"为人民服务"思想，提高村级工作人员的业务能力。

（三）加强文化服务体系建设、提高农民政治素养

大力发展农村文化教育事业，提高村民文化素质，建立先进的农村社区文化；村基层党组织要通过各种渠道和形式，对农民进行民主理论知识的普及教育，增强农民的主体意识、参与意识。

（四）创新选拔和考核机制、提升农民政治责任感

建立优秀青年干部选拔机制，给予优秀的青年农民到政府机构锻炼的机会；明确村干部考核标准，实行按工分领薪酬机制，年底村干部按照绩效薪酬级别领取工资，赋予村级干部在工作中危机意识，实行奖惩分明制度，从而提高农民政治责任感。

（五）建立选举监督机制、理顺村民表达渠道

建立完善的监督机制，明确各部门的职责；疏通落实民意表达的渠道，让大多数农民知道如何向上级反映自己的意见；设置的程序应当简单快捷、贴近群众，相关监督机制与民意表达渠道应易于操作；将大众传媒作为舆论性民意表达机构，加强与媒体之间的联系，借用媒体的力量，将触及村民利益的问题聚焦化，全面表达村民心声，从而赢得社会的普遍关注和帮助。

案例思考

1. 我国农民政治参与意愿受哪些因素的影响？不同因素的影响程度及传导机制如何？
2. 本案例选择的数据调查和分析方法有哪些优点和不足？
3. 你对提高农民政治参与意愿还有哪些建议？

本节参考文献

贾希富. 当代中国农民政治参与影响因素分析[D], 山东师范大学, 2013.

刘康. 乡镇政府与村民委员会关系研究[D], 山东师范大学 2012.

王文吉, 丁煌. 乡镇政府与村民委员会之间的关系——一种交换理论的分析框架[J]. 理论与改革, 2014(01):120-123.

徐大兵. 乡镇政府和村民委员会有机结合的制度建构[J]. 行政论坛, 2014(1).

第四节 土地流转农户参与意愿

> 本案例原题为《土地流转农户参与意愿及其影响因素调查——以嘉兴"两分两换"为例》,2015 年获得浙江省统计调查方案设计大赛三等奖。案例作者:季晓萍、杨钰琳、张冬英、陈超,指导教师:刘洋。

长期以来,农村土地的生产剩余为广大农民提供了最基本的生活保障,农村土地制度与政策也被视为稳定农村社会的重要基础。然而随着中国经济的快速发展,工业化和城市化进程的深入推进,以分散经营为主要特点的家庭承包责任制已经越来越无法适应现代农业的发展需求,要求进行土地改革的呼声越来越大。

嘉兴市农村的劳动人口有 80%从事第二、第三产业,有的农户选择抛荒,有的则把农田送给外地人免费耕种,每户的地块都比较分散,不利于推广现代化的农业模式,也无法产生土地的规模效应。部分乡镇农民开始选择土地流转,但总体规模不是很大,流转的面积只占了嘉兴耕地总面积的九分之一。为了解决城市发展中的土地资源限制瓶颈,嘉兴市将土地开发的潜力放在农村,力图打破城乡用地的局限,充分利用好中央"占补平衡"的原则,采用"两分两换"的土地置换模式,即嘉兴模式:"将宅基地与承包地分开,搬迁与土地流转分开,以承包地换股、换租、换保障,推进集约经营,转换生产方式;以宅基地换钱、换房、换地方,推进集中居住,转换生活方式。""两分两换"其实质为土地使用制度的改革,即农民将分散的宅基地换成城镇住宅,政府获得新增建设用地指标,以发展第二、三产业。这种全新的土地流转模式是否能推动农地规模经营、加快农业现代化的步伐?农民的参与意愿如何?这些问题引起当地政府和社会的广泛关注。

一、调查方案设计

(一)调查目的及意义

1. 调查目的

深入试点调研,了解并量化分析农民"两分两换"参与意愿及其影响因素,这也是本次调研的核心部分。

在调查农民意愿影响因素上,分析"愿意"和"不愿意"参加"两分两换"模式的两个群体的基本特征,根据意愿度评价方法和调查对象特点进行模型完善。

运用统计描述方法,整理同一地区对"两分两换"模式的不同评价;同时进行各地区间的横向比较，分析"两分两换"模式现状及其原因。

分析并比较不同影响因素，有针对性地提出切实提高农民"两分两换"参与意愿的对策和建议，希望对该政策的健康实施有所裨益。

2. 调查意义

农村土地制度改革的第一行为主体和最终实施主体是农民，"两分两换"模式作为一种农村土地制度改革的方式，最终是以农民为主体实施推进。因而深入了解"两分两换"模式下的民意有利于更系统、更科学、更合理地完善"两分两换"制度，推进农村土地改革，进一步提高土地利用率，加快城镇化进程，使农民真正的增收受益。通过实地调查，了解农民对"两分两换"模式的态度以及参与意愿，有利于获得土地改革前沿的一线信息，掌握土地流转主体的基本诉求，对进一步制定、完善土地流转相关政策、保护农民合法权益、增加地方财政来源具有重大意义。

（二）调查对象及抽样设计

1. 调查对象

本次调查的地域为嘉兴首批试点乡镇：南湖区七星镇、秀洲区新塍镇、嘉善县姚庄镇、海盐县百步镇、桐乡市龙翔街道（平湖市当湖街道和海宁市许村镇因并未实地实施"两分两换"，故未入选调查范围）。从中选择以下三个群体作为调查对象：相关部门、试点地区居民、专家学者。

2. 抽样设计

样本量的计算公式为：

$$n_1 = \frac{N}{N-1} \frac{Z_{\alpha/2}^2}{\Delta^2} P(1-P)$$

为了使调查结果更具有科学性，预期调查结果的最大绝对误差△不超过 6%，调查结果在 95%的置信区间内，95%的置信度要求 $Z_{\alpha/2}$=1.96，P=0.5，根据上述公式，得到样本容量≈267。

（三）研究假设与模型选择

1. 研究假设

假设一：党员的"两分两换"参与意愿高于非党员。

中共党员在群众中应起到先锋模范带头作用。作为中国共产党党员，在土地改革过程中自然要以身作则，响应政府的号召。党员的"两分两换"参与意愿自然应该高于非党员。

假设二：家庭年收入、家庭非农业年收入、家庭消费能力这三个因素均与农民"两分两换"参与意愿呈正相关。

首先，家庭年收入、家庭非农业年收入、家庭消费能力这三个因素是紧密相连的，家庭年收入的一部分来源于家庭非农业年收入，家庭年收入又直接影响了家庭消费能力，即非农业年收入高的家庭，年收入也高，家庭消费能力也因此会提升，对生活质量有更高的要求。其次，收入较高的家庭也较有能力负担参与"两分两换"所造成的部分费用。因此，家庭年收入、家庭非农业年收入、家庭消费能力这三个因素均与农民"两分两换"参与意愿呈正相关。

假设三：土地经营差的家庭"两分两换"参与意愿高于土地经营好的家庭。

当代中青年大多致力于第二、三产业，造成无人耕种的局面，土地因此荒废下来。以土地经营为主，经营状况好的家庭，土地整体收益会较高；土地经营状况差的，土地整体收益也相对越低。较之前者，后者家庭受到"两分两换"政策的积极影响较大，更愿意参与"两分两换"。

假设四：家庭成员参与农村养老保险的"两分两换"意愿更高。

传统意义上，土地有着生产收益和养老保障的双重功能。参与"两分两换"政策，土地流转后农民不再拥有土地的使用权，相应的也就失去了土地的双重功能。据了解，"两分两换"政策不提供养老保险，参与"两分两换"的村民每月只有低额保障金，仅能维持最基本的生活。而农村养老保险作为一种基本社会保障，一定程度上替代了土地的养老保障功能。由此假设家庭成员参与农村养老保险的"两分两换"意愿更高。

假设五：农民对"两分两换"政策的了解度与参与意愿呈正相关。

首先，一项政策的实施离不开人们的理解认可，政策的执行中需要进行相应的宣传，农民了解"两分两换"政策程度越高，越有助于政策的实施和推进。其次，"两分两换"政策里有为农民利益考虑的成分，农民对此了解越深入，对"两分两换"的参与意愿越高。

假设六：政府补贴与农民"两分两换"参与意愿呈正相关。

政府补贴与农民利益息息相关，是农民失地后的重要经济收入和生活保障。因此，农民的政府补贴越高，相应农民的福利越高，参与"两分两换"的意愿也越高。

假设七：未来预期与农民对"两分两换"参与意愿呈正相关。

对"两分两换"后生活状态的预期与当前状态的比较会直接影响农民的参与意愿，农民对"两分两换"政策参与后生活水平的预期越好，参与意愿越高。

假设八：宅基地和承包地评估价值与农民"两分两换"参与意愿呈正相关。

与政府补贴相似，宅基地与承包地的估价也与农民所得利益有着直接关联。宅基地与承包地评估价值越高，农民参与意愿越高。

假设九：政府的透明度与农民"两分两换"参与意愿呈正相关。

透明度代表了政策的公开与公正，政策透明度越高，越能加深农民对政策的认可。而"两分两换"政策与农民今后的生活密切相关，加强对其宣传，进一步使政策公开透明，有助于加强农民对政府政策的信赖，从而提高"两分两换"的参与意愿。

2. 模型选择

本文所研究的因变量是农民"两分两换"的参与意愿，参与意愿通过"愿意""不愿意"来表达。以调查问卷分类数据为基础，采用回归分析方法对分类数据进行拟合。解决在统计建模时对分类变量进行量化的问题，在分析各级别对因变量影响的强弱变化、保证变换后各变量间关系为线性关系的前提下，通过特定的非线性变换方法进行反复迭代，为各个原始分类变量找到最佳的量化评分，并在相应的模型中使用量化评分代替原始变量进行后续分析。

回归模型表示为：

$$Y = b_0 + b_1 x_1 + \cdots + b_k x_k + e$$

其中：Y 表示参与意愿度，b_0 为常数项，$b_1, b_2 \cdots b_k$ 为回归系数，b_1 表示当 $x_2 \cdots x_k$ 固定时，x_1 每增加一个单位对 Y 的效应，即 x_1 对 Y 的偏回归系数；e 表示随机误差。

二、调查数据统计

（一）数据来源及整理

1. 数据来源

根据方案中的抽样设计，本次调研在五个试点乡镇实际共发放问卷 267 份，回收有效问卷 248 份，问卷回收率为 92.88%。采用便利抽样的方式，即依次到各试点乡镇所选定的村、对路上出行的村民进行随机抽样调查。具体问卷发放情况如表 6-17 所示。

表 6-17 问卷发放总结表

县市	地区	村庄	问卷发放总数	有效问卷数	有效回收率
南湖区	七星镇	三家浜	33	32	96.97%
秀洲区	新塍镇	陡门村	58	55	94.83%
嘉善县	姚庄镇	桃源新村	47	43	91.49%
海盐县	百步镇	德胜村	36	32	88.88%
桐乡市	龙翔街道	柞溪小区	93	86	92.47%
		合计	267	248	92.88%

2. 问卷结构

"两分两换"政策农户参与意愿作为被解释变量即因变量 Y，自变量为 $x_1 \sim x_{20}$ 及 $x_{21} \sim x_{23}$（其他问题），见表 6-18。

表 6-18 变量表

影响因素	指标变量
个体特征	1. 性别 x_1
	2. 年龄 x_2
	3. 婚姻状况 x_3
	4. 受教育程度 x_4
	5. 职业类型 x_5
	6. 政治背景 x_6
家庭基本情况	7. 家庭成员人数 x_7
	8. 家庭劳动人数 x_8
	9. 家庭年收入 x_9
	10. 家庭非农业年收入 x_{10}
	11. 家庭消费能力 x_{11}
土地情况	12. 土地耕种方式 x_{12}
	13. 土地经营状况 x_{13}
社会保障	14. 家庭成员是否参加农村养老保险 x_{14}
	15. 土地在家庭养老保障中的作用 x_{15}
政策认知	16. 农户对"两分两换"政策的了解程度 x_{16}
	17. 对"两分两换"政策补贴的评价 x_{17}
	18. 参与"两分两换"后生活水平预期 x_{18}
	19. 对宅基地与承包地估值的评价 x_{19}
	20. 对"两分两换"政策透明度的评价 x_{20}
其他	21. 愿意参与该政策的原因（可多选）x_{21}
	22. 不愿意参与该政策的原因（可多选）x_{22}
	23. 更倾向于哪种流转方式（可多选）x_{23}
参与意愿	农民"两分两换"参与意愿 Y

3. 问卷质量控制与分析

（1）信度分析

项目多重积分的测验数据或问卷数据可以解释：用量表测试某一特质所得分数变异中，有多大比例是由真分数所决定的，从而反映量表受随机误差影响的程度，即反映出测试的可靠程度。因此，使用 α 信度系数对问卷的信度进行测试是合理的。克朗巴哈 α 系数检验结果如表 6-19 所示。

表 6-19 可靠性统计量 1

Cronbach's Alpha	基于标准化项的Cronbachs Alpha	项数
0.482	0.500	20

样本中克朗巴哈 α 系数为 0.482，标准化克朗巴哈 α 系数为 0.500，说明样本的可信度偏低，需删除个别造成样本问卷信度偏低的项目。由于克朗巴哈 α 系数的影响较大的删除项是 x_1（性别）x_2（年龄）x_3（婚姻状况）x_4（受教育程度）x_6（政治背景）x_7（家庭成员人数）x_{12}（土地耕种方式）x_{15}（土地在养老保障中的作用），删除这些因素，问卷克朗巴哈 α 系数会由原来的 0.482 增加至 0.713，问卷信度上升，最终样本克朗巴哈 α 系数达到可接受的范围（见表 6-20）。

表 6-20 可靠性统计量 2

Cronbach's Alpha	基于标准化项的 Cronbachs Alpha	项数
0.713	0.721	12

（2）效度分析

为了检查测量结果与要考察内容的吻合程度，采用单项与总和相关分析法，根据是否显著相关来判断内容效度水平。数据分析结果见表 6-21。

表 6-21 各影响因素与农民"两分两换"参与意愿相关性

影响因素	Pearson 相关性	显著性（双侧）	N（样本量）
x_5	0.428	0.000	248
x_8	0.318	0.000	248
x_9	0.393	0.000	248
x_{10}	0.452	0.000	248
x_{11}	0.169	0.001	248
x_{13}	-0.416	0.000	248
x_{14}	0.525	0.000	248
x_{16}	0.417	0.000	248
x_{17}	0.329	0.000	248
x_{18}	0.474	0.000	248
x_{19}	0.513	0.000	248
x_{20}	0.392	0.000	248

（二）样本参与意愿及各地实施情况

考虑到 SPSS 和 Excel 的特点，该部分选择用 Excel 录入数据并分析。从 248 份有效调查问卷看，样本试点地区村民参与"两分两换"愿意的主要特征及各地实施情况如下。

1. 意愿及其原因描述

调查发现，愿意参与"两分两换"的占比较高，达到 77.8%，其主要原因是"想更换新环境"占 45%、"政府补偿理想"占 22%。在问卷调查与实地走访过程中，发现大多数村民对于农村脏乱差、道路不通、出行不便的环境有所抱怨，而对由社区统一管理、卫生整洁的新环境有所向往，这部分人占比 45%，这一点充分证明了村民对生活水平的要求在逐渐提高，低层次的需要得到满足后，开始考虑更高层次的需要；其次说明人们对政府补贴的经济收入比较在意。

不愿意参与"两分两换"的人群占比 22.2%，主要原因中"再就业困难"占比 36%、"其他"占比 33%。在调查对象中，不愿意参与的大部分为中老年人，这类人群主要以务农为主，本身非农就业技能少，失地后再就业尤为困难，对于他们的后续生活保障是一大难题。出于这方面的考虑，对"两分两换"政策的参与意愿会有所降低。在"其他"这一选项中，从众思想占据了主流。

2. 各地区实施情况

因各地区经济水平、资源禀赋、群众基础等各方面存在差异，"两分两换"具体实施情况也不尽相同，故随机选取嘉善县姚庄镇、南湖区七星镇、桐乡市龙翔街道和海宁市许村镇四个地区的具体实施情况。

（1）嘉善县姚庄镇

姚庄镇总面积 30.8 平方千米，共 1.9 万人、4805 户，户均住房面积 187 平方米、生产性服务用房 104 平方米，户均原有宅基地面积为 1.163 亩。在农村宅基地置换中，姚庄镇推出标准公寓房、复式公寓房和货币三种置换方式。具体做法是：农民以农村宅基地（住房）置换城镇房产，原有农村住房按照评估价给予相应的货币补偿，再以优惠价格购置城镇房产。城镇房产由政府统一开发建设，分标准公寓、复式公寓两类，由居民按意愿自主选择。其中，标准公寓的置换标准面积为人均 40 平方米，每户超过标准面积部分控制在 40 平方米以内，其土地性质为国有划拨。复式公寓的户型分大、中、小三类，占地面积分别为 85、75、60 平方米，由农户按实际人口数进行选择，其土地性质仍为集体用地。通过农村宅基地置换城镇房产，户均可节约用地 0.8~0.86 亩，总共可置换出 3800 亩左右用地空间。

（2）南湖区七星镇

七星镇隶属嘉兴市南湖区，总面积 30.62 平方千米，人口 1.93 万，宅基地面积 4158 亩，户均用地 1.036 亩。在农村宅基地置换中，七星镇采用"公寓房安置结合产业用房安置、货币安置"的模式，农户可自主选择单一或不同组合的安置模式。具体做法：农民以农村宅基地（住房）置换城镇规划区内的公寓房，农户原有住房按照评估价给予相应的补偿，再以置换价格（成本价结合楼层差价）购置公寓房。公寓房由政府统一开发建设,由居民按意愿自主选择。公寓房的置换标准面积为人均 40 平方米,每户再加 60 平方米,其土地性质为国有划拨。农户可选择产业用房安置模式,产业用房采取股本经营方式,实行保底分红。农户还可选择货币安置,即政府对农户原住房的评估补偿,加上补助和置换奖励,直接给予相应的货币补偿。通过农村宅基地置换城镇房产,户均可节约用地 0.736 亩,总共可置换出 2955 亩左右用地空间。目前,七星镇 3600 多户家庭有 95%已参与该政策,仅有 5%还未参与。

(3)桐乡市龙翔街道

龙翔街道总面积 40.15 平方千米,人口 2.57 万人,宅基地面积 6250.07 亩,户均占地 0.92 亩。龙翔街道按照"1+6"模式进行居民点规划,其中"1"是指 1 个城镇型新社区,"6"是指 6 个农村型新社区。制定了公寓房安置、统筹统建房安置、物业安置和货币安置四种农村住房置换城镇房产方式。在不同的安置方式中,统筹统建房安置49%、城镇公寓房和货币安置 51%。具体做法:农户以农村住房置换城镇公寓房,多层公寓由新农村投资建设开发公司统一规划建设,农户原有住房按照评估价给予相应补偿,再以优惠价格购置公寓房,公寓房土地性质为国有划拨。农户可选择统筹统建房,户均占地面积 120 平方米(三层),其土地性质仍是集体用地。农户还可用其部分或全部房产置换标准产业用房,或者选择货币安置。通过农村宅基地置换,户均可节约用地0.42~0.62 亩,总共可置换出 3000 亩以上用地空间。目前,龙翔街道 6000 多户家庭中已有一半参与"两分两换"。

(4)海宁市许村镇

由实地调查与政府相关人员访谈可得,海宁许村镇实际上并非资料中的"两分两换"试点乡镇。原因有二:第一,在嘉兴市"两分两换"概念提出时,海宁市为相应政策号召,在银行开发区征迁时挂上了"两分两换"的名头,但实质上并未操作。第二,海宁市经济较发达,尤其是许村镇,大多数家庭自办民营企业,收入颇丰,不需要依靠参与"两分两换"提高生活水平,群众基础较差,且许多住房是新造的五层楼小别墅,政策实施政府补偿资金过大。故"两分两换"政策实际上在当地并未开展。

由上述案例可看出,因地区的经济水平、资源禀赋不同,具体实施情况与实施方案也会有所变化。但综合观之,"两分两换"政策在试点地区的实施较为成功,也能够对其他地区的土地流转起到一定借鉴意义。

(三)参与意愿回归分析

1. 自变量的筛选

根据实地调研所得数据,按照回归分析模型,运用 SPSS19.0 统计分析软件,使用分类回归(Categorical Regression)来实现估计。在回归模型的拟合时,默认将所有输入的变量强行引入模型(见表 6-22)。

表 6-22 初始回归模型系数表

自变量	标准系数		df	F	Sig
	Beta	标准误差 Bootstrap(1000) 估计			
x_5	-0.039	0.040	1	0.941	0.333
x_8	0.015	0.078	1	0.036	0.850
x_9	0.125	0.126	2	0.992	0.012
x_{10}	0.157	0.111	2	2.014	0.036
x_{11}	0.188	0.059	3	10.089	0.000
x_{13}	-0.196	0.062	3	6.329	0.000
x_{14}	0.149	0.131	1	1.295	0.006
x_{16}	0.100	0.091	2	1.188	0.017
x_{17}	0.131	0.128	1	1.048	0.010
x_{18}	0.228	0.081	1	7.890	0.005
x_{19}	0.376	0.077	2	23.955	0.000
x_{20}	0.180	0.069	4	6.834	0.000

2. 模型拟合优劣的判断

从模型的整体评价指标看，总模型 F 检验中 F=16.011，P=0<0.05，说明至少一个自变量的回归系数不为 0，所建立的回归模型具有统计学意义。模型的决定系数 R=0.688>0.4（大多社会研究科学学者认为 R 值大于 0.4 时，该模型的拟合效果就可以被认可），这表明所有自变量与因变量之间存在中、高强度的关联，该模型可以较好地拟合样本数据，取得良好的结果（见表 6-23、表 6-24）。

表 6-23 总模型的 F 检验

	平方和	df	均方	F	Sig.
回归	116.125	13	8.933	16.011	0.000
残差	128.875	231	0.558		
总计	245.000	244			

表 6-24 模型的决定系数

R	R^2	调整 R^2	明显预测误差
0.688	0.474	0.444	0.526

3. 模型结果分析

根据以上分析得出回归模型：

$$Y = -0.039x_5 + 0.015x_8 + 0.125x_9 + 0.157x_{10} + 0.188x_{11} - 0.196x_{13} + 0.149x_{14}$$
$$+ 0.100x_{16} + 0.131x_{17} + 0.228x_{18} + 0.376x_{19} + 0.180x_{20}$$

从表 6-22 中可以看出 x_5（职业类型）、x_8（家庭劳动人数）等变量均未通过显著性检验，除此之外，其他变量均通过显著检验，对农民"两分两换"政策参与意愿均有显著影响。影响程度排在前五位的是"对宅基地与承包地估值的评价"（x_{19}）、"参与'两分两换'后生活水平预期"（x_{18}）、"土地经营状况"（x_{13}）、"家庭消费能力"（x_{11}）、"对'两分两换'政策透明度的评价"（x_{20}），其他依次是"家庭非农业年收入"（x_{10}）、"家庭成员是否参加农村养老保险"（x_{14}）、"对'两分两换'政策补贴的评价"（x_{17}）、"家庭年收入"（x_9）、"农户对'两分两换'政策了解程度"（x_{16}）。

三、调查结果分析

本研究通过实地调研获取数据，进行回归分析，发现农民"两分两换"参与意愿受到诸多因素的影响，其中有些因素对其产生正作用，有些因素对其产生负作用，有些因素则无重要的影响作用。此外变量之间又存在着直接或间接的因果关系。

（一）个体因素的影响分析

变量"政治背景是否为党员"未通过显著性检验，与原假设不符。根据回收的问卷情况，其中只有极少数的农民为党员，这说明政治背景是否为党员不影响农民关于"两分两换"的参与意愿。此外，样本的总体方向不会受个别不同因素的影响。

（二）家庭因素的影响分析

变量"家庭年收入""家庭非农业年收入""家庭消费能力"与农民"两分两换"参与意愿的回归系数分别为 0.125、0.157 和 0.188，均表现出正相关作用，与原假设相一致。家庭收入、家庭消费能力对"两分两换"参与意愿有很大影响，一般有固定收入或是总体收入较高（如经商、投资等）的农户，家庭消费能力也较高，对于务农补贴却并不是很在意，因而对于土地流转的阻力也不大；相反，对于收入主要靠土地的农户来说，收入少，家庭消费能力低，他们在土地流转过程中则会慎之又慎，甚至不愿放弃土地使用权。当然，这并不是绝对的，在走访过程中发现也有少数一部分收入较低的农户愿意参与该政策，希望借此能改善目前的生活状况。

（三）土地情况的影响分析

变量"土地经营状况"与农民"两分两换"参与意愿的回归系数为-0.196，呈负相关，与原假设相一致。这表明土地的肥沃程度在很大程度上影响了农户的意愿。对于收入主要依靠土地的农户而言，土地经营状况的好坏基本上决定了收入水平，也就很大程度上决定了农户参与的意愿。在本次调查中，有相当一部分人，就是由于土地无人耕种和土地收益低两方面原因而愿意参与"两分两换"。

（四）社会保障因素的影响分析

变量"家庭成员是否参加农村养老保险"与农民"两分两换"参与意愿的回归系数为 0.149，也呈现了正相关关系，与原假设相一致。养老保险替代了原先土地的社会保障功能，帮助农民从土地的束缚中解放出来，为农民之后的基本生活提供保障，对提高农民参与意愿也有很大推动作用。

（五）政策认知因素的影响分析

变量"农民对'两分两换'政策的了解程度"与农民"两分两换"参与意愿的回归系数为 0.100，表现出了显著的正相关作用，这与原假设相一致。政策的推进实施离不开群众的了解与认可，而"两分两换"模式作为一种土地流转的方式，政策有考虑农民群体的利益，加深农民对"两分两换"政策了解程度，有助于提高其"两分两换"的参与意愿。

变量"政府补贴"与农民"两分两换"参与意愿的回归系数为 0.131，表现出了正相关作用，这与原假设相同。政府补贴与农民利益息息相关，是农民失地后的重要经济收入和生活保障。虽然农民在土地流转过程中做出的抉择并不一定是理性或完全理性的，但是他们也在经意或不经意地追求自身利益的最大化。因此，在土地流转过程中政府是否给予合理补偿，是绝大多数农户关心的，也是土地流转健康、有序进行的保障。经走访得知，大部分村民对政府补贴相对满意，参与热情也较高。

变量"农民对'两分两换'政策参与后生活水平的预期"与"两分两换"政策参与意愿的回归系数为 0.228，其正面影响仅次于农民对宅基地与承包地价值评估的评价。随着经济水平的发展，人们的生活水平不断提高，对生活的追求也不只是着眼于衣、食上，对住、行的要求越来越高。无疑，参与该政策后，人们在住与行两方面能得到更大的满足，与原假设相符。

变量"宅基地与承包地估价的评价"与"两分两换"政策参与意愿的回归系数为 0.376，对农民参与意愿的影响最显著。按规定，评估章程包含在"两分两换"政策中，评估工作也由相关人员执行。统一评估更有利于政策的实施，农民对宅基地与承包地估价相对满意，参与意愿也较高；但实际中，因各地区经济状况等不同，过分统一反而会不利于政策的推行，与原假设相符。

变量"政府的透明度"与农民"两分两换"参与意愿的回归系数为 0.180，表现出正相关，这与原假设相一致。在当代农村，人们对政治生活的关注远胜于从前，科技的发展也使得政府工作更加透明化。数据显示，政策的透明度整体评价较高，说明政府在"两分两换"政策的宣传上比较到位，政策实施过程也趋向于公开化与透明化，大大地提高了农民对政府的信任。

【案例解读】

通过大量国内专家学者的文献研究以及对嘉兴村民参与"两分两换"的影响因素调查、分析、归类整合，发现影响"两分两换"村民参与意愿的因素主要表现在其自身因素和政策扶持上。在村民参与"两分两换"的自身因素上：农户收入水平高、非农就业能力强、养老有保障对农业用地的经济依赖就低，农户参与"两分两换"的意愿就会增高；农村土地制度变革中重视农民利益保护、补偿价格合理、信息公开、政策延续，也会提高村民参与"两分两换"的意愿。

通过对试点区域村民的调查发现，大多数试点村民表示他们对"两分两换"政策基本了解，知道该政策主要是农田换租金、宅基地换安置房与保障，愿意并且已经参与了该政策。参与原因有些是因为家里房子老旧，本身就需要买房子，参与"两分两换"能为他们减轻点负担；有些是家里老人年迈体弱，无法再下田干农活，流转土地能每年收取租金保障老人生活；有些是纯粹地想获得更舒适、干净的生活环境；也有些只是因为试点地区大家都参与而跟随大众潮流。由此可见，"两分两换"政策也较受村民的喜爱。

通过对政府相关部门负责人进行深度访谈了解到，该政策实施的目的主要有以下几个方面：第一，近几年正处于建房高峰期，村民零星建房造成土地浪费，而统一建设能集约土地、推动城市化进程；第二，"两分两换"政策中流转土地换取租金、宅基地换安置房与补贴等在一定程度上能提高村民经济水平和生活水平；第三，将原本无法估价的农村房屋换为城镇房屋，不仅使村民资产的价值有形化，还提升房屋价值；第四，通过文化宣传、环境改变提高村民的素质。对于该政策的宣传，考虑到村民知识水平有限，政府大多采用刊登画报、发放宣传手册、开组长会和村委动员会、村干部挨家挨户上门宣传等方式帮助村民解读政策。

【案例启示】

农村任何土地政策的调整都应以尊重农户的意愿为前提。土地的生活保障功能、非农要素禀赋、其他就业渠道、土地流转补偿收入、社会保障体系等均是影响农户参与该政策的主要原因。针对土地流转存在问题，应当采取以下措施予以完善和改进。

（一）构建合理的土地流转评估体系

宅基地与承包地价值的评估是影响农户参与"两分两换"最显著的因素。在处理土地租金和补偿金等问题上，应当实行差别对待，合理评估土地承包经营流转费，避免统一定价。同时，针对宅基地置换的评估工作，应建立有效的监督机制加以引导和规范，使宅基地与承包地的评估公开、公正、公平。

（二）逐渐完善"两分两换"试验的配套工作

通过加强就业培训，逐步提高劳动力的专业技能和综合素质、加强农村金融服务、扩大农民创业的融资渠道、拓展离地农民的社会保障范围及提高保障标准；促进全市土地流转与就业信息的互联互通和资源共享等措施，解决农户对政策参与的后顾之忧，使其对未来生活水平更加充满信心。

（三）加快推进农业产业化经营

积极推行多种多样的农业产业化经营模式，扩大土地流转规模，提高土地规模经营综合效益，达到农业增效，农民增收，提高农村家庭消费能力。

（四）提高政策透明度

引入农民对政策全过程参与机制，让百姓从一个"观看者"转变为"参与者"，共同治理社会公共事务；同时，政府应当加强宣传，将实施过程公开化、透明化，建立起信息公开、听证会、参与决策与执行监督等保障机制。

> **案例思考**
> 1. 土地流转农户参与意愿受哪些因素的影响？
> 2. 嘉兴实施的土地流转"两分两换"政策在全国范围内有哪些推广意义？
> 3. 不同地区的农户参与土地流转的方式有什么不同？各自的特色和优缺点是什么？

本节参考文献

黄增付.雇佣小农发展对土地流转的影响研究[J].北京社会科学，2015（5）

李淑妍.中国农村土地流转制度改革的背景分析[J].辽宁行政学院学报，2013，15（1）

陆心月，李兰英，万超伟，黄文静，李浪.嘉兴市农户参与"两分两换"政策状况及其影响因素分析[J].浙江农林大学学报，2013，30（5）：734-739

卿固，辛超群.影响农户土地流转意愿的诸因素分析及对策建议：基于对大连市农户的调查[J].西部经济管理论坛，2015（2）

许宏表，汪守涛，方建中.论"两分两换"中的问题及其对策[J].改革与开放，2011

杨卫忠，李勇. 基于农户效用的农地承包经营权流转意愿研究：以嘉兴市"两分两换"为例[J]. 中国土地科学，2013，27（9）

俞丹丹，李婉月，瞿才森，赵芳，高星. 关于嘉兴市两分两换政策实施的调查[J]. 商界论坛，2013

张忠明，钱文荣. 不同兼业程度下的农户土地流转意愿研究：基于浙江的调查与实证[J]. 农业经济问题，2014（3）

钟晓兰，李江涛，冯艳芬，李景刚，刘吼海. 农户认知视角下广东省农村土地流转意愿与流转行为研究[J]. 资源科学，2013，35（10）：2082-2093

第五节　石化项目周边居民邻避情绪

> 本案例原题为《舟山绿色石化项目周边居民邻避情绪的影响因素及疏导路径》，2016年获得浙江省统计调查方案设计大赛二等奖。案例作者：董蒋辉、陈婷婷、郑莹、叶水梅、张明玉，指导教师：王晓慧。

石油化工制造业历来被认为是高危行业，近年来多起PX项目事故的发生更是牵动着众多市民神经，甚至出现抗议PX项目的声音。尽管各地政府和企业依托现代科技，运用"循环、节能、生态、安全"等理念进行PX项目的绿色生产经营，但是人们对它依然充满了戒心。

舟山绿色石化项目由市政府决定落户舟山市岱山县西侧的鱼山岛附近，以大、小鱼山岛为核心，包括其周边规划围垦范围，规划总面积达41平方千米，同时成立了绿色石化小组，监督管理绿色石化项目的建设运营。基地规划的实施不可避免给周边区域生态环境带来较大压力。其主要环境风险来自危化品火灾爆炸事故和化学品泄漏事故以及泄露造成的陆域和海域污染。在项目建设前，舟山市也实行了较大面积的搬迁方案。现今，鱼山岛已无当地居民生活。但是，落户至舟山的绿色石化项目，对岱山县，甚至定海区、普陀区，乃至更远的嵊泗县居民，不论是实质上还是精神上，都产生了不小的影响，甚至出现了邻避情绪。所谓"邻避情绪"是指全面拒绝被认为有害于生存权与环境权的公共设施的态度。那么，鱼山岛周边岛屿居民对该"邻避"项目的"邻避情绪"到底有多大？产生的原因是什么？"邻避情绪"蔓延的时空范围如何演变等等，这些问题不但影响了当地（周边）居民生活质量，干扰了正常工程的进度，甚至还可能引发危及社会安全的大规模公共事件，目前已经引起政府和社会各界的广泛关注，寻求快速有效的居民邻避情绪疏导路径和情绪安抚措施也迫在眉睫。

一、调查方案设计

（一）调查目的及意义

1. 研究目的

通过对影响舟山市居民"邻避情绪"因素的调查分析，结合实际政府操作情况，提出相应的对策与建议，期望能够有效地协助舟山市政府相关部门，在处理绿色石化项目建设与居民邻避情绪的关系上进行合理规划与均衡建设，避免不必要的人力、物力投入浪费。同时，积极反映民声，为政府能及时发现问题、解决问题、真正实现经济效益与社会效益的双重效果提供一线信息。希望以本次调查结果为依据，揭示舟山绿色石化项目建设与居民生产生活中存在的问题，提出合理有效的建议。

2. 研究意义

理论意义：以舟山市绿色石化项目为例，分析居民对该项目落实建设的态度和接受度状况，并运用公共社会学"邻避"理论来分析影响居民对该项目邻避情绪的因素，通过对"邻避冲突"内在情绪的深度解读，探究"邻避情绪"的传导机理，从而进一步丰富和完善邻避归因模型的要素结构；同时根据居民的相关诉求，建立健全"邻避"项目社会风险防控体系，使社会学、管理学理论得到一定的补充和完善。

实践意义：通过对受绿色石化项目影响的舟山市居民进行实证调查，分析居民对该项目的接受态度，找出关键的影响因素，探求有效的治理途径，努力削减居民对绿色石化项目夸大的"邻避情绪"，使绿色石化项目能顺利的落实。此外，本课题组的调查研究可为其他"邻避项目"的落成和建设提供参考，对政府提高风险管理、构建和谐社会以及生态文明建设有一定现实意义。

（二）调查对象及内容

1. 调查对象

由于舟山绿色石化项目最终落户在岱山县鱼山岛，考虑到舟山市的地理位置、人口数量、建成区面积等特点，选择舟山市下辖的两区两县即定海区、普陀区、嵊泗县、岱山县作为调查范围。具体调查对象如下。

绿色石化项目建设的主要调查对象：距大、小鱼山岛较近的岱山本岛居民；

绿色石化项目建设的次要调查对象：定海区、普陀区、嵊泗县的居民。

2. 调查内容

调查内容主要包括三个方面，即被调查者的基本情况、被调查者对绿色石化项目的态度评价以及被调查者综合意见（见表 6-25）。

表 6-25 调查内容结构表

第一部分 基本信息	性别	
	年龄	
	受教育程度	
	婚姻状况	
	从事行业	
	户口	
	留城意愿	
	居住条件	
	年收入	
	收入来源	
	家庭住址	
第二部分 态度评价	了解程度	信息公开途径
	落户目的了解	项目信息公开程度
	对人体的危害	诉求途径
	对后代的影响	诉求表达通畅程度
	对环境的影响	社情民意工作
	对所在地区的影响	选址安全感
	泄露的可能性	住址距离
	爆炸的可能性	应急措施
	监管执行	信息公开
	风险预防	污染治理
	舆论疏导	环保措施
	处罚方案	项目总体邻避情绪
	科普宣传	
第三部分 综合意见	希望了解渠道	
	最担忧的地方	
	最不满意的三个地方	
	最想表达的三个诉求	
	最愿意表达诉求的方式	

（三）抽样方案及问卷发放

1. 总样本量的确定及误差估计

在估计整个舟山居民对绿色石化项目邻避情绪时考虑抽样总体人口基数大，但由于绿色石化项目具体落户在岱山县,因此将50%的问卷发放于岱山县,另外的50%在定海区、普陀区、嵊泗县发放。将定海区,嵊泗县和普陀区合为A区,岱山县单独为B区,假设对每一区要求得到误差界限为0.04,置信度为95%的估计结果,那么就需要单独计算各区的样本容量(即将每一区作为一个总体,估计调查所需的样本总量),假设P=0.5,样本量的计算公式如下:

$$n_1 = \frac{N}{N-1} \frac{Z_{\alpha/2}^2}{\Delta^2} P(1-P)$$

计算得出:A区调查所需的样本容量为667;B区调查所需的样本容量也为667,总样本数设置为1334。

2. 问卷发放

根据舟山市统计年鉴公布的县、区人口分布,按照定海区、普陀区、岱山县、嵊泗县人口比例,确定每个县、区各街道、乡镇问卷发放数量。

本次发放问卷1334份,收回问卷1334份,在对问卷进行整理时,剔除回答不完整、回答过于潦草等无效问卷共84份,最终得到有效问卷样本1250份。有效问卷率93.7%。

二、调查数据统计

(一)数据统计描述

1. 基本信息

性别比例:被调查者中男性占53.3%,女性占比46.7%。

年龄比例:被调查者中18岁以下占比4.5%,19~25岁占比18.6%,26~35岁占比22.6%,36~45岁占比29.4%,46~55岁占比21.3%,56岁以上占比3.6%。

学历比例:被调查者中初中以下占比12.5%,高中及中专占比30.3%,大学及大专占比43.0%,硕士及以上占比14.2%。

婚姻状况比例:被调查者中已婚占比70.6%,未婚占比25.3%,离异占比3.1%,丧偶占比1.0%。

职业比例:被调查者中学生占比13.4%,公务员占比4.3%,医生占比3.4%,教师占比6.6%,企业员工占比60.6%,渔民占比3.5%,其他占比8.2%。

户口比例:被调查者中舟山户口占比76.1%,非舟山户口占比23.9%。

留城意愿比例:被调查者中长期留在舟山的占比69.8%,不长期留在舟山的占比30.2%。

年收入比例：被调查者中无收入占比 11.4%，1 万元以下占比 2.9%，1～5 万元占比 23.1%，5～10 万元占比 42.6%，10～20 万元占比 14.6%，20 万元以上占比 5.4%。

2. 意见反馈

了解渠道：被调查者中了解渠道为科普宣传的占比 0.64%，手机短信的占比 2.56%，互联网的占比 37.76%，人际交谈的占比 56.64%，报纸的占比 2.24%，媒体的占比 0.16%。

最担忧的方面：被调查者中最担忧对人体影响的占比 17.44%，对后代影响的占比 36.96%，对环境影响的占比 28.56%，发生泄漏的占比 14.32%，发生爆炸的占比 2.72%。

最不满意的方面：被调查者中最不满意的是科普宣传占比 13.92%，舆论疏导占比 19.01%，信息透明度占比 22.53%，污染处理占比 3.52%，应急措施占比 0.93%，环保措施占比 2.35%，社情民意占比 9.63%，诉求途径占比 4.24%，诉求表达通畅程度占比 19.79%，信息公开途径占比 1.28%，处罚方案占比 0.67%，风险预防占比 1.04%，监管执行占比 1.09%。

最想表达的诉求：被调查者中最想表达的诉求是加大科普宣传占比 9.52%，规范舆论疏导占比 11.41%，加大信息透明度占比 19.52%，加大污染治理占比 2.77%，加大环保设施建设占比 0.93%，制定更严谨应急措施占比 0.61%，加大社情民意工作占比 16.16%，拓宽诉求途径占比 4.72%，加大诉求表达通畅程度占比 20.32%，拓宽信息公开途径占比 6.43%，加大处罚力度占比 1.92%，加大监管执行占比 3.60%，加大风险预防占比 2.08%。

表达诉求的方式：被调查者中向政府部门建议占比 53.84%，向人大代表反映占比 34.32%，参与网络论坛占比 11.68%，集体抗议占比 0.16%。

（二）数据统计分析

1. 信度检验

针对调查内容中被调查者对绿色石化项目的"态度评价"，通过克朗巴哈 α 系数检验，分析结果如表 6-26 所示。

表 6-26 可靠性统计量

Cronbach's Alpha	基于标准化项的 Cronbachs Alpha	项数
0.782	0.801	25

根据经验所知，一份信度系数好的量表或问卷，Cronbach's Alpha 最好在 0.80 以上，0.70 至 0.80 之间较好，0.60 至 0.70 之间属于可以接受的范围。本次调查样本数据的克朗巴哈 α 系数为 0.782，说明样本的可信度较好，因此问题项同质性较高，并不需要删除某项。

2. 主成分分析

（1）自变量评价指标

根据问卷内容，对绿色石化项目周边居民邻避情绪影响因子自变量设置如表 6-27 所示。

表 6-27　自变量评价指标

序号	变量代码	变量名称	序号	变量代码	变量名称
1	X_1	了解程度	13	X_{13}	科普宣传
2	X_2	落户目的了解	14	X_{14}	公开途径
3	X_3	人体危害	15	X_{15}	公开程度
4	X_4	后代影响	16	X_{16}	诉求途径
5	X_5	环境污染	17	X_{17}	通畅程度
6	X_6	地区影响	18	X_{18}	社情民意
7	X_7	泄露可能性	19	X_{19}	安全感
8	X_8	爆炸可能性	20	X_{20}	住址距离
9	X_9	执行信任	21	X_{21}	应急措施
10	X_{10}	风险预防	22	X_{22}	信息公开
11	X_{11}	舆论疏导	23	X_{23}	污染治理
12	X_{12}	处罚方案	24	X_{24}	环保设施

（2）因子综合评价得分与解释

由于问卷原始数据量大，分析所有数据很烦琐，但如果从中筛选几组数据分析，又会使得分析结果不够准确。利用主成分分析可消除自变量评价指标之间的相关影响并且减少指标选择的工作量，选取相对重要的因素指标作为自变量，并利用主成分分析法提取因子主成分，将 24 个变量降维为五个贡献率较大的变量因子，累计方差贡献率为 77.15，依次命名为 Z_1、Z_2、Z_3、Z_4、Z_5。

第一个公因子 Z_1：主要与执行信任 X_9（0.780）、风险预防 X_{10}（0.769）、处罚方案 X_{12}（0.700）、公开途径 X_{14}（0.751）、污染治理 X_{23}（0.711）、环保设施 X_{24}（0.716）关系密切，还与诉求途径 X_{16}（0.536）、应急措施 X_{21}（0.621）有一定关系，上述因素均属政府行为，因此将第一个公因子命名为"政府信任"。

第二个公因子 Z_2：主要与人体危害 X_3（0.784）、后代影响 X_4（0.830）、环境污染 X_5（0.806）、泄露可能性 X_7（0.799）、爆炸可能性 X_8（0.816）关系密切，还与地区影响 X_6（0.660）有一定关系，这些因素属于居民对绿色石化风险的判断，因此将第二个公因子命名为"风险感知"。

第三个公因子 Z_3：主要与信息公开 X_{22}（0.777）、通畅程度 X_{17}（0.802）、社情民意 X_{18}（0.764）密切相关，还与舆论疏导 X_{11}（0.615）、科普宣传 X_{13}（0.672）、公开程

度 X_{15}（0.627）有一定关系，这些因素属于居民与政府之间信息获取途径，因此将第三个因子命名为"信息传导"。

第四个公因子 Z_4：落户目的了解 X_2（0.838）、了解程度 X_1（0.857），因此将第四个公因子命名为对舟山绿色石化项目的"认知水平"。

第五个公因子 Z_5：与安全感 X_{19}（0.775）、住址距离 X_{20}（0.733）关系密切，因此将第五个公因子命名为"安全距离"。

3. 邻避情绪回归模型分析

为了得到邻避情绪与各项指标之间的相关性，采用回归分析的方法，以因子 Z_1、Z_2、Z_3、Z_4、Z_5 作为自变量，将邻避情绪作为因变量进行线性回归分析（见表6-28）。

表6-28 回归模型系数

模型		非标准化系数		标准系数	t	Sig.	共线性统计量	
		B	标准误差	试用版			容差	VIF
1	（常量）	3.605	0.014		258.039	0.000		
	Z_1	0.006	0.005	0.017	1.156	0.248	1.000	1.000
	Z_2	0.443	0.007	0.847	59.292	0.000	1.000	1.000
	Z_3	-0.063	0.008	-0.111	-7.829	0.000	1.000	1.000
	Z_4	-0.071	0.011	-0.096	-6.744	0.000	1.000	1.000
	Z_5	-0.262	0.011	-0.278	-5.468	0.000	1.000	1.000

由表6-28所知，回归结果为：

$$Y = 0.006Z_1 + 0.443Z_2 - 0.063Z_3 - 0.071Z_4 - 0.262Z_5 + 3.605$$

通过回归分析发现，Z_1（政府信任）未通过显著性检验，对邻避情绪影响不大；其他 $Z_2 \sim Z_5$ 四类自变量因子均通过显著性检验，对居民邻避情绪产生较大影响。其中，Z_2（风险感知）对居民邻避情绪的影响最大，其次是 Z_5（安全距离），远远大于其他两个因子 Z_4（认知水平）、Z_3（信息传导），由此可知，在绿色石化周边居民看来，该项目对人体危害的大小、对后代影响的大小、对环境的污染大小、泄露可能性、爆炸可能性以及安全感大小、住址距离是否合理是邻避情绪发生的重要影响因素，其他因素的影响程度次之。

（三）邻避情绪蔓延的空间范围测度

虽然众所周知，邻避情绪的演变呈现随居民居住地与邻避项目距离增加而递减的规律，但是递减过程中对应的距离量化值是多少，即不同的邻避情绪辐射的距离空间是多少、递减到多少距离才达到缓解邻避情绪作用，诸此种种，以往没有量化研究结论。因此，本次调查基于满足递减规律建立测度模型，确定邻避情绪蔓延的量化空间范围。

结合问卷中的家庭住址与绿色石化项目总体满意度反馈数据,可以推出邻避情绪蔓延的空间范围与演变规律。家庭住址与项目所在地距离通过电子地图的测距功能测算,每个街道居民的邻避情绪通过每份问卷的结果之和除以街道人数推算(见表6-29)。

表6-29 邻避情绪值与距离

街道	人数	距离(千米)	邻避情绪(均值)	街道	人数	距离(千米)	邻避情绪(均值)
盐仓街道	18	34.9	3.39	虾峙镇	13	67.6	4.54
小沙街道	14	24.0	2.43	东极镇	8	70.5	4.875
岑港街道	23	26.5	3.22	普陀山镇	6	53.4	3.83
马岙街道	17	24.4	2.41	菜园镇	32	65.4	4.34
双桥街道	8	29.1	3.125	嵊山镇	9	93.2	5.33
城东街道	36	35.9	3.45	洋山镇	8	32.9	3.25
环南街道	38	36.4	3.5	五龙乡	2	68.5	4.5
临城街道	52	42.7	3.62	黄龙乡	9	68.8	4.56
昌国街道	31	35.5	3.45	枸杞乡	6	89.2	5.17
白泉镇	29	32.7	3.31	花鸟乡	2	91.7	5.5
干览镇	12	28.3	3.08	高亭镇	212	24.1	2.67
金塘镇	34	34.6	3.41	衢山镇	168	38.5	3.58
沈家门街道	76	50.7	3.68	东沙镇	62	18.4	2.26
朱家尖街道	28	60.4	3.86	长涂镇	41	33.3	3.34
东港街道	42	51.7	3.71	岱西镇	56	15.3	1.82
展茅街道	13	44.2	3.62	岱东镇	52	22.6	2.35
六横镇	51	64.9	4.29	秀山乡	32	24.8	2.81
桃花镇	10	61.7	4.1				

为了保证能够充分显示住址距离与邻避情绪的关系,选择三次样条插值。在问卷提供的离散数据基础上补插连续函数,使得这条连续曲线通过全部给定的离散数据点。通过函数在有限个点处的取值,估算出函数在其他点的近似值,最终形成绘制虚实线结合的同心圆,来反映邻避情绪蔓延的空间范围,即反映了居民的住址距离与邻避情绪之间的关系。

通过 matlab 软件的样条插值法计算得出:距离为 9.4905 千米时,邻避情绪为 1,代表邻避情绪非常高;距离为 11.4639 千米时,邻避情绪为 2,代表邻避情绪高;距离为 25.9287 千米时,邻避情绪为 3,代表邻避情绪较高;距离为 53.4106 千米时,邻避情绪为 4,代表邻避情绪一般、处于中立的态度;距离为 77.0465 千米时,邻避情绪为 5,代表邻避情绪较低;距离为 113.6589 千米时,邻避情绪为 6,代表邻避情绪低;距离为 288.6 千米时,邻避情绪为 7,代表邻避情绪非常低。

（四）邻避危机归因模型及分析

1. 结构方程

（1）路径分析

通过 amos 软件对路径进行分析，计算各个指标间的路径系数。为了与回归方程有所区分，重新设置了新的变量 F_1、F_2、F_3、F_4、F_5，但变量符号所代表含义实质上与 Z_1、Z_2、Z_3、Z_4、Z_5 没有区别。如表 6-30 所示。

表 6-30 路径系数

路径		Estimate	路径		Estimate
F_5	F_1	0.235	X_{12}	F_3	0.434
F_2	F_1	-0.259	X_{23}	F_3	0.818
F_2	F_5	-0.056	y	F_6	0.141
F_6	F_2	-0.377	X_{21}	F_3	0.706
F_6	F_1	0.033	X_1	F_5	0.991
F_6	F_3	0.117	X_2	F_5	0.529
F_6	F_5	0.057	X_{14}	F_3	0.785
F_6	F_4	0.168	X_{16}	F_3	0.963
X_{11}	F_1	0.321	X_{24}	F_3	0.546
X_{13}	F_1	0.764	X_4	F_2	0.808
X_{15}	F_1	0.729	X_{20}	F_4	0.731
X_{17}	F_1	0.908	X_{19}	F_4	0.351
X_{18}	F_1	0.697	X_9	F_3	0.991
X_{22}	F_1	0.878	X_{10}	F_3	0.791
X_6	F_2	0.841	X_3	F_2	0.019
X_7	F_2	0.972	X_5	F_2	0.899
X_8	F_2	0.703			

从路径系数可以看出，F_1、F_2、F_3、F_4、F_5、F_6（即 Y）之间的关系。路径系数都在-1 到 1 之间，说明数据对模型的拟合效果可被接受。F_1 增加 1 个单位，F_5 就增加 0.235 个单位，路径系数为正，表明两者同向增加或者减少；F_1 增加 1 个单位，F_2 就减少 0.259 个单位，路径系数为负，表明两者存在反向关系；其他变量的关系就依此类推。

（2）拟合优度检验

P 是表示显著性水平的，如果 P 大于 0.05，即卡方值未达到显著的时候表示整体模型与实际资料适配；如果 P 小于 0.05，即卡方值达到显著时表示整体模型与实际资料不适配。本研究的路径模型检验结果 P 值为 0.075、大于 0.05，因此这个模型是可以接受的。

CMIN/DF 为最小样本差异除以自由度，也被称为相对卡方或规范卡方，相对卡方的值一般小于或接近 3.00 可以认为数据对模型的拟合效果可被接受，本研究的路径模型检验结果中 CMIN/DF 为 2.806、小于 3.00，说明模型拟合效果较好（见表 6-31）。

表 6-31 拟合优度检验

Model	NPAR	CMIN	DF	P	CMIN/DF
Default model	57	213.238	76	0.075	2.806
Saturated model	325	0.000	0		
Independence model	26	294.981	98	0.051	3.010

2. 邻避危机归因模型

（1）"愤怒三角形"的绘制

通过 amos 的路径分析模型可知，由项目认知、风险感知、信息了解三个部分构成了三角形的形状，称为"愤怒三角形"。从图 6-2 中可以看出，对信息了解的多少决定了项目认知，项目认知与信息了解共同决定了风险感知，而邻避情绪就是由项目认知、信息了解、风险感知三部分共同引起的。可以说，"愤怒三角形"由项目认知不全、信息了解不到位、风险感知强构成，同时这也十分符合回归方程的回归结果。"愤怒三角形"更清晰地表达了居民邻避情绪形成过程，反映了邻避情绪各重要影响因素之间的传递路径。

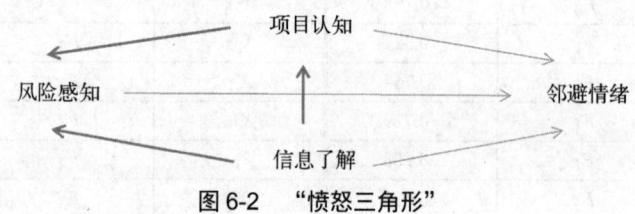

图 6-2 "愤怒三角形"

（2）邻避归因模型的构建

愤怒三角形的绘制，再加入政企信任、安全感和一些其他因素就构成了居民邻避归因模型。所谓邻避归因模型就是将导致邻避运动的所有因素都汇集在一起而构建的模型。邻避归因模型能够很好反映居民从产生有邻避情绪到发生邻避抗争的一系列原因和过程（见图 6-3）。

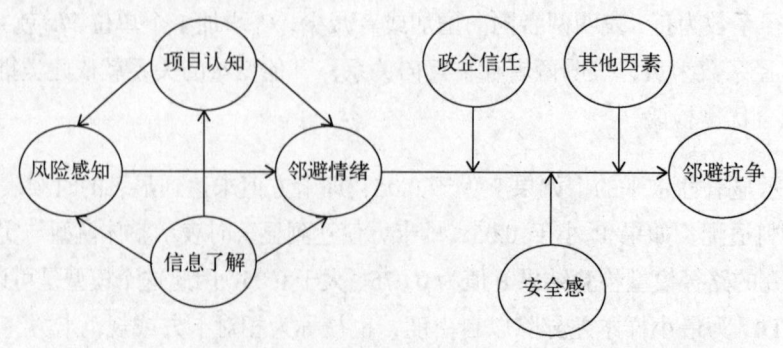

图 6-3 邻避归因模型

三、调查结果分析

（一）邻避情绪因子分析

在邻避情绪影响因素分析中，将与居民满意度相关的 24 个变量降维为 5 个贡献率较大的新变量因子，剔除回归后不显著的 Z_1（政府信任）后的回归分析结果显示，邻避情绪影响因子（取绝对值）从大到小的顺序为 Z_2、Z_5、Z_4、Z_3。其中 Z_2（风险感知）的系数为 0.443，说明每增加一个单位的风险感知变量，将提高 0.433 倍的邻避情绪，风险感知得分越高、邻避情绪越大，二者呈正向相关关系；Z_5（安全距离）的系数为-0.262，说明每增加一个单位的安全距离变量，将降低 0.262 倍的邻避情绪，安全距离得分越高、邻避情绪越小，二者呈反向相关关系；Z_4（认知水平）的系数为-0.071，说明每增加一个单位的认知水平变量，将降低 0.071 倍的邻避情绪，认知水平得分越高、邻避情绪越小，二者呈反向相关关系；Z_3（信息传导）的系数为-0.063，说明每增加一个单位的信息传导变量，将降低 0.262 倍的邻避情绪，信息传导得分越高、邻避情绪越小，二者呈反向相关关系。

（二）邻避情绪空间范围演变规律分析

以邻避情绪随居住地与邻避项目距离增加而递减这一规律为前提，根据问卷中的居民家庭住址与绿色石化项目总体满意度反馈数据，最终计算得出邻避情绪的蔓延空间范围（具有地区特性）。通过 matlab 软件的样条插值法计算得到，77 千米到 113.7 千米距离范围内的某个街道居民满意度均衡在 5～6 之间，9.4905 千米和 288.6 千米是邻避情绪的极端距离，意味着在距离绿色石化项目中心 10 千米以内是居民邻避情绪最强烈的范围，距离 300 千米及以外区域的居民邻避情绪基本得到有效缓解。

（三）邻避危机归因模型结构分析

通过研究发现，绿色石化项目周边居民在利益主张遭遇困阻时，会形成挫折感，而持续挫折引致危机感，并反过来提高风险感知，从而形成邻避情绪因果循环机制。通过绿色石化邻避情绪的路径分析不难发现，信息了解会作用于风险感知和项目认知，项目认知也会作用于风险感知，最终通过风险感知形成邻避情绪的"愤怒三角形"。在绿色石化项目的建设中，居民对政府信任度不够，对政府政策信息不敏感，对该项目认知比较依赖个体了解，但受制于信息渠道单一，对石化项目本身信息了解甚少，居民仅从主观受到创伤的观念、情感和意向的结果综合判断项目的危害程度，形成邻避情绪。邻避情绪在受到政府、企业一系列行为措施或者其他因素的（共同）影响，经过时间作用下的持续积累，会以一种较为激烈的形式爆发出来，最终发生邻避抗争。

【案例解读】

邻避效应不仅影响到石化行业本身的发展，还会影响社会投资和就业、经济社会稳定。自 2007 年以来，成都、南京、青岛、福建、大连、广东等地陆续传出对 PX 项目的抗议，特别是 2012 年 10 月宁波镇海区发生民众聚集事件，并与警方发生冲突，警方带走部分群众。聚集事件发生后，镇海区政府、宁波市公安和宁波市政府做出多次回应，并最终决定"坚决不上 PX 项目"。2014 年 3 月茂名市政府尽管开展多次 PX 项目宣传、学习会期以达到公众普及的目的，但事与愿违，茂名市民受到外界干扰、反对情绪高涨，发生打砸行为以及网络渠道抗议，最终项目暂时搁置。诸如此类的事件导致各地居民提及石化项目如同"谈虎色变"，甚至在没有完全了解绿色石化与传统石化项目的区别就盲目抵制。事实上，绿色石化是以绿色产品、绿色生产技术和过程、绿色生产理念，实现石化行业绿色发展转型。绿色石化注重从源头开始，选择先进的设计理念、清洁生产工艺和综合利用技术来组织生产过程，构建以"高利用型内部产业链""废弃物零排放"为基本构架的内部循环经济模式，是一条"代价小、效益好、低排放、可持续"的发展道路。因此，无论从环保性还是安全性上看，绿色石化都有别于传统石化项目。但由于社会公众"经验优先"的认知习惯，对绿色石化项目依然存在偏见。

本次调查的主要目的是对舟山绿色石化项目的邻避情绪了解与分析，希望能从问卷中发现绿色石化项目这类邻避设施对居民的影响，通过问卷调查以及对绿色石化企业、政府、专家的采访，增加了对舟山市绿色石化项目的了解，希望能够帮助政府减缓舟山居民的邻避情绪，防止发生邻避抗争。

问卷设计采用七分李克特量表形式，问卷结果表明舟山居民对绿色石化项目并不满意，存在较大的邻避情绪。邻避情绪最大的影响因素是风险感知，其次是安全距离，说明绿色石化周边居民对待项目的态度以个人感知为判断基础，民众对绿色石化项目最不满意的三个方面分别是信息透明度、舆论疏导、诉求通畅程度，这也是民众最想表达的三个诉求。通过调查，发现以下几个问题比较突出：

第一，居民对绿色石化项目邻避情绪较强。居民对绿色石化项目总体评价比较谨慎，不满情绪比较普遍，对政府的疏导、沟通仍然存在一定的抵触，同时也希望政府相关信息透更明度、舆论疏导更及时、诉求途径更通畅；

第二，居民对舟山绿色石化项目认知程度低。从问卷中居民对绿色石化项目的认知程度看，居民对于绿色石化知之甚少，甚至有些居民从未听说过绿色石化这个项目，而大多数的居民仅仅通过网络、人际交谈渠道了解到该项目属于危险化工项目，而网络、人际交谈等渠道存在危言耸听，以讹传讹的较大可能性，加之从众心理影响，极容易造成恐慌的邻避情绪。政府的科普力度不强，压制舆论声音，刻意避免谈及绿色石化，造成居民无法对绿色石化的真正内涵、生产过程获得正确认知。

第三，居民诉求表达渠道堵塞。从问卷中可知，居民对诉求表达途径的畅通程度很不满意，向政府部门建议、向人大代表反映、参与网络论坛等，往往难以得以回应，对项目的疑虑不能得到科学权威的疏解，其感知受挫，极易加剧邻避情绪，再加之其他因素的影响，容易爆发邻避抗争。

【案例启示】

通过本次调查，不但了解到了居民对绿色石化项目的态度、矛盾焦点以及邻避情绪状态，在绿色石化项目信息管理方面也得到很多启示。

（一）透明化有助于降低邻避情绪

通过研究得到的"愤怒三角形"由风险感知、信息了解的片面、项目认知不全三方面因素产生。因此，只有做好项目信息的进一步透明化，才能从根本上瓦解"愤怒三角形"。通过信息公开，使居民了解"绿色"的内涵、了解项目建设的进度与办事程序、了解相关污染处理与安全工作的信息，可以有效提高群众对邻避设施建设的认知度，消除居民的恐慌。

（二）拓宽表达渠道

在绿色石化此类的、与居民居住环境密切相关、涉及群众切身利益的大型项目建设中，政府应当拓宽表达渠道，通过举办听证会、座谈会、官民线上互动等途径增加居民表达诉求的渠道，充分保障诉求途径的畅通，及时了解居民所思所想，针对居民提出的问题，进行理性的商谈解决，降低居民邻避情绪，进而减少邻避运动的发生。

（三）完善舆情疏导

调查中发现，绿色石化项目周边小岛居民对该项目存在片面性认知，舆论散播也较为强烈。因此，政府应该着重对这些地区进行舆论疏导，为广大民众提供真实的信息报道，形成政府、媒体和公众之间的良性互动，让居民接受真实正确的舆论引导，支持和配合政府的工作。

（四）建立完善的风险防控体系

为保证项目稳定安全的建设，以防绿色石化项目突发事件的发生，必须建立起一套完整的防控体系，坚持"预先防范"与"控制消减"的社会风险防控核心理念，将风险管理工作常态化，通过完善风险管理相关法规、建立健全权责机制和组织机构，实现从源头阻隔项目风险，保护公众财产生命安全，维护社会和谐稳定。

案例思考

1. 舟山绿色石化项目周边居民邻避情绪对该项目实施带来哪些影响？
2. 石化企业应当如何应对邻避效应？
3. 政府面对当地居民的邻避情绪应当采取哪些预警防范机制和措施？

本节参考文献

侯光辉，王元地. 邻避危机何以愈演愈烈——一个整合性归因模型[J]. 公共管理学报，2014，03:80-92+142.

李玉娟. 利益相关者视角下邻避冲突解决机制研究[D]. 广东海洋大学，2014.

刘小峰. 城市居民对邻避设施的风险认知与补偿意愿——基于金陵石化工业区周边居民调查数据的分析[J]. 城市问题，2015，09:99-103.

刘小魏，姚德超. 新公民参与运动背景下地方政府公共决策的困境与挑战——兼论"邻避"情绪及其治理[J]. 武汉大学学报（哲学社会科学版），2014，02:42-47.

王锋，胡象明，刘鹏. 焦虑情绪、风险认知与邻避冲突的实证研究——以北京垃圾填埋场为例[J]. 北京理工大学学报（社会科学版），2014，06:61-67.

王丽娟. 居民环境风险接受度影响因素研究[D]. 华中农业大学，2013.

肖鲁仁. 邻避型群体性事件中网络舆情的监测与引导[J]. 湘潭大学学报（哲学社会科学版），2016，01:143-148+153.

中共浙江省委维稳办课题组. 浙江省"邻避运动"情况的调查分析[J]. 公安学刊，2015，06:16-19.

周丽旋，彭晓春，关恩浩，黄思宇，张越南. 垃圾焚烧设施公众"邻避"态度调查与支付意愿测算[J]. 环境科学与管理，2012，10:37-42+59.

周丽旋，彭晓春，关恩浩，张越南，黄思宇. 垃圾焚烧设施公众"邻避"态度调查与受偿意愿测算[J]. 生态经济，2012，12:174-177.